깜깜한 어둠 속에서도 능숙히 길을 찾는 부엉이처럼,
황금부엉이는 한 치 앞도 보이지 않는 막막하고 혼란스러운
선택의 길에 함께하는 든든한 길잡이가 되겠습니다.

내 돈을 지키는
생존지식 45

세상을 제대로 보고, 듣고, 이해하기 위한
지식 큐레이션

내 돈을 지키는
생존지식 45

조규봉 지음

KEEP THE MONEY

BM 황금부엉이

　글로벌 기업 P&G의 섬유탈취제 브랜드 '페브리즈'가 늘 관심 있게 지켜보고 있는 시장은 바로 한국입니다. 다른 나라와 비교해 한국의 페브리즈 마켓 수요가 큰 편은 아닙니다. 그런데도 페브리즈가 늘 한국 시장을 주목하는 이유는 뭘까요? 바로 소비자들 때문입니다.

　한국 소비자들은 전 세계 트렌드를 리드하는 '얼리어답터'들입니다. 취향을 가장 빠르게 파악하고 문제점을 콕 집어내는 것만큼 기업에게 중요한 것은 없지요. 소비자들이 발 빠르게 움직여준 덕에 기업들은 문제점을 바로 잡고 제품을 최대한 니즈에 맞도록 생산·판매합니다. 전 세계를 무대로 세일즈하는 기업 입장에서 표본오차 ±0.5 이하의 정확성을 보여주는 한국 소비자들이야말로 매출 효자라 할 수 있습니다. 기업들이 소비자들을 '활용'하는 단면입니다.

기업은 이윤 추구가 목적입니다. 이윤을 추구하는 과정에서 소비자들이 기업에 속아 넘어가는 경우가 자주 발생합니다. 기업들 가운데 생존을 위해 종종 물불을 안 가리는 경우가 있습니다. 소비자들이 아무리 현명하고 똑똑하게 대처한다고 해도 '이 정도의 기업이 설마?' 하는 생각 때문에 결국 거대 자본과 노하우를 가진 기업들의 꼼수에 넘어가는 일이 많습니다.

이 책은 깐깐하면서 현명한, 그리고 똑똑한 소비자 10단들을 위해 쥐어짜고 쥐어짠 알짜 정보들로 구성했습니다. 매번 묻고 따지는 똑똑한 소비자라 할지라도 피해가지 못한 부분에 대한 '원포인트레슨'이 들어간 생활백서라고 할 수 있습니다. 이 책이 경제활동의 당당한 주체인 소비자들에게 조금이나마 도움이 되길 바랍니다.

조규봉

Part 4

자동차 · 전자제품, 모르면 돈 새는 구멍)

Part 5

광고의 꼼수에 속지 마라)

Part 1

식품,

제대로 알고

먹어라

영양 · 안전과는 무관한
소고기 등급제의 허상

소고기 마블링

"마블링이 많은 소고기가 최고지."

대부분의 사람들은 '좋은 소고기'라고 하면 예쁜 마블링(근내지방)부터 떠올립니다. 마블링은 고기의 근육 조직을 관통하는 작은 지방층으로, 소고기 등급을 결정하는 중요한 요소입니다. 마블링이 많아야 1++, 1+ 등급을 받을 수 있지요. 마블링이 많은 소고기를 구워 먹으면 육즙이 흘러 부드러운 풍미를 느낄 수 있지만, 건강에도 좋은 영향을 미치는지에 대해서는 갑론을박이 끊이지 않습니다. 정말 마블링이 많은 소고기가 좋은 소고기일까요?

등급이 높으면 건강에 좋다?

원래 소고기는 건강에 이로운 식품이 아닙니다. 지방이 많은 식품이 혈관질환에 좋을 리 없지요. 그래서 '오리고기는 찾아 먹고, 소고기는 사주면 먹고, 돼지고기는 잘 먹어야 본전'이라는 우스갯소리도 생겨났습니다. 소고기보다 기름이 적은 오리고기가 우리 몸에 이롭다는 얘깁니다. 내과 전문의들이 한결같이 하는 말이 혈액이 깨끗해야 장수할 수 있다는 것입니다. 소고기 같이 기름기 있는 음식을 많이 먹으면 혈액이 끈적끈적해지고 혈전(피떡)을 만들어 혈관을 막는 부작용이 생깁니다. 때문에 혈액을 깨끗하고 건강하게 지키려면 지방이 많은 육류, 특히 소고기 같은 식품은 피하고, 불포화지방산이 많은 고등어나 꽁치 등의 등 푸른 생선을 먹는 게 좋습니다. 또 과일이나 채소를 섭취하면 동맥경화 등 각종 혈관질환 예방에 도움이 됩니다.

하지만 몸에 좋은 것만 먹을 수 있나요? 육즙이 '좔좔' 흐르는 소고기 앞에선 의사들의 주옥같은 조언도 모두 허사가 됩니다. 소고기 앞에서는 "가격이 비싸 못 먹지, 무슨 건강 타령이냐"는 핀잔을 듣기 일쑤입니다. 이처럼 한국인의 소고기 사랑은 매우 각별합니다. 마블링의 육즙을 즐기는 것도 전통적인 식습관 때문이지요. 사실 서양에서는 기름기 때문에 비계를 떼고 먹는데, 유독 우리나라에서는 비계의 부드러움과 풍미를 즐깁니다. 마블링이 소고기의 품질과 등급을 결정하는 이유이기도 합니다. 뒤집어 얘기하면 소고기 등급은 무조건 지방 함량이나 색깔로 구분한다는 것입니다. 영양이나 안전과는 전혀 무관하게 말이죠. 그래서 마블링이 많은 소고기가 최고 등급을 받습니다.

여기에 함정이 있습니다. 아시다시피 소고기에는 국가와 지자체가 인증하는 등급이 표시됩니다. 좋은 품질과 안전을 보증하기 위해서죠. 하지만 소고기 등급제는 영양이나 안전과는 전혀 무관합니다. 그저 마블링이 많은 소고기를 '최상품'으로 칩니다. 등급이 높으니 가격도 비싸고 소비자들에게도 인기입니다. 소비자들은 제대로 된 정보를 알지 못한 채 등급이 높으니 몸에도 좋을 거라 오해합니다.

마블링, 소고기 등급의 기준

소고기 등급제는 1992년 한우의 품질 경쟁력을 높이기 위해 도입됐습니다. 처음에는 육질 등급이 1, 2, 3등급으로 3개 등급이었어요. 그러다가 1등급 한우가 늘면서 5개 등급, 즉 1++, 1+, 1, 2, 3등급으로 세분화되었습니다. 흔히 투플러스 한우면 최상급을 말합니다.

소고기 등급 기준은 농림부 고시인 축산물 등급판정 세부기준에 따라 결정됩니다. 근내지방도, 즉 지방 함량, 고기 색깔, 지방 색깔, 조직감, 성숙도를 기준으로 등급을 매깁니다. 지방 함량이 많을수록 1++ 등급을 받고, 지방이 적으면 3등급을 받게 되죠. 고기 색깔이 선홍색일수록 좋은 평가를, 검붉은색 고기는 낮은 평가를 받습니다. 지방 색깔은 흰색에 가까울수록 좋고, 누런색이면 안 좋은 평가를 받습니다.

기준이 좀 이상하죠? 고기 색깔은 굳이 등급을 매기지 않아도 소비자가 직접 보고 사도 될 텐데 말입니다. 이 때문에 유통과정에서 변할 수 있는 색깔을 기준으로 등급을 매기는 것은 모호하다는 지적도 있습니다. 영양과 상관없이 지방 함량이 높거나 색깔이 선홍빛이면 무조건 최상급 소고기가 되는 것이죠. 건강에도 안 좋은 영향을 주는 지방 덩어리에 육식파들은 "없어서 못 먹지."라며 열광하고요.

마블링으로 소고기 등급을 매기는 것 자체는 항상 논란이었습니다. 소고기 등급제는 정부가 '좋은 소고기'를 인증해주는 기준인데, 그 기준이 영양이나 식품 안전과는 전혀 상관없이 결정되고 있는 것이지요. 이런 비과학적인 기준이 생긴 데에는 정부의 불찰이 아주 큽니다. 정부가 지방 함량과 색깔을 기준으로 소고기 등급을 매기는 바람에 마블링이 많은 고기가 좋은 고기라는 잘못된 인식을 국민들에게 심어준 것이지요. 정작 국민의 영양 관리는 뒷전인 셈이었던 겁니다.

소고기에 마블링이 많으면 부드럽고 맛있습니다. 하지만 마블링은 단지 지방일 뿐입니다. 몸에 지방이 축적되면 당연히 건강에 좋지 않습니다. 그런데 정부가 나서서 성인병의 주요 원인으로 꼽히는 지방을 많이 섭취하라고 권장하고 있으니 보통 문제가 아니지요. 소비자가 비싼 돈을 내고 일부러 지방 덩어리인 고기를 먹는 것 역시 모순이 아닐 수 없습니다. 최근에는 서구화된 식습관으로 성인병 발병이 늘고 있는데, 그야말로 기름에 불을 끼얹는 꼴입니다.

소고기 등급제, 한우 판매 마케팅의 일환

더 큰 문제는 이런 소고기 등급제가 국내산 소고기에만 적용된다는 겁니다. 수입 소고기에는 적용되지 않아요. 그래서 국내산 소고기에 대한 역차별 논란도 일고 있는데요. 수입 소고기는 수입한 국가에서 판정받은 등급을 자율적으로 표시하게 되어 있습니다. 그렇게 되면 수입산 소고기에 꼼수로 1++ 같은 등급을 표기해도 막을 방법이 없습니다. 그런데도 정부는 여전히 잘못된 등급제를 방관하고 있습니다. 개선이 필요합니다. 진짜 품질과 상관없는 서열식 등급제는 이제 끝내야 합니다. 고지방, 저지방식의 영양 정보를 다양하게 표기해 소비자들이 선택할 수 있도록 해야 합니다. 그보다 앞서 소비자들의 소고기 마블링에 대한 인식도 변해야 합니다. 고기의 신선도나 안전성과는 무관하게 지방이 많은 최고 등급 소고기가 곧 좋은 고기라는 잘못된 인식을 버려야 합니다.

소비자 인식이 바뀌려면 하루빨리 정부에서 나서야겠지요? 소고기 등급제의 기준을 좀 더 객관적이고 과학적으로 개선해야 소비자들도 올바른 영양 정보를 통해 속지 않고 건전한 소비를 할 수 있으니까요. 다행스러운 것은 마블링에 따른 소고기 등급제의 기준을 정부가 개편하려는 움직임을 보인다는 겁니다. 하지만 쉽지 않은 상황입니다. 소고기에 포화지방이 많아 건강에 좋지 않다는 이유로 마블링 중심의 소고기 등급판정 제도를 개선할 경우 국내 축산업 전반과 육류 소비 등 다양한 분야에 영향을 미칠 수 있기 때문입니다. 그래서 기준 개선에 신중해야 한다는 목소리도 있습니다. 원래 소고기 등급판정 제도는 축산물 시장 개방에 대응해 한우의 고급화를 통한 차별화 정책의 하나로 도입됐습니다. 한마디로 그럴싸한 명분을 만들어 잘 팔리도록 한 것이죠. 덕분에 한우 산업이 수입 소고기의 홍수 속에서 살아남을 수 있었다고 할 수 있습니다.

한국농촌경제연구원의 한 연구위원은 이런 말을 했습니다.

"현행 등급판정 제도를 손보게 된다면 한우가 수입 소고기와 차별화할 수 있는 개선된 등급 제도를 만들 수 있겠냐는 의문이 든다. 수입 소고기와의 차별화 전략에 차질이 생긴다면 한우 산업의 미래를 보장할 수 없게 될 것이다."

맞는 말입니다. 한우가 수입산 소고기에 밀려서야 되겠습니까? 연구위원은 덧붙여 말했습니다.

"많은 양의 포화지방 섭취가 건강에 나쁜 것은 사실이지만 농촌경제연구원의 분석에 따르면, 2018년 기준으로 우리나라 국민 1인당 소고기 소비량은 수입 소고기를 포함해 12.6kg밖에 되지 않는다."

한마디로 많이 먹지도 않는 소고기를 두고 건강을 거론하는 것 자체가 기우라는 것입니다. 그렇다고 제대로 된 영양 정보 없이 단순히 수입 소고기와의 경쟁력 확보 차원에서 마케팅용으로 마블링 소고기를 권장해도 괜찮은 걸까요? 잘못하면 오히려 소비자 반감만 더 커질 수 있지 않을까요? 아무리 소비자 입맛이 마블링 많은 소고기를 선호한다지만 제대로 된 영양 정보 없이 그저 마케팅 수단으로 이용된다면 더 큰 문제입니다. 극히 드물더라도 일부 농가에서 마블링 위주의 판정 기준 때문에 소에게 곡물 사료를 과다하게 먹이면 위험천만한 일입니다.

한우 산업, 육성해야지요. 하지만 국민 건강을 담보로 해서는 안 됩니다. 이정주 강동경희대병원 임상영양 파트장은 마블링에 대해 "고기 근육 안에 눈꽃처럼 지방이 많이 분비돼 있으면 고기를 굽거나 요리할 때 일부 지방이 녹으면서 부드럽고 풍미가 생기지만, 건강에는 오히려 독이다"라며 "마블링이 좋지 않고 지방이 뭉쳐 있다고 알려진 가령 2등급 고기가 건강에는 더 좋다. 지방을 골라낼 수 있기 때문인데, 낮은 등급의 소고기가 심혈관 등 건강에 좋다는 연구 결과도 있다"고 설명했습니다. 이어서 "고기 기름은 덜 나쁘거나 몹시 나쁘다고 생각하면 된다. 안 먹는 게 가장 좋다"고 덧붙였습니다. 천진영 영남대학교 식품영양학 석사 연구원도 "외국에서는 사 먹지도 않는 것이 바로 마블링 소고기다. 일부 축산 전문가들은 소고기 마블링이 불포화지방산이라서 몸에 좋다고 하지만 근거는 없다. 영양학적 관점으로만 본다면 건강에 도움이 되지 않는 게 마블링 소고기다"라고 강조했습니다.

한편 농림축산식품부는 2019년 12월 1일부터 개정된 소고기 등급 기준을 시행했습니다. 근내지방도를 우선 평가하던 기존 방식을 개선하여 근내지방도, 고기 색깔, 지방 색깔, 조직감 등을 개별 평가하고 최하위 등급을 최종 등급으로 결정하게 된 것이지요.

다른 나라의 소고기 등급기준

소고기 등급 기준은 자국 소비자의 식습관, 산업 현황 등 각국의 상황에 맞게 운영되고 있는데요. 우리나라는 구이 문화에 익숙한 소고기 소비 성향을 반영하여 정한 것으로, 일본은 우리보다 더 높은 수준의 마블링을 최고 등급으로 설정하고 있습니다.

한국		미국		일본	
근내지방도 기준	등급 표시	근내지방도 기준	등급 표시	근내지방도 기준	등급 표시
No9	1++등급	11% 이상	Prime	No12~8	5등급
No8		9.5~11%			
No7	1+등급	8~9.5%		No7	4등급
No6				No6	
No5				No5	
No4	1등급	7~8%	Choice	No4	3등급
No3		5~6%		No3	
No2	2등급	4~5%		No2	2등급
No1	3등급	3~4%	Select	No1	1등급

 요약

마블링은 소고기의 근내지방을 이르는 말. 마블링이 많으면 당연히 고소하고 맛있지만 몸에는 좋지 않으니 굳이 마블링에 집착할 필요는 없다.

성인병 예방하는
불포화지방산이 가득

식물성 기름

식품업체들은 1년을 14달이라고 합니다. 설과 추석 등 명절이 있는 달의 매출이 보통 때에 비해 곱절도 더 오른다고 하여 그렇게 말합니다. 명절이면 기름 판매량이 급증하고 하루 종일 주방에선 기름 냄새가 진동합니다. 마트에는 가장 유명한 콩기름부터 포도씨유, 해바라기씨유, 유채유, 현미유 등 다양한 종류의 식물성 기름들이 진열되어 있습니다. 하지만 식물성 기름과 건강의 관련성에 대한 논쟁은 매출과 상관없이 끊임없이 이어지고 있습니다. 식물성 기름은 정말 건강에 안 좋은 걸까요?

포화지방산 VS 불포화지방산

'식용 유지'란 유지를 먹을 수 있도록 정제한 기름으로 동·식물성 유지와 2차 가공 유지(쇼트닝, 마가린 등)를 총칭하는 단어입니다. 지방은 식품의 3대 영양소 중 하나로 효율적인 에너지원입니다. 조리 시 식품에 적절한 풍미와 조직감, 물성도 부여합니다.

유(oil)와 지(fat)는 이렇게 구분합니다. 유(oil)는 상온에서 액체(불포화지방산이 주요 성분)를, 지(fat)는 상온에서 고체(포화지방산이 주요 성분)를 말합니다. 이는 동물성 유지와 식물성 유지로도 나누어집니다. 동물성 유지는 동물에서 나오는 것으로 어유와 돈지, 우지 등이고, 식물성 유지는 식물에서 뽑는 것으로 대두유, 해바라기유, 올리브유 등입니다.

유지는 글리세린과 지방산이 결합된 형태로, 지방산은 이중 결합 유무에 따라 포화지방산과 불포화지방산으로 나누어집니다. 포화지방산은 이중 결합이 없고, 불포화지방산은 이중 결합이 1개 이상인 것을 뜻합니다. 더 자세하게 설명하면 포화지방산은 상온에서 어느 정도 굳는 고체 또는 반고체 상태의 기름으로 쇠기름, 돼지기름 등 모든 동물성 기름과 버터, 쇼트닝, 라아드가 대표적입니다. 포화지방산은 식물성 기름 중 코코넛오일과 팜유 등에 다량으로 포함되어 있으며, 과다 섭취했을 때 혈관에 나쁜 영향을 미치는 것으로 알려져 있습니다. 식물성 기름이 무조건 좋다는 말이 잘못된 이유지요. 코코넛과 팜유가 좋지만, 포화지방산이 많아 지나치게 많이 섭취하면 문제가 생길 수 있다는 겁니다.

반대로 불포화지방산 함량이 높은 유종은 주로 상온에서 액체 상태의 기름인데, 이중 결합의 위치에 따라 오메가3, 오메가6, 오메가9 등으로 나누어집니다. 오메가3 지방산에는 알파-리논렌산, DHA, EPA 등이 포함되어 있습니다. 때문에 면역기능이나 기억력, 학습력을 높이고, 혈관 건강에도 도움을 줍니다. 국내에서는 건강기능식품으로 취급되고 있고, 일본에서도 건강식품으로 인정받을 정도로 건강에 좋습니다.

　　종합해보면 포화지방산 함량이 많은 유종은 팜유나 돈지, 우지, 코코넛오일 등으로 건강에 해롭습니다. 불포화지방산 함량이 많은 유지는 대두유나 채종유, 옥수수유, 올리브유, 참기름, 들기름 등으로 미국 FDA는 2006년 10월 카놀라유에 함유된 불포화지방산의 작용으로 관상동맥질환을 예방하고 발병률을 낮출 수 있다는 점을 제품 라벨에 표기할 수 있도록 승인했습니다. 때문에 불포화지방산 함량이 많은 식물성 기름이 포화지방산 함량이 많은 유지보다 훨씬 건강에 좋습니다. 그러나 불포화지방산이 혈중 콜레스테롤을 낮추기는 하지만 섭취량이 많으면 체중을 증가시키므로 하루 섭취 칼로리의 20% 정도로 제한하는 것이 좋습니다. 고지혈증 환자는 총 지방 섭취량을 제한하고 가능하면 포화지방산의 섭취 비율을 낮추는 것이 좋습니다.

성인병의 원인이 되는 포화지방산 함유량이 관건

　　식물성 기름이 유해하다는 주장도 있습니다. 영국 드몽포르 대학교의 마틴 그루트벨트 교수의 주장인데요. 그루트벨트 교수는 "해바라기씨유나 옥수수유 등 식물성 기름을 고온 상태에서 가열하면 발암물질을 생성시킬 수 있다"고 밝혔습니다. 연구 결과에 따르면, 식물성 기름을 고온에서 사용하면 발암물질인 '알데히드'가 나옵니다. 알데히드는 담배 연기에서 나오는 유해물질과 같은 강한 세포 독성 물질로 암과 심장병, 치매 등을 유발합니다. 문제는 연구자인 그루트벨트 교수는 식용 유지 전문가가 아닌 화학구조 전문가라는 것입니다. 각 식용 유지가 가지고 있는 특징을 전혀 고려치 않고 단순히 화학구조만 분석해 알데히드가 많이 생긴다는 이유로 식물성 기름이 동물성 기름보다 유해하다는 주장을 펼친 거지요.

물론 우리나라 식품업체의 연구에서도 다가 불포화지방산 함량이 높은 식물성 기름을 장시간 고온으로 가열하면 알데히드 성분이 발견될 수 있다고 밝혔습니다. 그러나 알데히드 성분은 휘발성 물질이라 환기를 시키거나 오랫동안 가열하지 않으면 스스로 날아가는 물질입니다. 일반 가정에서 조리할 때는 해당되지 않습니다. 컨테이너 박스 같이 밀폐된 공간에서 최소 2시간 이상 기름을 가열하지 않는 한 안전하다는 말입니다.

대상 청정원 대상중앙연구소 식용 유지 담당 조태호 연구원은 "일반적으로 콩기름, 포도씨유, 올리브유 등의 식물성 유지에는 건강에 도움을 주는 불포화지방산과 항산화 성분이 많이 함유돼 있고, 콜레스테롤이 전혀 들어 있지 않아 동물성 유지보다 좋다"며 "콜레스테롤 또한 식물성 유지는 100그램당 함유량이 전혀 없으나, 동물성 유지는 100그램당 90~100밀리그램 함유돼 있다. 1일 콜레스테롤 섭취량은 300밀리그램 미만이 좋다"고 경고했습니다.

오히려 동물성 기름에 주로 함유된 포화지방은 성인병의 주원인이 됩니다. 가령 동맥경화나 심혈관질환, 콜레스테롤 수치 상승 등 주요 성인병의 원인이 되는 지방성분은 포화지방입니다. 동물성 기름의 포화지방 함량은 최소 50% 이상이며, 식물성 기름에는 최대 20% 이하입니다. 포화지방이라는 주원인을 배제하고, 식물성 기름의 불포화지방산에서 생성되는 알데히드만을 놓고 동물성 기름보다 식물성 기름이 나쁘다는 주장은 논리적 비약으로 볼 수 있습니다.

 요약

식물성 기름을 고온에서 오랫동안 가열하면 발암물질이 만들어진다는 연구 결과 때문에 식물성 기름이 유해하다는 주장도 있지만 이는 일반적인 경우는 아니다. 식물성 기름에는 건강에 도움을 주는 불포화지방산과 항산화 성분이 많이 들어 있고, 콜레스테롤이 전혀 들어 있지 않아 성인병의 원인이 되는 동물성 기름보다 건강에 좋다고 할 수 있다.

식물성 기름의 보관법

식물성 기름은 기본으로 직사광선이 없고 서늘한 곳에 두어야 합니다. 대부분의 기름은 실온 보관하면 되는데, 들기름의 경우 오메가3 성분이 쉽게 산패하므로 냉장 보관해야 합니다. 또 기름은 공기에 노출되면 변질될 수 있으므로 뚜껑을 잘 닫아서 보관해야 합니다. 일단 개봉했다면 1~2개월 이내에 다 사용하는 것이 좋습니다.

튀김 후 남은 기름은 식기 전에 여과지로 불순물을 거른 후 빈 용기에 담아 보관했다가 빠른 시일 내에 사용하는 것이 좋습니다. 상온에 보관한 기름의 색상이 진해졌거나 기름을 가열했을 때 불쾌한 냄새가 나고, 거품이 생기고, 온도가 높지 않은데도 연기가 난다면 변질된 것이니 버리는 것이 좋습니다. 기름을 버릴 때는 하수도에 그대로 흘려보내면 안 됩니다. 적은 양의 기름은 키친타월 등으로 닦아내고, 양이 많은 경우에는 우유곽 따위에 신문지를 넣은 후 기름을 부어 흡수시켜 일반 쓰레기로 버리면 됩니다.

수산물 금지 조치를
풀기 위한 일본의 꼼수

일본산 수산물

2019년 5월 22~23일, 세계무역기구(WTO) 비공식 통상장관회의에서는 "일본은 WTO 상소기구의 '일본산 수입식품 분쟁' 최종(패소) 판정 결과를 존중해야 한다"며 "적법 절차를 거쳐 최종 (패소) 판결이 내려진 사안을 WTO 상소기구 개혁과 연계하는 것은 부적절하다"고 지적했습니다.

2011년에 발생한 일본 후쿠시마 원전 사고 이후 우리 국민들은 일본산 식품에 대해 불안에 떨어야 했습니다. 일본은 그 어떤 근거 없이 안전하다는 말만 되풀이해왔습니다. 그러면서 한국의 일본 식품 기피 현상이 국제법상 문제가 있다고 한국을 WTO에 제소했고, 그 결과 패소 판정을 받았습니다. 그런데도 여전히 일본은 WTO 판정에 불복하고 있습니다.

10명 중 9명은 일본 수산물 먹지 않겠다

2011년 3월 11일, 일본 도호쿠 지방 태평양 해역에서 지진이 발생했습니다. 이 지진으로 일본 후쿠시마 제1 원자력발전소 시설물이 무너지는 일명 '원전 사고'가 터졌습니다. 원자로 압력용기(Reactor Pressure Vessel)에 구멍이 뚫리면서 핵연료가 공기 중에 확산되었습니다. 이 사고로 인해 대기, 토양, 고인 물, 바다, 지하수에 방사성 물질이 누출되었지요. 당시 보도에 따르면, 후쿠시마 제1 원전에서는 매일 세슘 137과 스트론튬 90이 하루에 약 600억 베크렐(Bq)씩 태평양으로 방출되었습니다. 유출된 방사능 오염수가 빗물과 함께 2012년 1월부터 바다로 유출되기 시작했을 가능성이 있다고 도쿄전력이 밝히기도 했지요.

우리 정부는 처음에는 방사능 오염 위험이 큰 후쿠시마 주변에서 생산하는 50개 수산물에 대해서만 수입을 금지했다가 2013년 여름 후쿠시마 원전에서 방사능 오염수가 대량 유출된 것이 확인되자 같은 해 9월 9일부터 후쿠시마 · 이바라키 · 미야기 · 이와테 · 도치기 · 지바 · 아오모리 등 8개 현에서 생산하는 모든 수산물의 수입을 금지했습니다. 아울러 일본에서 수입하는 수산물에 신고 의무를 부여하고, 신고된 일본산에서 요오드나 세슘 등 방사성 물질이 검출되면 바로 돌려보내는 노력도 아끼지 않았지요.

소비자들은 일본 후쿠시마 원전 사고 이후 일본 식품에 대해 불안감을 감추지 못합니다. 특히 영유아를 키우는 가정은 더 큰 불안감에 시달립니다. 이미 체르노빌 원전 사고를 통해 방사능의 위험성이 어떤지 인지하고 있기 때문입니다. 상황이 이런데도 불구하고 일본은 아주 뻔뻔한 짓(?)을 했지요. 이제 후쿠시마 원전 사고로부터 안전하니 일본산 수산물 등에 대한 수입금지 조치를 풀어달라고 우리 정부에 요청한 것입니다. 일본이 수입금지 조치를 풀어달라고 떼아닌 떼를 쓰는 이유는 바로 한국의 일본산 수산물 금지 조치가 과학적 근거가 없다는 겁니다.

행여 세슘 등의 방사능에 오염된 식품이라고 알려지면 소비자에게 외면받기 십상입니다. 그것의 유해성 여부를 떠나서 말입니다. 환경운동연합은 2012년 일동후디스 산양분유에서 세슘이 0.391베크렐(Bq) 검출됐다고 발표한 바 있습니다. 1심에서 재판부는 검출된 세슘의 양이 안전 기준치의 1,000분의 1에 해당하는 극소량으로 안전하다는 결론을 내리면서 환경운동연합에게 일동후디스에 위자료 8,000만 원을 지급하라는 판결을 내렸습니다. 그런데 환경단체에 그만한 돈이 어디 있나요? 일동후디스는 매출 하락의 쓴맛을 보고도 환경운동연합과 화해함으로써 사건을 일단락했습니다. 소비자들은 한번 문제가 생긴 제품에 다시 손을 대기 꺼려합니다. 소비의 특성상 그렇습니다.

그런 면에서 일본산 수산물은 먹어도 되는 걸까요? 우리 국민 10명 중 1명만 일본산 수산물 구입 의향이 있는 것으로 나타났습니다. 반대로 얘기하면 10명 중 9명은 일본산 수산물을 구입하지 않겠다는 것이지요. 2018년 11월 5일 서울 대한상공회의소에서 열린 '소비자·

미디어와의 소통 개선을 위한 식품 방사능 국제 심포지엄'에서 한국 원자력병원 이승숙 박사(한국여성원자력전문인협회장)는 원자력병원과 소비자연맹이 3년간(2014~2016년) 공동 조사한 결과를 발표하며 "여전히 우리 국민은 일본 원전 사고로 인한 일본산 수입 식품에 대해 불안해하고 있다"고 밝혔습니다.

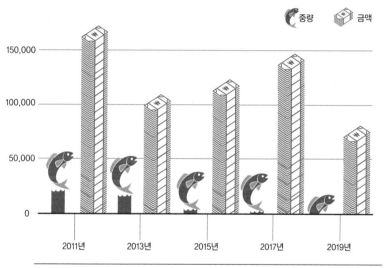

후쿠시마 원전 사고 후 일본 수산물 수입 현황(2019년 7월) (단위 : 톤, 1,000달러)

자료 : 관세청, 해양수산부

일본 수산물 수입금지 대상 지역 확대해야

방사능 오염 가능성이 있는 일본산 식품에 대해선 수입금지 조치를 내리는 것이 맞습니다. 이제 원전 사고에서 안전해졌고, 일본산 식품이 방사능에 오염될 수 있는 과학적 근거가 없으니 먹어도 된다는 식의 논리는 과학적이지 않습니다. 이런 논리가 과학적이라고 생각하는 과학자가 있다면 응당 국민 앞에 나서서 과학적이고 객관적인 근거를 들어 국민을 설득해야 할 겁니다. 그런데 그런 과학자들이 있나요?

필자는 박근혜 정부 시절, '한국소비자원 일본 방사능 식품에 관한 소비자들의 인식 개선 방안'이라는 자문회의에 참석한 적이 있습니다. 원자력 학계·연구계 전문가 등이 참석했지요. 당시 참석자들은 충격적인 발언을 했습니다. 일본산 수입식품에 대한 우리 정부의 방사능 검사가 전부 잘못됐다는 겁니다. 간혹 TV를 보면 검역 당국에서 일본산 수입식품과 수산물을 휴대용 방사능 측정기로 방사능을 측정하는 모습을 볼 수 있을 텐데요. 그런 과정 자체가 말도 안 된다는 겁니다. 방사능 성분은 아주 복잡한 단계를 거쳐야 제대로 측정할 수 있고, 휴대용 측정기로는 절대 방사능 오염 정도를 확인할 수 없다는 것이 과학도의 말이었습니다.

또 다른 소비자단체의 일본산 식품에 대한 소비자 인식 개선 방안 자문회의에서 중앙대 하상도 교수(식품공학부)는 이렇게 말했습니다. "지금 당장이라도 저는 일본산 수산물을 먹을 수 있어요. 너무 불안해하지 않아도 됩니다. 공기 중에도 자연 발생적인 방사능은 존재합니다." 하 교수는 자신감에 차 있었습니다. 하지만 정말로 국민들 앞에서 일본 수산물을 먹어도 안전하다고 말할 수 있을지 의문입니다. 이런 발언은 오히려 소비자들의 불안감을 가중시킬 수 있으니까요. 성신여대 이형민 교수(미디어커뮤니케이션학과)는 이런 이야기를 했습니다. 일본 방사능 식품에 대한 소비자 인식을 개선하기 위해서는 가만히 있는 게 오히려 소비자들을 안심시키는 것이라고요. 불안감에 떠는 소비자들에게 단순히 안전하다고 이야기하는 것 자체가 오히려 역효과라는 것입니다.

이런 전문가들의 토론 자체는 방사능 식품에 대한 소비자들의 인식 개선에 많은 도움을 줄 수 있을 것입니다. 손 놓고 안 하는 것보다 이런 논의가 이뤄지고 있다는 것 자체가 그만큼 발전적인 고민을 한다는 방증이기 때문이지요. 논란이 있으면 충분한 토론을 통해 결론을 도출하는 것이 좋습니다. 그 결론은 자연스럽게 소비자들의 인식 개선에도 도움을 줄 수 있을 테니까 말이죠.

문제는 누가 일본 방사능 식품에 대한 인식을 개선하느냐는 겁니다. 물론 소비자가 해야겠지요. 어떤 근거로 일본 방사능 식품이 안전하다고 생각을 바꿀 수 있을까요? 아직은 그 누구도 소비자들 앞에 나설 수 있는 상황이 아닙니다. 그래서 안전하다고 말하는 것 자체가 조심스러운 것이지요.

일본 마쓰야마대 장정욱 교수는 한 신문 기고에서 다음과 같이 밝혔습니다.

"일차적인 정화작업을 끝낸 방사성 오염수 약 62만 톤이 부지 내에 있다. 도쿄전력은 어업조합의 동의하에 정화작업 후 방사성 오염수를 제방 안의 바다(내해)에 방출할 계획이다. 그렇게 되면 내해의 바닷물은 바로 외해로 흘러든다. 이 오염수에는 정화장치(Alps)로도 제거 불가능한 삼중수소뿐 아니라, 코발트(Co60) 등 높은 농도의 핵종도 포함되어 있다."

그러면서 일본 수산물 수입금지 조치의 해제 또는 완화가 아니라, 오히려 대상 지역을 확대해 금지 조치를 지속해야 한다고 강력히 주장했습니다. 왜냐면 다시 가동될 공장에서 오염수가 더 많이 방출될 것이니까요.

"2017년 여름 가동된 재처리공장은 삼중수소를 대량 배출하는데, 핵발전소의 배출 기준에 맞추려면 하루에 100만 톤의 희석수가 필요할 정도로 높은 농도이다. 배수의 확산지역도 아오모리현~지바현까지로 현재의 수입금지 지역과 겹쳐 수산물의 방사능 농도가 더욱 높아질 것이니까요."

정부의 일본 수산물 검역은 방사능 탐지기와 컨테이너 검색기를 이용해서 이루어집니다. 제대로 측정이 가능한 검사인지 모르나 이들 방법조차도 2011년 이후 10% 수준입니다. 표본조사만 하기 때문에 나머지 90%는 검역 자체가 안 되는 것이죠. 달리 말하면 요오드나 세슘 같은 물질만 확인할 뿐, 골수암을 유발하는 스트론튬을 비롯해 플루토늄, 트리튬과 같은 다른 인공 방사능은 제대로 걸러내지 못하고 있는 실정입니다."

이런데도 일본 수산물이 안전할까요? 먹어야 할까요? 환경단체들의 항의가 잘못된 걸까요?

일본 수산물 수입금지로 인해 국내산 수산물이 금값이라고 합니다. 덕분에 어민들은 황금기 아닌 황금기를 보내고 있고요. 혹자는 일본 방사능 식품에 대한 인식이 개선되지 않아 소비자들도 값비싼 국내산 수산물을 먹어야 하는 형국이라고 역설합니다. 정말 그럴까요? 2019년 10월 현재 방사능이 검출된 일본산 수입식품 중 중복 검출된 사례는 33건이나 되는 것으로 나타났습니다. 중복 검출에도 불구하고 또다시 수입되는 식품은 총 24개에 달했고요. 일본산 수입식품을 섭취한 후의 국민 건강은 그 누구도 보장할 수 없습니다. 자꾸 먹으라고 하는 것 자체가 살인 행위일 수 있습니다. 일본산 식품을 먹지 않아야 하는 이유입니다.

 요약

일본 수산물이 안전하다는 주장은 수입금지 조치를 풀기 위한 일본의 꼼수. 일본의 원전 재가동으로 방사능 오염 농도는 더 높아질 것이다. 일본 식품 섭취로 인한 건강은 누구도 보장할 수 없으니 알아서 안 먹는 수밖에.

떨어지는 생닭 가격,
오르기만 하는 치킨 가격

⌗ 치킨 가격

야식계의 막강한 파워를 자랑하는, 이야기만 해도 침이 고이는 아이템이 하나 있죠? 바로 '치킨'입니다. 실제로 우리나라 사람들은 하루 평균 52만 마리의 치킨을 먹는다고 합니다. 매년 오르던 치킨 가격이 어느덧 2만 원에 육박해져 이제는 '국민 간식'이란 별명이 무색할 정도입니다.

오르기만 하는 치킨 가격의 이면에 생닭 가격은 계속해서 하락한다는 이해 못할 진실이 있습니다. 원재료 값은 떨어지는데 치킨 가격만 오르는 이유는 무엇일까요?

한 마리에 2만 원짜리 '국민 간식'

한국인이라면 누구나 '치킨'이란 이름 앞에서 침을 '꿀꺽'하지 않을 수 없을 겁니다. 하지만 맛있는 치킨 이면에는 냉동육 사용이나 비위생적인 조리법 등 알면 먹지 못할 사연도 많습니다.

우선 닭고기부터 살펴보겠습니다. 재래시장에서 판매하는 저렴한 치킨에 사용되는 닭고기는 거의 브라질산입니다. 물론 브라질산 닭고기라고 해서 비위생적인 것은 아닙니다. 오히려 국산보다 더 질이 좋다는 게 양계업계 관계자들의 말입니다. 우리나라처럼 집단 사육방식이 아닌 방목으로 키운 닭이기 때문에 육질은 훨씬 더 좋다는 것입니다. 그런데도 꺼림칙한 이유는 2017년 브라질에서 부패한 닭고기를 유통시킨 사건이 있었기 때문입니다.

브라질은 전 세계에서 닭고기 수출량 1위입니다. 국내에 수입되는 닭고기 중에서도 브라질산의 비중이 월등히 높습니다. 농촌경제연구원에 따르면, 2019년 6월 브라질산과 태국산 닭고기 수입량이 늘어 전년보다 17.6% 증가한 1만 1,480톤이었습니다. 수입산 닭고기가 증가한 이유는 육질이 좋고 저렴해서입니다. 브라질산 닭고기는 보통 1킬로그램당 1,750원에 거래되지만, 한국육계협회에 따르면 국산 10호 닭고기는 1킬로그램당 2,385원(평균 단가)에 거래됩니다. 문제는 온전한 형태가 아닌 부위별로 잘려서 수입된다는 겁니다. 주로 순살 치킨, 너깃, 강정, 패티 등으로 팔려나갑니다. 당연히 위생에서 안전성을 담보할 수 없습니다.

또 치킨 프랜차이즈 가맹점에서는 이미 사용한 기름을 재사용하기 일쑤입니다. 또 다소 품질이 낮은 기름으로 치킨을 수백 마리씩 튀기기 때문에 치킨이 건강에 좋을 리도 없습니다. 이렇게 불량한 간식인데 치킨 가격은 어마어마합니다. 국민 간식이라는 꼬리표를 달 수 없을 만큼요.

치킨의 시작은 1960년대 초반 명동에 등장한 전기구이 통닭이었습니다. 당시 치킨 한 마리 가격이 대(大)자 기준으로 800원 정도였는데 이제는 한 마리에 2만 원을 육박하는 시대가 됐습니다. 통계청에 따르면 치킨 물가지수는 기준연도인 2015년 이후 꾸준히 오르다가 2017년 101.23에서 2018년 104.01로 크게 뛰었고 2019년 초에는 107.59로 더 가파른 상승세를 보였습니다. 치킨 한 마리는 더 이상 가볍게 시켜 먹을 수 있는 야식이 아닌 것입니다. 소비자들의 볼멘소리만 커지는 거죠.

치킨 프랜차이즈의 횡포

치킨 가격을 상승시킨 가장 큰 요인은 치킨 프랜차이즈입니다. 치킨 프랜차이즈 업체들은 본사에서도 딱히 남는 게 없다고 항변합니다. 사실 장사하는 분들이 하는 말 중에 절대 믿지 말아야 할 말이 "이거 밑지고 파는 겁니다. 팔아봐야 남는 게 없어요"라는 말이지요.

교촌치킨, 비비큐, 굽네치킨, BHC 등 치킨 프랜차이즈들은 갖은 이유를 들어 치킨 가격을 인상하고 본사 배를 불리기에 바쁩니다. 원자재비와 인건비 상승 때문에 가격을 올릴 수밖에 없다고 말합니다. 물론 그게 다 사실이라면 업체로서는 억울할 것입니다. 하지만 새빨간 거짓말입니다.

경기도 부천에 있는 교촌치킨 가맹점은 한 달 매출만 1억 원이 훌쩍 넘습니다. 물론 많이 판 만큼 본사 이익도 늘어납니다. KB금융그룹 'KB 자영업 분석 보고서'에 따르면 치킨전문점의 총매출액은 2011년 2조 4,000억 원에서 2018년 5조 원 수준으로 늘었습니다. 2019년 2월 현재 영업 중인 치킨집은 약 8만 7,000개로 집계됐습니다. 치킨집 창업은 2014년 9,700개에서 2018년 6,200개로 감소했지만 폐업은 매년 8,000개 이상 발생했습니다. 프랜차이즈 업체들의 폐점률은 드문 편이고, 개인 치킨점의 폐점률은 90%나 됩니다. 개인 창업보단 프랜차이즈 창업이 더 낫다는 방증이지요. 치킨 프랜차이즈가 폐점하는 이유로는 점주의 개인적인 사정이 대부분입니다.

치킨의 주재료인 생닭 가격은 2014년부터 내림세입니다. 생닭 가격은 하락하는데 치킨 가격은 오르는 게 쉽게 이해가 되지 않습니다. 구체적으로 따져보면 일단 닭고기 소매가격은 평균 6,000원 정도입니다. 대한양계협회에 따르면 그마저도 최근에는 더 내림세를 보였습니다. 한국육계협회에 따르면 2019년 4월 기준으로 치킨용으로 많이 쓰이는 9~10호 닭고기 1킬로그램 가격은 3,308원으로, 1월에 비해 27.1% 떨어졌습니다.

소비자들의 불만도 불만이지만 생닭을 공급하는 양계농장도 단단히 화가 났습니다. 치킨 가격이 오르면 자연스럽게 생닭 가격도 올라야 정상인데 오히려 떨어지고 있으니까요. 치킨 프랜차이즈들은 난데없이 원재료비가 올라 가격을 인상할 수밖에 없다는 허무맹랑한 소리를 하고 있으니 양계농장 입장에선 화가 날 수밖에 없지요. 역으로 양계농가가 직접 나서서 치킨 가격 인하를 요구하는 실정입니다. 양계협회에 따르면 최근 10년간 육계 가격과 치킨 가격 추이를 비교했더니 10년 전 생닭 가격은 1킬로그램당 1,242원으로 1,500원 수준인 현재와 비슷했는데, 평균 1만 1,000원 수준이던 프라이드치킨 가격은 현재 2만 원 정도입니다.

이런 현실에도 치킨 프랜차이즈업계는 생닭보다 식용유 등의 재료비나 인건비가 반영돼 치킨 가격을 올릴 수밖에 없다고 주장합니다. 과연 치킨 프랜차이즈의 말이 맞는 걸까요?

치킨 프랜차이즈업은 현재 호황입니다. 간혹 퇴직 후 치킨집을 열었다가 망했다는 뉴스도 자세히 들여다보면 프랜차이즈가 아닌 개인이 창업한 경우입니다. 1,500원도 안 되는 생닭 가격의 15배가 넘는 2만 원에 치킨을 판매하는 것은 치킨 프랜차이즈들의 지나친 횡포입니다.

이런 가격 상승의 기조는 앞으로도 꾸준할 것이라서 더 문제입니다. 치킨의 인기가 사그라지지 않다 보니 업체 간 경쟁은 더욱 치열해지고 있습니다. 모델만 잘 기용하면 하루 매출이 달라집니다. 그러니 매년 치킨 가격이 오르는 것은 불을 보듯 뻔한 일이 됐지요. 아마 치킨 프랜차이즈 업체들은 앵무새처럼 수수료, 스타 마케팅비용, 메뉴 개발비, 지역별 임대료 외 여러 요인으로 최종 치킨 가격이 산출되고 있다고 반복할 겁니다. 생닭 가격도 매일매일 시세를 따져

가격을 결정하는 것이 아니라 3~6개월 단위로 산지 농가와 협의한 가격으로 계약하기 때문에 단순히 육계 가격 변동분으로 치킨 가격 책정을 설명하기에는 무리가 있다고 할 거고요.

온갖 스트레스 속에 살아가는 우리 국민을 위로했던 서민 간식이 대형 프랜차이즈 업체들의 장난감으로 전락해 결국 자영업자들까지도 고통받는 형국입니다. 힘든 일과의 노고를 위로받았던 음식 앞에서 이제는 마냥 기뻐할 수 없는 이유입니다.

 요약

생닭 가격은 계속해서 하락하는데 치킨 가격은 오르기만 한다. 치킨 프랜차이즈 업계에서는 원자재와 인건비 상승 때문에 치킨 가격이 오르는 것이라고 주장하지만 1,500원짜리 생닭으로 2만 원짜리 치킨을 만드는 건 횡포일 뿐이다.

식품 안전을
보장해주지 않는 마크

해썹 인증마크

가족의 밥상을 책임지는 주부들은 최대한 조심해서 안전하고 위생적인 식품 위주로 장을 봅니다. 그래서 정부가 인증하는 해썹 마크를 맹신하게 됐고, 어디서나 마크를 의식하게 됐지요. 그런데 굳이 그럴 필요가 없습니다. 해썹 인증마크가 있는 식품이라고 안전이 보장된 것은 아니기 때문입니다. 해썹 마크가 들어간 제품은 안전하다는 인식을 심어준 정부의 홍보가 잘못된 것입니다. 이제부터라도 해썹 마크가 무엇인지 정확하게 알아야 현명한 소비를 할 수 있습니다.

해썹 마크에 대한 오해

해썹(HACCP · 식품안전관리인증제도) 마크가 붙어 있는 식품을 보면 정부(식품의약품안전처)가 인증하는 안전한 식품이라는 생각이 들죠? 틀렸습니다. 전혀 다른 개념입니다. 그간 해썹 인증마크가 찍힌 제품은 안전하다는 오해를 받아왔습니다. 물론 지금도 많은 소비자들이 그렇게 믿고 있습니다.

해썹의 실체는 무엇일까요? 해썹의 사전적 정의는 '위해요소 중점관리 기준(Hazard Analysis and Critical Control Points)'입니다. 풀어서 설명하면, 해썹은 생산-제조-유통의 모든 과정에서 식품 위생에 해로운 영향을 미칠 수 있는 위해요소를 분석해서 과학적이고 체계적으로 관리하는 제도입니다.

많은 식품영양학자들은 "소비자들이 해썹 인증마크에 대해 마냥 안전하다고 생각하게 만든 근본적인 원인은 이 제도를 제대로 인식하도록 알려주지 않았기 때문"이라고 말합니다. 누가? 바로 정부가 말이죠. 구체적으로는 식품의약품안전처의 문제입니다. 세종대학교 김용휘 교수(식품공학과)에 따르면, 해썹은 식품 생산이나 제조, 유통과정에서 위해요소를 제거하거나 안전성을 확보할 수 있는 하나의 관리체계에 지나지 않습니다. 식품 사고가 터졌을 때 중점적으로 관리할 수 있느냐 없느냐를 판단하는 마크 정도로 이해하면 됩니다.

오혜영 전 한국식품관리인증원장에 따르면, 해썹은 1960년대 미국의 우주개발 계획에서 태동하였습니다. 식품 안전이 100% 보장되는 시스템이 없는 상태에서 인간을 달에 보내면 어떤 부작용이 생길

까요? 겨우 도착한 달에서 모든 우주인이 식중독에 걸려 우주선을 조종하지 못하게 되면 어떨까요? 약을 먹는다고 해결이 될까요? 방법이 없는 겁니다. 복통에 시달리다 결국 우주선은 추락하고 지구인의 원대한 꿈은 그대로 사라지겠죠. 그래서 당시 우주비행사들이 먹을 우주식량의 개발을 담당한 필스버리 사가 NASA와 함께 식품 안전성을 100% 확보하려는 방안으로, 우주 식량에서 발생할 수 있는 위해요소를 사전에 분석하고 중점적으로 관리하는 시스템을 마련하게 된 것입니다. 그렇게 미국에서 시작된 해썹은 현재 전 세계적으로 가장 효율적인 식품 안전관리체계로 인정받고 있고, 모든 식품에 해썹을 적용할 것을 적극적으로 권장하고 있습니다.

결론적으로 해썹은 안전한 식품을 만들기 위한 위생관리 방법입니다. 위해요소를 분석해서 중점관리를 함으로써 문제를 최소화하는 시스템인 것이지요. 다시 말하면 안전한 제품을 만들 수 있게 가장 효율적인 체계를 갖춘 것이지, 이 시스템을 활용한다고 모든 해썹 인증제품이 다 안전한 것은 아니라는 말입니다. 위해요소를 최대한 차단함으로써 식중독이 걸릴 확률을 최소화하는 것이지요.

해썹(HACCP)은 위해 방지를 위한 사전 예방적 식품 안전관리체계를 말한다. 위해요소를 분석, 중점 관리하여 문제를 최소화하는 시스템일 뿐 해썹 인증마크가 제품의 안전을 보장해주는 것은 아니다.

제도의 기준 맞추기에 급급, 식품 안전은 뒷전

해썹 제도는 1990년대 초 우리나라에 도입돼 현재 여러 식품 제조생산 공장에서 활용하고 있습니다. 사실 해썹 인증제도로 인해 제품의 안전성이 담보된다면 해썹 인증업체의 제품에서 이물질이 발견되고 세균이 검출되면 안 됩니다. 하지만 많은 해썹 인증업체 제품에서 이물질이 발견되고, 세균이 검출돼 비난을 받고 있습니다.

국회 국정감사에선 툭하면 단골 메뉴처럼 등장하는 것이 바로 해썹 인증제도입니다. 일부 소비자들도 못 믿을 해썹 인증제도라는 것을 인지하고 있습니다. 다만 식품이라는 소비재의 특성상 매일 먹을 수밖에 없기 때문에 조금이라도 관리되는 식품에 의존하는 겁니다.

2015년 한국소비자단체협의회에서 주최한 'HACCP 인증제도 개선' 토론회가 열렸습니다. 토론회는 해썹 인증제도를 개선하기 위해 식품의약품안전처 등 주무 부처와 여러 전문가들이 모여 현재의 해썹 인증제도에 대한 문제를 신랄하게 비판하는 자리였습니다.

그 자리에서는 세계적으로 가장 효율적인 식품 안전관리체계로 인정받고 있는 해썹 인증제도를 각 식품업체 공장 등에 적용하고 있지만, 그저 정부가 만들어놓은 제도의 기준에 맞추기 급급해 정작 위해요소를 분석하고 중점적으로 관리해야 할 사안들은 뒷전이라는 비판이 쏟아졌습니다. 해썹 인증제도에 대한 교육 시스템도 확립되어 있지 않고, 각자 행동 양식에 따라 제각각으로 식품을 제조 · 유통하고 있다는 아주 현실적인 내용도 오고 갔습니다. 더 충격적인 것은 해썹 인증제도에 대한 프로그램이 공장마다 달라 이것을 어떻게 적용할 것인가에 대한 기준도 모호하다는 것입니다. 모범답안이 없는 상태에서 해썹 인증제도를 개선하기 위해서는 그저 정부가 만들어놓은 제도의 틀에 억지로 끼워 맞추기보다는 각자 사업장에 맞게 끊임없이 수정하고 발전시켜 나가야 한다는 세종대 김용휘 교수의 말이 참여자들로부터 많은 공감대를 끌어냈습니다.

김 교수에 따르면, 해썹 인증제도는 미국에서 들어왔지만 현재 우리나라에서는 미국과 딴판으로 운영되고 있다는 겁니다. 특히 중소기업들이 해썹 인증제도에 스펙을 맞추려 해도 현실에 맞지 않는 많은 서류 때문에 결국은 포기하고 맙니다. 서류와 기준에만 신경 쓰다 보면 결과적으로 해썹 인증제도의 기본 취지와 전혀 다르게 운영되는 것입니다. 물론 식품 당국이 소비자들을 속이려고 겉만 번지르르하게 해썹 인증제도를 홍보하겠습니까만, 앞으로 더 유연성을 가지고 제도 자체를 보완해서 발전시켜야 할 것입니다.

 요약

해썹 마크가 들어간 식품이 안전하다고 생각하면 오산. 해썹 마크는 식품 생산이나 제조, 유통과정에서 안전을 확보할 수 있는 관리체계일 뿐 식품의 안전을 보장하진 않는다.

우유 한 방울 안 들어간
탈지분유 음료수

딸기우유와 초코우유

서울에 사는 중년 직장인 박근제 씨(49)는 출근 때마다 편의점에서 초코우유 같은 가공유로 아침식사를 대신합니다. 바쁜 아침에 초코우유만큼 열량을 보충해주는 식품도 없기 때문입니다. 초코우유가 속을 든든하게 해줄 거라는 생각은 박 씨만의 믿음이 아닙니다. 많은 직장인들이 우유 한 잔으로 아침식사를 대신합니다. 그런데 박 씨가 우유라고 생각하고 구매한 제품이 사실은 음료수에 불과했다면 과연 아침마다 사 먹었을까요? 영양 만점 우유라고 생각했던 제품이 사실은 아무 영양가 없는 가짜 우유에 불과했다는 사실에 소비자는 배신감을 느낍니다.

○○맛 우유는 무늬만 우유

원유 10%가 들어간 액체류는 우유일까요, 음료수일까요? 딸기우유, 초코우유, 바나나우유 등에는 '우유'라는 명칭이 붙어 있지만, 실제 원유 함유량은 제로입니다. 가공유 60여 종 중 원유(흰 우유)가 전혀 들어 있지 않은 제품은 전체의 25% 수준입니다. 원유 함량이 절반도 안 되는 제품은 전체의 56.7%에 달했습니다. 무려 81.7%가 무늬만 우유라는 것입니다. 우유는 차고 넘치지만 안 팔려 어떤 식으로든 매출을 유지하기 위한 유업체의 고육지책이 꼼수를 낳은 겁니다.

이들 제품은 어떻게 만들어진 것일까요? 대부분 환원유와 환원저지방우유·혼합 탈지분유·유크림 등을 이용해 제조했습니다. 쉽게 말해 유가공 음료수인 것이지요. 환원유는 탈지분유에 물을 섞어 만드는데, 지방량을 늘리기 위해 유크림을 섞기도 합니다.

특히 우유가 전혀 들어가지 않은 제품은 매일유업에서 제조한 GS25 PB제품 '신선한 스누피 초코우유'와 동원F&B '더 진한 바나나 담은 바나나우유', 세븐일레븐 PB제품 '딸기우유, 초코우유, 바나나우유' 등입니다. 이들 제품은 전량 환원유로 제조됐습니다. 푸르밀 '생과즙 블루베리우유'와 동원F&B '밀크팩토리 코코아·덴마크 딸기딸기우유', '서울우유 딸기·서울우유 초코' 등에도 원유가 한 방울도 들어가지 않았습니다. 우리F&B의 '마카다미아 초코우유'와 '카라멜커스타드크림우유' 등도 원유 대신 환원무지방우유를 사용했습니다. 특히 푸르밀의 '가나 쵸코우유'와 '검은콩이 들어간 우유·생바나나우유' 등은 원유와 환원유를 병용 표기해 같은 제품인 양 소비자들의 오해를 불러일으켰습니다.

원산지도 불분명합니다. 유제품 60개 가운데 탈지분유와 유크림 등의 원산지를 명확하게 표시한 제품은 총 44개였습니다. 서울우유 바나나우유, PB커피밀크 등 4종은 국산을 사용했지만, 나머지 40개는 원가가 저렴한 수입산을 사용했습니다. 탈지분유는 원유에서 지방을 분리하고 수분을 제거한 제품이라 비타민A와 무기질 등의 함량이 낮고 맛도 떨어집니다.

식품의약품안전처 식품관리과 관계자는 "딸기우유나 초코우유 등은 가공유로 구분되는데 '식품의 기준 및 규격 고시'에 의하면 가공유는 원유 혹은 유가공품에 특정 물질을 첨가한 것을 뜻한다"며 "고시가 지정하는 세부 기준을 충족한다면 원유는 물론 유크림 등을 첨가한 제품도 가공유나 유음료 등으로 판매할 수 있다"고 말했습니다. 무늬만 우유여도 법을 어기지 않았다는 겁니다. 하지만 법을 어기지 않은 것보다 더 문제는 소비자들을 기만한 것입니다. 그래서 이렇게 문제 있는 법은 개정돼야 한다는 소비자들의 지적이 이어지고 있습니다.

원유 한 방울 들어가지 않은 우유와 요구르트

식약처의 축산물 규격을 정해 놓은 축산물의 가공 기준 및 성분 규격에 따르면, 가공유란 원유 또는 유가공품을 원료로 해 다른 식품 또는 식품첨가물 등을 가한 후 멸균 처리한 것으로 무지유 고형분 4% 이상의 것을 말합니다. 하지만 시중에 유통되고 있는 가공유는 실제 축산물 성분 규격에 한참 못 미칩니다.

가공유 뒷면에 표시된 내용을 보면, 실제 우유의 함량은 10~40% 에 불과하다는 것을 확인할 수 있습니다. 매일유업의 '우유 속에 코코아'는 원유(우유) 10%에 혼합 탈지분유(네덜란드산)와 유크림 등을 섞고 정제수(물)를 타서 만듭니다. 동원F&B의 '스누피 더 진한초코 담은 초코우유'의 원유 함량은 20%에 불과합니다.

발효유는 더 심각한 수준입니다. 국내산 원유를 아예 사용하지 않은 제품 투성이입니다. 빙그레의 한 요구르트 제품은 물에 3.66% 의 네덜란드산 혼합 탈지분유를 섞어 만들었고, 매일유업의 요구르트 '로어슈거'도 우유 한 방울 넣지 않고 네덜란드산 탈지분유로 만들었습니다. 동원F&B의 '비피더스 명작'도 탈지분유 5%를 넣어 만든 발효유입니다.

유업체들은 왜 이런 꼼수를 써가면서 소비자들을 속일까요? 매일유업 관계자에 따르면 유업체들은 우유 소비량 감소에 따라 남는 우유를 탈지분유로 만들어 보관하다가 우유가 부족할 때 우유 대신 탈지분유를 사용하여 가공유나 요구르트를 만듭니다. 문제는 국내산 탈지분유를 사용하는 것이 아니라 값싼 미국, 네덜란드 등의 수입산 탈지분유에 의존하고 있다는 겁니다. 국내산 탈지분유는 킬로그램당 1만~1만 2,000원 수준인 데 반해 수입 혼합탈지분유는 킬로그램당 3,000~4,000원으로 저렴합니다. 유업체들은 당연히 원가를 절감하기 위해 수입 탈지분유를 더 사용할 수밖에 없습니다.

남양유업 최경철 이사는 "편의점 등에는 판매가격의 절반 이하로 제품을 납품해야 하는 상황"이라며 "1,500원짜리 가공유의 납품 가격은 600~700원에 불과해서 국내산 원유를 사용하는 것은 도저히 불가능하다"고 토로했습니다.

유가공협회에 따르면, 2018년 탈지분유 수입량은 약 4,300톤 수준으로 꾸준히 증가세에 있습니다. 미국과는 탈지분유 무관세 쿼터 5,000톤을 내주는 동시에 기간 제한 없이 매년 3%씩 증량하기로 하여 양이 매년 늘어나는 겁니다.

수입산 탈지분유라고 해서 품질이 떨어지는 것은 아닙니다. 그러나 우유인 줄 알고 마셨던 딸기우유, 초코우유의 실상이 먼 타국에서 건너온 탈지분유이고, 국내산 원유로 만든 요구르트 제품을 찾아보기 어려운 현실 때문에 소비자들은 속았다는 생각이 들 수밖에 없습니다.

교묘해지는 유업계의 마케팅 꼼수

우리나라는 인구에 비해 우유 생산량이 아주 높습니다. 유럽, 호주에 비해 턱없이 높은 생산원가와 치솟는 유통 이윤에 대한 해결책이 없다면 업체들은 남아도는 국내산 원유를 버리고 값싼 수입산 탈지분유를 계속 수입할 수밖에 없습니다. 결국 국내 낙농가들이 무너지는 갈림길에 서게 될 것이라고 전문가들은 전망하고 있습니다.

남아도는 우유를 탈지분유로 만들어 보관하는 비용은 탈지분유를 수입하는 비용보다 훨씬 더 많이 듭니다. 우유업계는 꼼수를 써서라도 현상을 유지하려고 안간힘을 씁니다. 그렇다 보니 서울우유처럼 마케팅 꼼수를 부리기도 합니다. 서울우유는 고급우유 마케팅으로 세균수 1A 등급과 체세포 수 1등급 원유를 전면에 내세웠습니다. 사실 이 같은 마케팅은 소비자를 현혹하는 것이지요. 원래 체세포 수 우유는 이미 2000년대 초부터 나온 제품입니다. 그런데 이를 새로운 것처럼 마케팅에 사용하는 것은 꼼수에 불과합니다. 낙농진흥회에 따르면 체세포 수 1등급 원유는 56.7%에 달합니다. 2015년 9월부터 50% 이상을 유지하고 있습니다. 등급이 높을수록 원유를 고가에 판매할 수 있어서입니다. 이렇게라도 우유를 팔아야 하는 유업계의 고육지책인 것입니다.

사실 우유 소비가 줄어든 것은 우유를 대체할 만한 영양 간식이 늘었기 때문입니다. 그래서 앞으로 우유업계의 눈속임은 더더욱 심해질 것입니다. 이에 속지 않으려면 소비자 스스로 우유 포장에 적혀 있는 영양 성분을 꼼꼼히 살펴 현명한 소비를 하는 수밖에 없습니다.

 요약 ───────────────────────────────────

○○맛 우유는 원유 한 방울 들어가지 않은 가짜 우유다. 우유 하나를 살 때도 성분표를 잘 살펴보자.

나도 모르게
30년 전부터 먹어왔다

유전자조작식품

유전자재조합식품(Genetically Modified Organism 이하 GMO), 일명 유전자조작식품에 대한 논란이 끊이질 않습니다. 먹어도 될까, 안 될까를 두고 소비자들 사이에서도 의견이 분분합니다.

미국 등 선진국들은 이미 GMO를 활용해 많은 종류의 제품을 출시하고 있습니다. 우리나라에서는 아직 GMO에 대한 소비자들의 불신이 커서 제품에 표기하지 않고 있습니다. 물론 GMO 원료에 대한 공개도 불분명합니다. 그래서 우리나라 '치토스' 과자에는 GMO 표시가 없지만 미국으로 수출하는 '치토스' 과자에는 GMO 표시가 있는 겁니다. 소비자들은 안전성 논란이 불식되지 않은 GMO 표시 의무화를 요구하고 있지만 식품 당국은 뾰족한 대안을 내놓지 못하고 있습니다.

그동안 먹어왔으니 앞으로도 괜찮다?

최근 미국에서는 유전자변형식품(GMO)에 대한 논란이 거세게 일고 있습니다. 논란의 주인공은 옥수수와 콩이 아닌 연어입니다. 미 식품의약국(FDA)이 2019년 7월 1일 생명공학기업 아쿠아바운티 테크놀로지스의 GM 연어 상업화를 공식 승인했습니다. 이에 워싱턴의 소비자단체 관계자는 "대형 식품 매장을 중심으로 GM 연어 거부 운동이 일고 있고, 전문가들도 사람이 GM 연어를 먹는 것이 안전하지 않다고 지적한다"고 말했습니다.

GMO를 반대하는 식품안전센터는 GM 연어에 대한 미 FDA의 승인에 대한 소송에 나서기도 했습니다. 센터 관계자는 "GMO 옥수수나 콩은 주로 가축 사료로 쓰이면서 2차적으로 사람에게 영향을 미치지만 GM 연어는 인간에게 직접 영향을 줄 수 있다는 데 큰 차이가 있다"면서 "GM 연어가 우리에게 어떤 영향을 미치는지에 대한 연구 결과도 없는데 너무 성급하게 FDA가 움직였다"고 비판했습니다. 이어 "GM 연어를 자녀에게 주고 싶은 사람은 없을 것"이라고 목소리를 높였습니다. 이렇게 GMO를 식품 포장에 표시하는 미국에서마저도 Non-GMO 목소리가 거셉니다. GMO가 인간에게 어떻게 작용할지 불분명하기 때문에 불안해하는 이들이 늘고 있는 겁니다.

만약 과자에 GMO 표시가 되어 있다면 신경 쓰지 않고 구입할 사람이 몇 명이나 될까요? 친환경 식품을 먹어도 시원찮을 판에 무슨 GMO을 사 먹느냐며 화들짝 놀라겠죠. 해당 식품회사의 매출은

GMO를 사용하여 만든 제품에는 GMO 성분이 들어갔다는 표시가 되어 있지 않다. 제품에는 원산지만 표시되어 있을 뿐이다. 소비자들은 자신도 모르는 사이에 GMO로 만든 식품을 매일 먹고 있다.

곤두박질할 것이고요. 이것이 바로 식품 당국이 우리나라는 GMO에 대해 95%까지 관리하는 안전국이라고 강조하면서 섣불리 GMO 표기를 결정하지 못하는 이유입니다.

아무리 관리를 잘 한다고 해도 우리나라는 GMO 안전국이 아닙니다. 식탁에 올라오는 반찬류를 볼까요? 대부분 수입산입니다. 그렇다면 미국산 소고기는 안전할까요? 이미 GMO 곡물 사료를 먹고 자란 소가 도축 과정을 거쳐 우리 식탁에 오르고 있는 현실을 감안한다면, GMO를 절식하면서 경계하는 것이 마냥 의아할 뿐입니다.

전문가들은 GMO가 안전하다고 말합니다. 경북바이오산업연구원 이동희 과장(식품 분야 시험검사사업단)은 "사람들이 바이오 식품이라고 하면 걱정부터 하는 건 단지 낯설기 때문"이라면서 "안전성 부분에서는 일반 식품과 크게 다를 바가 없다"고 말합니다. 그리고 "오히려 유통이나 보관과정에서 발생할 수 있는 식중독이 더욱 위험하다"고 덧붙였습니다.

그러니까 이런 거죠. 식품업체가 식용유를 만들 때 GMO 콩을 사용하지만, 가열하거나 효소 처리하는 과정에서 단백질과 DNA 성분이 대부분 파괴됩니다. GMO를 사용해도 결국 GMO의 유전자 성분은 없어진다는 게 과학자 집단의 설명입니다. 과학자들 입장에서 보면 매일 GMO를 소비하면서 'Non-GMO'를 외치는 세태가 Non-sense처럼 느껴질 것입니다.

그들 말에 비춰보면 안전성은 검증되지 않았지만, 이미 수입산을 먹어오면서부터 GMO를 섭취한 것인데 지금 와서 왜 안전성을 따지냐는 거죠. 소비자들은 이렇게 항변하죠. 제대로 알려주지 않았으니 먹었던 거라고요. 그래서 GMO를 표시해서 선택의 폭을 넓히자는 것이 소비자단체들의 주장입니다.

2014년 기준 우리나라의 곡물 자급률은 20%대로, 이중에서 쌀을 제외한 나머지 곡물의 자급률은 3.7%로 미미합니다. 97% 이상을 수입에 의존하고 있지요. 식량의 60% 이상을 소비하는 가축 사료의 자급률이 낮기 때문입니다. 한국농촌경제연구원의 보고서에 따르면 2050년 쌀 생산량은 지금의 절반 이하로 떨어집니다. 이러한 식량 안보를 해결하기 위해 주목받는 것이 바로 바이오식품, GMO입니다. 전문가들이 GMO를 예찬하는 또 다른 이유이기도 합니다.

2018년 기준으로 국내에 수입된 GMO는 1,021만 톤에 달합니다. 2008년에 155만여 톤이던 식용 GMO는 2014년에 200만 톤을 넘어선 이후 꾸준히 수입이 늘고 있습니다. 전체 수입 물량의 80~90%는 옥수수와 콩으로, 대부분 대기업에서 소비되고 있습니다. 우리 주변에서 흔하게 볼 수 있는 간장, 식용유, 물엿, 과자, 음료, 소스 등에 다양하게 사용되지요. 소비자들은 GMO를 피하려야 피할 수 없는 상황입니다. 그러니 소비자들은 계속해서 "GMO, 문제 있는 거 아냐?"라고 의문을 표시할 것이고 혹여 누군가 "안전하다"고 발표하면 소비자단체들의 항의에 시달릴 것입니다. 이쯤 되니, GMO를 먹을까 말까를 고민하기에 앞서 참 답답하죠? GMO가 필요악처럼 생각되기도 할 거고요.

이는 GMO 종주국인 미국이 큰 저항감 없이 GMO를 유통한 영향이 큽니다. 현재 세계 50여 개국이 GMO에 반대하고 있고, 특히

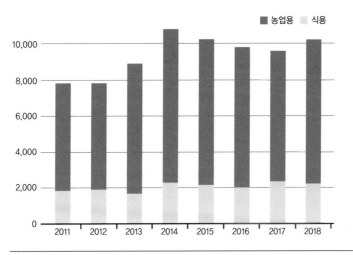

연도별 GMO 농산물 수입 현황 (단위 : 1,000톤)

■ 농업용 ■ 식용

자료 : 한국바이오안전성정보센터

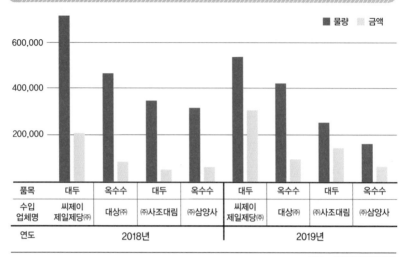

	2018~2019년 식품용 GMO 농산물 수입업체 현황 (단위 : 톤/1,000달러)							
품목	대두	옥수수	대두	옥수수	대두	옥수수	대두	옥수수
수입 업체명	씨제이 제일제당㈜	대상㈜	㈜사조대림	㈜삼양사	씨제이 제일제당㈜	대상㈜	㈜사조대림	㈜삼양사
연도		2018년				2019년		

자료 : 식품의약품안전처

러시아는 GMO를 테러리즘이라고 간주하며 관련 법규를 강화하고
있습니다. 하지만 미국과 우리나라에서는 GMO가 안전하다고 말하
고 있습니다. 그러면서 식품 포장에 GMO 표시는 하지 않습니다. 이
러지도 저러지도 못하고 있는 것이지요.

누구도 안전하다고 말하지 않는 GMO

한국과학기술 한림원은 매년 사회적으로 쟁점이 되는 문제에 대
해 대안과 발전방안을 위한 원탁토론회를 개최합니다. 필자는 2015
년에 열린 '생명공학기술을 활용한 우리나라 농업 발전방안'이란 토
론회의 패널로 참석했습니다. 토론회에서는 생명공학기술을 활용,

GMO를 통해 식량난에 대처해야 한다는 의견이 주를 이루었습니다. 그들은 기후 변화로 인한 가뭄 문제가 심각하며 고품질 고부가 농산물이 대안이라고 입을 모았지요. 소 잃고 외양간 고치는 꼴이 되지 않도록 21세기 보릿고개를 준비해야 한다고 강조하기도 했습니다.

토론회에 참석한 전문가들은 특히 GMO에 대해 찬성했습니다. 우리가 GMO를 알든 모르든 간에 섭취해온 세월이 안전성을 증명한 것 아니냐는 것이었지요. 그래서 안전성 논란보다는 앞으로 어떻게 하면 GMO를 잘 활용할 수 있을 것인가를 고민해야 한다고 했습니다. 그러기 위해서는 GMO에 대한 소비자의 인식이 개선돼야 한다고 입을 모았습니다.

GMO에 대한 전문가들의 인식에 깜짝 놀라지 않을 수 없었습니다. 이제는 식량난 때문이라도 GMO 활용을 고민해야 할 때라는 말에 모두들 긍정적 신호를 보냈는데, 과연 소비자들은 이걸 어떻게 생각할지 난감했습니다. 당시 소비자연맹의 소비자 GMO 인식 수준 설문조사 결과를 보면, 유전자변형기술에 대해 응답자 10명 중 7명은 용어 정도만 알고 있거나(62.3%), 전혀 모르고 있는(13.0%) 것으로 조사됐습니다. 또 개념이나 개발 현황 정도를 아는 응답자는 23.2%이고 남에게 교육할 수 있을 정도의 전문지식이 있는 응답자는 0.6%에 불과했습니다. 또 37.2%는 유전자변형으로 생긴 특이 생물종의 환경 파괴 등이 우려된다고 생각했습니다.

필자는 당시 토론회에서 GMO에 찬성하는 전문가들에게 이렇게 질문했습니다.

"GMO가 안전하다면 먹어도 된다고 왜 적극적으로 말씀하지 못하십니까?"

어떤 전문가도 "GMO는 안전하니 먹어도 됩니다"라고 말하지 않았습니다. 과학적 근거도 없을 뿐더러 환경단체나 일부 완고한 소비자들의 항의를 이겨낼 재간이 없었기 때문입니다.

안종주 녹색건강연대 대표는 GMO에 대해 이렇게 말했습니다.

"유전자변형농산물(식품)의 문제는 인체 안전성과 생태계 안전성 문제가 해결된다고 하더라도 이 같은 문제를 포함해 특정 기업이 인류의 먹거리를 좌지우지하는 문제 등 여러 문제를 내포하고 있다는 점 또한 명심하고 이를 극복하기 위한 집단지성을 모아야 한다."

환경단체들은 다른 것을 우려하는 게 아닙니다. 안전성에 대한 과학적 근거 없이 식량 안보를 들어 GMO를 장려하는 것을 혐오합니다. 전문가들은 안전하다 하면서도 그 누구에게도 안전하다고 말하지 못합니다. 그래서 환경단체들이 GMO 표시 의무화를 요구하는 겁니다. 소비자들이 알아서 판단할 수 있게 말이죠. 안전성이 담보되지 않은 식품은 먹지 않겠다는 소비자의 권리를 누군가는 보호해야 하니까요.

 요약

소비자들은 GMO가 원료로 들어간 식품에 GMO 표시를 의무화할 것을 주장하고 있지만 식품 당국은 안전하다고 외치며 외면만 하고 있다. 정작 과학자 집단에서는 GMO가 문제없다고 하면서도 먹어도 안전하다고 말하지 않는데 말이다. 먹을지 말지 결정은 소비자가 할 테니 부디 식품에 GMO 표시부터 해주길.

과자 포장 기준을 악용한
제과업체의 꼼수

♯ 질소 과자

몇 년 전, 대학생들이 제과업계의 과대 포장을 꼬집기 위해 질소가 충전된 과자 봉지 150여 개를 묶은 '과자 뗏목'을 만들어 한강을 건너는 퍼포먼스를 했습니다. 이후 오리온은 포장을 줄이고 중량을 늘리면서 '질소 과자' 논란을 불식시키려고 노력했어요. 그 결과 그램당 가격이 낮아지는 효과를 거두었습니다. 이런 효과를 두고 일각에서는 포장 크기를 줄이고 가격을 낮춰 '가성비'를 높이는 전략이 통했다고 평가했지요. 그런데 또 다시 질소만 과하게 넣고 정작 내용물은 거의 없는 과자들이 다시 등장하고 있습니다. 특히 과도한 포장은 쓰레기 양을 늘이는 데 기여하기도 했습니다. 쓰레기를 샀더니 제품을 주더란 말이 나올 정도입니다.

질소를 샀더니 과자가 덤으로

"질소를 샀더니 과자를 덤으로 주더라"는 소비자들의 비난을 개선하려는 제과업체의 노력은 눈 가리고 아웅 하는 식에 지나지 않았던 걸까요? 제과업체는 착한 포장인 척하면서 뒤로는 원가를 절감하기 위해 꼼수를 부렸습니다. 잘 안 팔리는 10개의 과자 값을 인하했다면, 잘 팔리는 20개의 과자 값을 인상하는 식이지요. 언론에서는 값을 내린 과자는 잘 안 팔리는 과자라는 것을 모르고 그저 과자 값 인하 소식을 맹목적으로 전달합니다. 제과업체들은 이렇게 소비자들의 주머니를 노리며, 지금도 인하한 과자 값을 어디서 보충할까 고민합니다. 기업은 이윤 추구가 목적이니까요.

2014년 과자 뗏목을 만들었던 대학생들이 뗏목을 만들 과자를 사는 데 16만 원이 들었습니다. 지금은 당시보다 과자 값이 인상돼 20만 원은 들여야 질소 과자 뗏목을 만들 수 있다는 우스갯말도 나옵니다. 전혀 문제가 해결되지 않았다는 방증입니다. 여전히 소비자들은 과자 대신 질소를 사 먹어야 하는 형국이죠.

왜 이런 문제가 반복될까요? 원인은 포장 기준에 있었습니다. 질소 주입량의 기준치를 넘지 않으면 아무리 많은 질소를 넣더라도 그어떤 제재를 받지 않습니다. 법대로 했으니 문제가 없는 거죠. 정부의 포장 지침대로라면 포장에서 질소가 35%를 넘지 않으면 됩니다. 명분은 제품 보호를 위한 것이지요. 그러니까 소비자들도 무조건 과대 포장으로 보지 말고 좀 너그럽게 봐달라는 게 제과업계의 해명입니다.

특히 복수의 제과업체 영업 전문가들은 "예전부터 문제가 됐기 때문에 지속적으로 개선하려고 노력하고 있었는데, 매번 과대 포장만 지적하니 허탈하다"고 말하기도 했습니다. 질소 포장에 사회적 비난이 쏟아졌는데도 아직 정신을 못 차리고 있는 제과업계의 반응처럼 보입니다. 이러니 자연스럽게 다시 질소 과자가 모습을 드러내고 있는 것 아닌가 합니다. 현행 규정은 제과류의 포장 공간(제품에서 내용물을 빼고 남는 공간) 비율을 20%로 제한하고 있습니다. 하지만 제품을 보호하기 위해 공기를 충전할 경우는 예외 규정을 둬서 과도하게 질소를 넣어도 인정해주고 있습니다.

과대 포장은 제조사와 소비자 모두에게 마이너스

억울하게 느껴지면 사 먹지 않으면 됩니다. 적어도 소비자 입장에선 그렇습니다. 그런데 '질소 과자'를 잘 모르고 구매하는 이들이 차고 넘칩니다. 일부 소비자들은 제과업체들의 이런 꼼수를 눈치 채고 아예 수입 과자로 갈아탔습니다. '질소 과자' 논란에 최대 수혜주가 바로 수입 과자죠. 수입 과자 프랜차이즈도 이 틈을 타 거세게 점포를 확대했고요.

그럼 수입 과자는 국산 과자에 비해 꼼수를 덜 쓸까요? 시중 유통 수입 과자점 10곳을 대상으로 살펴보니 수입 과자가 알차고 싸다는 건 절반은 맞고 절반은 틀린 것으로 확인됐습니다. 수입 과자가 알찬 것은 사실입니다. 수입제품 특성상 과대 포장을 하면 운송료가 더 나와서 중간 이윤이 더 떨어집니다. 자연스럽게 과대 포장이 줄어들 수밖에 없습니다. 반면 가격은 편차가 컸습니다. 원산지와 브랜드에 따

"질소를 샀더니 과자를 줬어!"
거대한 과자봉지에 비해 초라한 과자의 양을 보면 누구나 이렇게 외치게 된다. 현행 규정은 제과류의 포장 공간을 20%로 제한하고 있지만 제품을 보호하기 위해 공기를 충전할 경우는 예외 규정을 둬서 인정해주고 있다.

라 가격이 천차만별이었죠. 상대적으로 유럽, 미국의 과자는 국산 과자보다 비싼 경우가 많았습니다. 종종 국산 과자와 가격으로 비교되는 수입 과자는 대부분 동남아산이었습니다. 동남아산 과자는 상대적으로 가격이 저렴하지만, 국내 제과업계에서는 사실상 퇴출당한 식용 색소, 화학 첨가물 등을 사용하고 있어서 안전성에 문제가 있습니다.

결국, 국산 과자의 뻥튀기 포장은 제조사나 소비자에게나 모두 마이너스 요인입니다. 제조사 입장에서는 포장이 커지면 커질수록 자재비는 물론 운송이나 보관에 더 큰 비용이 들어가고, 소비자는 속았다는 불만만 커지기 때문이죠. 포장이 크면 더 잘 팔린다는 소비 심리를 이용하는 것도 문제입니다. 질소를 더 많이 넣게 되는 원인이죠. 간식거리가 많아진 요즘, 안 팔리는 과자를 어떻게 해서든 팔아보려는 제과업계의 호구지책인 겁니다.

그렇다고 소비자들의 등을 쳐서야 되겠습니까? 대학생들이 한강에 또 뗏목을 띄워야겠습니까? 과자가 간식다워야 소비도 활발해지는 겁니다. 눈앞의 이익에만 혈안이 돼 소비자들을 실망시키는 일은 없어야지요. 결국, 양심을 저버리는 행위는 모두가 실망하는 결과를 가져올 것입니다.

 요약 ━━━━━━━━━━━━━━━━━━━━━━━━━━━━━━━━━━

과자 포장의 질소 기준량을 낮췄지만 예외 규정을 악용하여 포장을 부풀리는 제과업체의 꼼수는 여전하다.

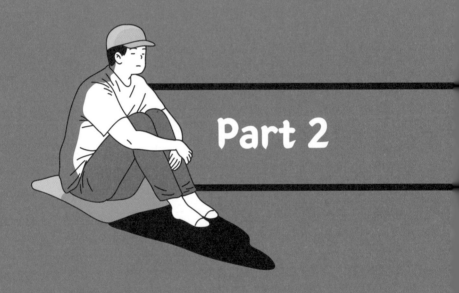

Part 2

질병·의약품,

제대로 알고

관리하라

가장 값싸고 안전한
치과 충전재에 대한 모함

아말감

대한치과의사협회는 1년에 한 번 구강 검진을 하도록 권고합니다. 사실 치과 진료보다 공포스러운 것은 진료비입니다. '이 없으면 잇몸으로 산다'고 돈 없으면 치료를 포기할 정도로 진료비에 대한 부담이 큽니다. 특히 일부 치과에서는 과다하게 진료비를 청구해 논란이 되기도 합니다.

치과 진료비가 비싼 이유는 보험 혜택이 적기 때문입니다. 치과 입장에서도 비보험 진료가 이윤에 훨씬 도움이 됩니다. 그래서 다양한 꼼수가 등장합니다. 아말감(Amalgam)의 안전성 논란이 대표적인 예입니다.

아말감은 안전한 치아 충전재

아말감은 수은 중독이라는 논란의 꼬리표를 달고 있는 재료입니다. 그러나 환자에게는 전혀 문제가 되지 않는 재료입니다. 오히려 장기간 사용으로 다른 치아 충전재보다 훨씬 더 안전하다고 증명된 재료입니다. 문제가 된다면 시술자인 치과의사들에게 수은 중독이 있을 수 있다는 것입니다. 치과의사들의 수은 중독 위험이 환자에게도 영향을 미칠 수 있다고 잘못 전달돼 안전성 논란까지 불러온 것입니다.

대한치과의사협회 마근화 전 상근보험이사는 아말감 논란에 대해 "사용하는 치과의사나 치과위생사 등이 수은 중독의 위험이 있는 것이 사실이지만 실제 환자들에게 위험성은 밝혀진 바 없다"고 공식 해명한 바 있습니다. 치과 재료를 관리·담당하는 식품의약품안전처도 "아말감 수복이 유해성 논란이 있었던 것은 사실이지만 무엇보다도 안전하고, 충치 치료에 가장 효율적인 재료"라고 밝혔습니다. 대한치과보존학회에서도 "아말감은 안전하다"고 발표했습니다. 구체적으로 살펴보면, 치과용 아말감을 통해 인체로 유입되는 수은의 양은 환자와 치과의사 모두에게 독성을 나타내는 수치보다 훨씬 낮은 편이며, 아말감으로 인해 유발되는 질환이나 독성 반응은 거의 나타나지 않았습니다.

그럼에도 2009~2013년 레진 활성화로 인해 아말감 사용비율은 연평균 9.8%나 하락했습니다. 이미 FDA나 EU, 캐나다, 뉴질랜드 등에서도 아말감에 대해 치료과정에서 인체 위해성의 증거를 찾을 수 없다고 입장을 밝혔고, 이들 국가에서는 아말감을 많이 사용하고 있다고 사용 실태를 보고하기도 했습니다.

대한치과보존학회 김의성 총무이사는 "아말감은 치아 결손 부위를 수복하는 훌륭한 재료임이 분명하다"며 "유럽 일부 국가에서 아말감 생산이나 사용을 중단한 것은 인체에 끼칠 유해성보단 환경에 미치는 악영향을 고려한 조치"라고 밝혔습니다. 안전성에는 전혀 문제가 없지만, 환경에는 다소 악영향을 미칠 수 있다는 겁니다. 일전에 환경부는 수은 함유 제품의 제조 및 수입 전면 금지를 검토 중이라고 밝힌 바 있습니다. 그러면서 환경정책보건과는 "아말감도 수은이 사용되므로 취급금지 지정물질이 될 수 있다"고 한 적이 있습니다. 하지만 이 입장은 검증되지 않은 발표였습니다. 환경부의 이 같은 발표에 보건복지부는 아말감이 '치과 재료로써 안전하다'고 즉각 해명했습니다. 보건복지부 구강보건팀 담당자는 "수은을 사용하지 않는 것은 아니지만 기본적으로 안전하다는 태도에는 변화가 없다"며 "앞으로도 아말감 사용에 대해 제재하지 않을 것"이라고 했습니다. 오히려 아말감의 대체품으로 사용되는 레진이 환경 호르몬의 위험성이 있을 수 있다고 지적했습니다. 전문가들도 레진이 합성물질이기 때문에 위험하다는 의견을 내놓기도 했습니다.

치과에 '돈 안 되는' 아말감, 환자가 마다할 이유는 없다

아말감은 150여 년간 전 세계 치과의사들이 치아의 결손 부위를 수복하는 데 애용해온 재료 중 하나입니다. 치과용 아말감은 수은,

은과 주석이 주성분이며, 구리나 아연 등이 첨가돼 있는 합금입니다. 우수한 물성과 사용의 간편함, 경제성으로 인해 치아 수복 재료로 선호돼 왔습니다. 그렇다면 왜 수은 중독 같은 안전성 논란이 불거졌을까요? 바로 치아 재료가 다양해졌기 때문입니다. 재료가 다양해지면서 의료 소비자의 선택의 폭도 넓어진 것입니다.

그 이면에는 불량 치과의사들의 비양심적인 의료행위도 포함되어 있습니다. "아말감으로 하실래요, 레진으로 하실래요?" 치과상담사가 환자에게 가장 많이 하는 말입니다. 환자는 뭐가 좋고 나쁜지 헷갈리게 마련이죠. 그래서 상담사는 아말감과 레진의 차이를 충분히 설명해주고 선택은 환자의 몫으로 남겨둡니다. 양심적인 치과는 그렇습니다. 비양심적인 곳은 아예 아말감 치료를 하지 않습니다. 선택의 폭을 넓히기 위해 치아 충전재가 다양하게 개발됐지만 수익에 눈먼 치과의사들은 돈 안 되는 아말감 치료를 안 하려고 합니다. 보험이 안 돼 수익이 높은 레진 충전재만 고집합니다. 보통 아말감 치료 시 진료비는 1만 원 이하입니다. 그러나 레진 치료 시 진료비는 최소 5만 원 이상입니다. 아말감보다 5~6배 비쌉니다. 아말감 환자 10명 진료해봐야 10만 원 정도를 벌지만 레진 환자 10명을 진료하면 50만~60만 원의 진료비 수익을 챙길 수 있는 겁니다.

결국 돈 때문에, 수십 년 넘게 사용하여 안전성이 입증된 아말감이 불과 12~15년 전 개발된 레진에 밀려 수은 중독과 같은 말도 안 되는 누명을 쓰게 된 것입니다. 치과재료상들에 따르면, 레진은 국내 치과업체가 개발했을 당시만 해도 상당히 불안한 치과 재료였습니다. 치아를 때웠을 때 떨어지거나 깨질 우려가 컸기 때문입니다. 이에 반해 아말감은 충치를 긁어내고 긁어낸 자리에 충전할 때 그 적합성이 아주 뛰어납니다. 그래서 일부 치과의사들은 "아말감보다 더 좋은 재료는 아직 없다"고 역설하기도 합니다. 진료비가 저렴하면서 치아에 적합성도 뛰어나 환자에게 더할 나위 없는 재료라는 것이죠.

물론 아말감도 몇 가지 단점이 있습니다. 가장 큰 단점은 레진에 비해 심미적 기능이 떨어집니다. 나중에는 은색이 검은색으로 변하기도 합니다. 또 충전재가 떨어져 나갈 수도 있습니다. 아울러 아말감 주변을 깨끗하게 관리하지 못하면 2차 충치를 일으킬 가능성이 큽니다.

치과에서는 아말감의 단점과 수은 감염 등 안전성 논란까지 환자에게 이야기하기 일쑤입니다. 결국 환자는 아말감을 부작용이 많은 재료로 오인하고 값비싼 레진으로 시술받게 됩니다. 치과 입장에서야 비싼 재료를 시술해야 그나마 남는 장사를 할 수 있으니까요. 치과의 이런 상술과 꼼수에 당해선 안 됩니다. 치과상담사가 재료를 많이 이야기해주는 것은 그만큼 선택의 폭이 넓다는 것이지, 좋은 재료, 나쁜 재료가 있다고 강조하는 것이 아니기 때문입니다.

그보다 중요한 것은 보험이 되는 재료와 보험이 안 되는 재료를 아는 것입니다. 똑같이 치료에 사용되는 재료라면 굳이 값비싼 비보험 재료를 사용할 필요는 없습니다. 그것도 싫다면 때우는 정도의 치과 진료는 가장 싼 것으로 해달라고 하면 치과의사는 두말없이 해줄 겁니다. 의사도 말해봐야 시간 낭비라는 것을 알고 있으니까요.
그보다 앞서 치과상담사의 감언이설에 절대 넘어가서는 안 됩니다.
상담사는 치과의사인 양 진료비 견적을 뽑지만, 그 견적에는 상담사
의 인건비도 포함되어 있다는 사실을 꼭 기억하세요.

 요약

아말감의 수은 중독 논란은 치과 수익을 위한 꼼수. 아말감은 치료비 부담이
없는 가장 안전한 치아 재료이니 안심하고 사용해도 된다.

수익에 눈먼
치과계의 저질 꼼수

♯ 저질 금니

금니도 변합니다. 입을 벌릴 때마다 번쩍이던 금니의 빛깔이 어느 날 갑자기 벗겨진 듯 보이는 경우입니다. 이는 기공소에서 금니를 제작할 때 금 함량을 적게 넣었기 때문입니다. 금니에 금만 들어가면 물러서 치아 역할을 제대로 할 수 없기 때문에 금니를 제작할 때는 금과 다른 재료들을 섞습니다. 이 과정에서 금의 비율이 낮게 들어가는 것이지요. 치과의사와 기공소가 짜고 하기도 하고, 기공소에서 치과의사를 속이고 저질 합금을 사용하는 꼼수를 부리기도 합니다. 환자 입장에선 저질 금니를 시술받으면 억울합니다. 저질 금니를 사용했다고 값을 깎아주는 게 아니니까 말입니다. 금니 하나에 드는 치과 기공료는 5만 원 안팎이지만, 금니는 30만~50만 원 정도 됩니다.

금니에서 금의 함량은 75% 이상

많이 썩은 치아는 썩은 부위를 긁어내고 신경 치료를 한 다음 그 위에 치과용 재료를 덮어씌웁니다. 너무 많이 썩어 씌울 수 없으면 인공 치아(임플란트)를 심기도 하지만, 씌울 수만 있다면 자연 치아를 일부라도 살리는 것이 인공 치아를 하는 것보다 낫습니다. 인공 치아는 비싼 진료비도 문제지만, 나사가 풀린다거나 2차 충치가 생기면 치과에 가야 하는 번거로움이 있기 때문입니다.

보통 치아 일부분만 썩으면 아말감이나 인레이 혹은 레진 등으로 때우지만, 그도 여의치 않으면 우리가 흔히 알고 있는 금니를 해 넣게 됩니다. 치과용어로는 '골드 크라운(Gold Crown)'이라고 합니다.

금니를 해 넣는 과정을 살펴볼까요? 신경 치료나 기타 충치 치료가 끝난 치아를 본뜬 다음 그 본을 따라 기공사가 금니를 만듭니다. 치과의사가 금니를 환자 치아에 끼우고 균형을 맞추면 시술은 끝납니다. 금니를 제작할 때 금 함량이 충분치 않으면 금니의 색깔은 금방 변하고, 기대 수명은 현저히 짧아집니다. 또 금 함량이 충분치 않기 때문에 밀착성도 떨어집니다. 기공사나 치과의사가 금니의 함량을 속이면 환자는 속을 수밖에 없습니다. 환자가 일일이 금 함량을 알아볼 수도 없고 심지어 제재할 법규조차 없기 때문입니다.

이가 아파 치과를 방문한 구연민(37) 씨는 치과의사에게 금니의 금 함량이 부족한 것 같다는 소견을 듣습니다. 그 금니는 5개월 전에 다른 치과에서 치료받은 이였습니다. 구 씨는 언론을 통해 금속연구소에 의뢰해 그 기공물의 성분을 분석했습니다. 금니의 금 성분은 46.1%밖에 되지 않았습니다. 금이 절반도 안 들어간 것이지요. 김종훈 전 대한치과의사협회 자재이사는 "해당 환자는 인레이를 시술받았는데, 상식적으로 46%짜리로 인레이를 사용하는 경우는 없다. 치아 보철물에서 금 함량은 75%를 내려가지 않는다"라고 설명했습니다. 금니에서 금의 순도는 75% 이상 돼야 한다는 이야기입니다. 그렇지 않으면 저질 금니로 판단할 수밖에 없고 저질 금니를 시술받은 환자는 부작용을 겪을 수밖에 없습니다.

치과 경영의 현실

치과를 개원하려면 상당한 자본이 필요합니다. 서울 강남권에서 목 좋은 곳은 임대료만 해도 엄청납니다. 치과 장비도 비싸서 개원하려면 수억 원은 깨지는 게 현실입니다. 그래서 치과의사가 되기도 어렵지만, 개원은 더더욱 어렵다는 말이 나옵니다. 국가 정책상 비보험 치료가 많은 진료과목이다 보니, 진료비 자체가 부르는 게 값이죠. 치과의사들 스스로가 구멍가게를 운영한다고 말하니, 매출과 수익에 민감하지요. 한 집 건너 한 집이 치과라 경쟁도 치열합니다. 거리에 넘쳐나는 치과 광고나 병원 광고. 매출을 많이 내야 마케팅 비용도 충당하겠지요.

개원을 했다면 치과의사는 진료는 물론 병원 경영도 해야 합니다. 돈 잘 벌기로 소문난 치과의사들이지만 간혹 대출이자도 못 갚는 상황이 생깁니다. 심지어 신용불량자가 되거나 해외로 도피하는 의사들도 있습니다. 치과의사가 돈을 잘 번다는 것도 이제 한물간

이야기입니다. 저질 합금도 이런 맥락과 일맥상통합니다. 치과 운영이 어려운 상황이라면 치과의사들도 금의 함량을 속일 수밖에 없는 것이지요.

치과의사 김 씨(54)는 2009년 A 지역에서 개원을 했습니다. 한 달 수입은 1,500만 원 정도로, 동료 치과의사에 비해 많지는 않지만 그 럭저럭 견딜 만했습니다. 그러나 주변에 다른 치과들이 생기자 상황이 나빠지기 시작했고, 나중에는 매출이 감소했습니다. 게다가 치과를 차리느라 빌린 대출금 3억 6,000만 원에 대한 상환 압박이 시작됐습니다. 그는 "임대료와 간호사 급여 등 고정비용은 계속 나가는데 대출이자까지 상환해야 하니 버거웠다"고 하소연했습니다. 결국 김 씨는 2012년 폐업했습니다. 원리금과 연체이자로 쌓인 4억 3,000만 원을 감당하지 못해서인데, 그로 인해 신용불량자(금융채무 불이행자)로 전락하고 맙니다. 김 씨가 폐업한 2012년에는 국내 3만 557개 병·의원 중 1,906군데가 문을 닫아 폐업률은 6.2%에 달했습니다. 당시 치과의사는 449명이 신용불량자였던 것으로 나타났습니다. 문제는 치과의 경영난이 갈수록 심화되고 있다는 겁니다. 건강보험심사평가원의 '지역별 요양기관 개폐업 현황' 통계에 따르면, 2018년 한 해 동안 전국에서 새로 개원한 치과는 1,059곳인데, 이 수치의 절반이 넘는 631곳이 폐업했습니다.

상황이 이러니 환자들은 치과의사들의 양심을 믿을 수밖에 없습니다. 합금의 함량이 많고 적음을 따질 방법은 거의 없습니다. 앞의 사례에 나온 구 씨처럼 언론을 이용해 금속연구소에 의뢰하면 좋지만, 언론이 소비자단체는 아니니 매번 그럴 수는 없습니다. 소비자단체의 힘을 빌려보는 것도 방법이지만 이 또한 시간이 많이 걸리며, 피해를 입증해서 보상을 받는 경우도 극히 드뭅니다. 아무리 똑똑한 의료 소비자가 된다 해도 확인할 방법이 전혀 없습니다.

하지만 방법은 있습니다. 시술받은 치과에서 금 함량을 확인받는 겁니다. 보통 치과재료상들이 '치과용 합금'을 판매하는데, 판매하는 합금의 종류에 따라 함량 표시가 되어 있습니다.

금니를 해야 하는 상황이라면 꼭 금 함량을 따져보세요. 어느 회사의 금을 쓰는지 알면 더욱 좋습니다. 치과용 합금을 치과에 판매하는 업체는 여러 군데가 있으니, 메모하는 것도 어렵지 않습니다. 아마 그 메모를 보는 치과의사라면 "이거 보통 환자 아니네?" 하며 꼼수를 부리진 못할 겁니다.

 요약

색깔이 변하는 금니는 금 함량이 75% 이하인 저질 금니. 금 함량을 속여 수익을 챙기려는 치과의 꼼수가 늘고 있지만 금니의 합금 비율을 확인할 길은 전무하다. 시술받는 치과에서 금 함량을 확인받는 것이 거의 유일한 방법이다.

초음파 진단기술 발달과
과잉진료의 폐해

♯ 갑상선암 수술

2018년에 발표된 중앙암등록본부 자료에 의하면, 2016년에 22만 9,180건의 암이 발생했는데 그중 갑상선암(C73)이 2만 6,051건으로 3위를 차지했습니다. 국민건강보험공단이 건강보험 진료 데이터를 활용해 2013~2017년의 갑상선암 환자를 분석한 결과, 5년간 진료인원이 21.7%(연평균 5.0%) 증가했습니다.

갑상선암의 증상으로는 목에 촉진되는 결절, 쉰 목소리, 음식물을 삼키기 어려움, 경부 림프절 종대 등이 있지만 진단 시 50% 이상은 무증상입니다. 이 때문에 정기 검진이 중요합니다. 갑상선암은 '착한 암'이라는 별명처럼 진행이 더디고 생존율이 높아 꼭 수술을 받아야 하는 것은 아닙니다. 암 판정에 놀라 덜컥 수술부터 받는다면 평생 약을 먹어야 하니 수술 여부를 신중하게 결정해야 합니다.

갑상선암 과잉진료의 이유

갑상선암은 여성에게서 많이 발병합니다. 2018년에 발표된 2016년 국가 암등록 통계를 보면 갑상선암 환자는 2만 6,051명으로 전체 암 발생자 수 3위에 이릅니다. 남성 환자는 5,538명에 불과하지만 여성 환자의 수가 2만 513명에 이르러 여성 암 중에서 2위를 차지했습니다.

우리나라 갑상선암 환자는 1999년 3,325명에서 2013년 4만 2,541명으로 급증했습니다. 15년 새 무려 12.8배가 늘어난 것이지요. 같

2016년 주요 암종 발생자 수 및 발생분율 (단위 : 명, %)

순위	전체			남자			여자		
	암종	발생자 수	발생분율	암종	발생자 수	발생분율	암종	발생자 수	발생분율
	모든 암	229,180	100	모든 암	120,068	100	모든 암	109,112	100
1	위	30,504	13.3	위	20,509	17.1	유방	21,747	19.9
2	대장	28,127	12.3	폐	17,790	14.8	갑상선	20,513	18.8
3	갑상선	26,051	11.4	대장	16,672	13.9	대장	11,455	10.5
4	폐	25,780	11.2	전립선	11,800	9.8	위	9,995	9.2
5	유방	21,839	9.5	간	11,774	9.8	폐	7,990	7.3
6	간	15,771	6.9	갑상선	5,538	4.6	간	3,997	3.7
7	전립선	11,800	5.1	담낭 및 기타 담도	3,490	2.9	자궁경부	3,566	3.3
8	담낭 및 기타 담도	6,685	2.9				췌장	3,271	3.0
				방광	3,488	2.9	담낭 및 기타 담도	3,195	2.9
9	췌장	6,655	2.9	신장	3,410	2.8			
10	신장	5,043	2.2	췌장	3,384	2.8	자궁체부	2,771	2.5

자료 : 국가암정보센터

은 기간 전체 암 환자는 10만 1,000명에서 22만 5,000명으로 2.2배 증가했고 다른 암 발병이 주춤한 사이 갑상선암은 2009년부터 암 발병률 1위에 올랐어요. 이렇게 갑자기 갑상선암 환자가 급증한 이유는 놀랍게도 과잉진료 때문이었습니다. 논란이 일자 대한갑상선학회는 "갑상선암 발생율 세계 1위라는 기록은 확실히 불명예스러운 일"이라며 "이는 우리나라의 뒤틀어진 의료 현실을 일부 반영하고 있어 우리 모두 이에 대한 깊은 반성이 필요하다"고 사과하기도 했습니다.

이런 가운데 미국에서 건강한 성인은 갑상선암 조기 검진이 필요하지 않다는 연구 결과가 나와서 주목을 받았습니다. 미국예방서비스태스크포스(USPSTF)라는 단체는 2019년 5월 '목에 혹이 있거나 목소리가 변하는 등 의심 증상이 없는 성인이 갑상선암 진단 검사를 받는 것은 득보다 실이 많을 확률이 높다'는 내용의 리포트를 국제학술지인 미국의학협회지(JAMA)에 발표했습니다. 연구에 따르면 미국에서 최근 10년간 갑상선암 조기 검진이 확대되면서 갑상선암 발병률이 연간 4.5%씩 가파르게 증가했습니다. 2013년 미국에서 갑상선암 확진을 받은 환자는 인구 10만 명당 15.3명이었지만, 이들 중 98%가 최소 5년 이상 생존한 것으로 나타났습니다.

연구진은 "조사 결과 수술 없이 추적 관찰만 해도 되는 환자까지 수술 받도록 하는 경우가 많았다. 갑상선암 조기 검진이 과잉진단·진료 근거로 활용되고 있다는 뜻"이라고 지적했습니다. 제니퍼 린 미국 카이저퍼머넌트보건연구센터 부연구위원은 이 연구에서 "갑상선암으로 의심되는 증상이 있는 경우가 아니라면, 일상적인 검진은 받지 않는 편이 좋다"고 권고까지 했지요.

그렇다면 병원에서는 왜 환자들을 속이면서까지 과잉진료를 일삼았을까요? 2010년에 일부 병원과 대학병원에서는 로봇을 이용한 수술을 대대적으로 홍보했습니다. 로봇 장비값만 30여억 원이 넘었지요. 병원에서는 값비싼 장비를 들여놨으니 원가라도 뽑아볼 요량으로 과잉진료를 서슴지 않았습니다. 물론 로봇 장비로 갑상선암 시술을 받은 이들은 드뭅니다. 로봇 수술비는 일반 수술보다 최대 5배 이상 비싸기 때문이죠. 또 로봇 수술의 경우 가격에 비해 효과는 크지 않다고 지적받기도 했습니다. 이는 보건복지부의 '로봇 수술 건강보험 적용 방향 논의를 위한 공개 토론회'의 발제 자료에서도 잘 나타납니다. 자료에 따르면 로봇 수술을 이용한 갑상선암의 총 진료비는 2014년도 기준 약 1,110만 원으로 일반 수술(210만 원)의 5.29배입니다. 세브란스병원의 경우 로봇 수술로 수백억 원의 이익을 남기기도 했다. 세브란스병원 비급여 공지에 따르면 다빈치 로봇 수술과 관련, 갑상선암(5,404건)의 수술비 수입은 380억 원인 것으로 조사됐습니다.

물론 가격이 비싼 만큼 로봇 수술에는 장점도 있겠죠? 손 떨림이 없어 더 정확한 수술이 가능하고, 수술 부위가 작아 회복이 빠릅니다. 실제로 로봇 수술을 한 환자의 입원 기간은 일반 수술 환자보다 짧았습니다. 하지만 그 차이는 크지 않았습니다. 갑상선암은 일반 수술의 입원 일수가 6일, 내시경 수술의 입원 일수가 7일인 데 반해 로봇 수술의 입원 일수는 5일이었습니다.

갑상선암의 진행 상태가 초기라면 95%는 수술할 필요가 없습니다. 오히려 하면 안 됩니다. 하지만 5%는 무조건 수술을 해야 하는 경우입니다. 갑상선암은 진단받은 환자의 0.1% 미만이 숨지기 때문에 '착한 암'이라고 불립니다. 암의 진행 속도가 느리고 예후도 좋은 편이라 '거북이 암'이란 별명도 있지요. 하지만 이는 진행 상태가 초기일 때만 그렇습니다. 또 갑상선암이 모두 그런 것은 아닙니다. 일부는 종양이 빨리 자라거나 예후가 좋지 않아 목숨을 잃기도 합니다.

암세포 성숙 정도를 분화도라고 하고, 암은 분화 암과 미분화 암으로 구분됩니다. 성숙이 비교적 잘 된 분화 암은 정상 세포와 많이 닮았고, 미분화 암은 정상 세포와 닮지 않고 미성숙한 형태입니다. 미분화 암은 빨리 분열하면서 퍼지고, 진단 시 수술할 수 없는 경우도 많습니다. 진단 후 1년 내 많이 사망하기 때문에 검진과 치료를 해야 합니다. 또 위치가 좋지 않은 갑상선암도 착하다고 할 수 없습니다. 갑상선암이 기도와 식도, 혈관, 림프절, 성대 신경 주위에 있다면 전이될 가능성이 큽니다. 폐로 퍼졌다면 호흡 곤란과 각혈이, 뼈로 퍼졌다면 쉽게 골절되거나 심하게 아픕니다. 척추신경을 압박해 하반신이 마비될 수도 있습니다.

의료진은 갑상선암에 대한 여러 가지 상황을 고려해서 수술을 결정합니다. 그런데 외과 의사와 내과 의사의 소견이 각각 다를 수 있습니다. 그래서 수술을 할 것인가 말 것인가를 두고 이견을 보이는 겁니다. 양심이 있는 의사라면 가이드라인에 따라 수술을 결정하겠지만, 그렇지 못한 의사라면 일단 수술부터 권유합니다. 갑상선암을 제대로 알고 있다면 수술을 권하는 의사에게는 절대 진료를 받지 않을 겁니다. 하지만 일단 암을 판정받은 환자는 무서움을 느낄 수밖에 없습니다. 수술을 권유하는 의사는 불안해하는 환자에게 한마디를 던집니다. "수술하면 완치될 수 있으니 너무 걱정하지 않아도 됩니다." 환자는 의사의 말을 별 의심 없이 받아들여 결국 하지 않아도 될 수술을 하게 됩니다. 혹시라도 갑상선암 판정을 받는다면 의사가 설명해주는 자신의 상태를 잘 기억해야 합니다. 그리고 본인의 상태가 앞서 언급한 5%에 해당하는지 파악하세요.

갑상선암 가이드라인에 따라 관리해요

현재 우리나라는 갑상선암 수술 1위 국가입니다. 종양 상태를 고려하지 않은 일부 의사들의 무분별한 수술 때문입니다. 무분별한 수술은 의사들의 과잉진료 탓도 있겠지만, 가장 큰 원인은 진단 기술이 발달했기 때문입니다. 진단 기술이 발달하기 전에는 갑상선암에 걸렸는지도 모르고 지나치는 경우가 많았습니다. 몰라서 더 위험했을 수도 있지만, 차라리 모르는 게 약일 때도 많았지요. 하지만 초음파 기술의 발달로 종양을 발견하는 것이 쉬워졌고, 발견된 종양을 무조건 떼어내는 수술이 무분별하게 이뤄졌습니다. 종양이라도 크기가 작고 진행이 느리며, 악성이 아니라면 수술 외의 치료로 얼마든지 극복할 수 있는데, 의료진의 과다한 진료 탓에 무조건 수술부터 하는 겁니다.

다시 강조하지만, 종양이라고 무조건 수술할 필요는 없습니다.

또 암이라고 해서 겁먹을 필요도 없습니다. 국민 10명 중 7명은 암에 걸립니다. 흔하디흔한 게 암이라는 겁니다. 그래서 '암과의 동행'이라는 말도 생겨났지요. 꼼꼼히 살펴보고 공부하면 암도 얼마든지 극복할 수 있습니다. 적어도 착한 암의 경우 그렇습니다.

무분별한 수술을 막고자 정부에서는 의사들에게 갑상선암 가이드라인을 제공했습니다. 이 가이드라인은 대한갑상선내분비외과학회(회장 윤정한 화순전남대병원 내분비외과 교수)의 도움을 받아 갑상선암에 대해 정리한 것입니다.

관련 지침에 따르면, 종양이 0.5센티미터 이하라면 주위 림프절로 진행된 흔적이 발견되거나 초음파상 악성을 시사하는 경우를 빼고는 악성 여부를 판단하는 미세침 세포검사를 하지 말 것을 권고합니다. 한마디로 수술하지 않아도 된다는 겁니다. 암이 아닐 수도 있다는 판단 때문입니다. 그러나 종양이 0.6~1센티미터라면 측면 림프절 전이와 원격전이 가능성이 커지므로 추적 관찰해 수술해야 합니다. 수술을 하지 않고 버텼다간 목숨을 잃을 수도 있습니다. 종양이 1센티미터 이상이라면 반드시 수술해야 합니다.

종양이 0.5센티미터 이하라면 그게 암인지 아닌지 구분할 수 없을 정도로 애매합니다. 무턱대고 수술했다간 낭패를 보기 십상인 것이지요. 그래서 종양이 0.5센티미터 이하면 설령 암이라고 판단되어도 착한 암에 속하며, 약물로도 얼마든지 치료할 수 있습니다. 갑상선암은 대게 이런 경우가 95%입니다. 하지만 종양이 1센티미터 이상이면 나쁜 암으로 변합니다. 5%는 나쁜 암에 속하는 경우이고 무조건 수술을 해야 합니다.

다만 종양이 0.5센티미터 미만이라도 결절이 기도, 식도, 혈관, 림프절, 성대 신경 주위에 있다면 수술해야 합니다. 1센티미터 미만의 작은 종양도 예후가 좋지 않거나 전이돼 공격적인 양상을 보일 것인지를 예측할 방도가 없습니다. 따라서 크기만으로 수술을 결정하기보다 다양한 상황을 고려해 판단하는 게 중요합니다. 결국은 의사의 정확한 진단이 중요합니다. 의사를 못 믿겠다면, 번거롭겠지만 여러 의사에게 진단받아보는 것도 방법입니다. 당장 수술하자는 의사와 지켜보자는 의사, 약물 치료만 하자는 의사로 나뉠 텐데, 각각의 소견을 들으면 객관적인 의견을 취합할 수 있을 것입니다.

갑상선암에 노출됐거나 진단을 받은 경우 정부가 발표한 지침을 따르면 최소한 과잉진료를 당하거나, 불필요한 수술을 막을 수 있습니다. 병의 진행이 더딘 갑상선암은 증상이 나타난 뒤에도 치료와 관리를 잘하면 생존율이 매우 높습니다. 따라서 갑상선에 문제가 있다면 스트레스를 줄이고 갑상선에 좋은 음식을 꾸준히 섭취하는 등 평소에 갑상선을 관리하는 것이 좋습니다.

 요약

갑상선암은 진행이 더디고 사망률이 낮아서 '착한 암'이라 불린다. 종양 크기가 0.5센티미터 이하면 수술 없이 약물 치료가 가능한데, 95%가 여기에 해당한다. 하지만 종양의 위치가 좋지 않거나 종양이 1센티미터 이상이라면 반드시 수술을 받아야 한다.

일시적인 근시 억제효과를
시력 교정으로 착각

드림렌즈

안과에서는 시력이 나쁜 환자들에게 드림렌즈를 많이 추천합니다. 나빴던 시력이 드림렌즈를 착용하면 좋아지기 때문입니다. 일정 시간 동안 드림렌즈를 착용하면 렌즈를 뺀 후에도 시력이 좋아진다는 장점 때문에 일반 렌즈보다 몇 배나 비싸도 많은 사람들이 구입하고 있습니다.

하지만 한번 나빠진 시력은 다시 좋아지지 않습니다. 만약 시력이 원래대로 돌아올 수 있다면 안경이나 렌즈를 쓰는 사람은 거의 없을 것입니다. 실제로 드림렌즈가 그것을 가능하게 해준다면 드림렌즈를 개발한 회사는 초대박이 났을 겁니다.

근시를 억제하여 정상 시력으로 착각

드림렌즈를 끼면 시력이 1.0까지 복원된다고 하는 안과나 안경점의 말은 상술에 지나지 않습니다. 상식적으로도 말이 안 됩니다. 렌즈를 착용하면 당연히 렌즈의 영향으로 시야가 밝아집니다. 하지만 드림렌즈를 착용한다고 해서 나빠진 시력이 좋아지진 않습니다. 그런 연구 결과도 전무후무합니다. 그런데도 안과나 안경점에서 '드림렌즈로 시력 교정하세요'라는 홍보 문구를 적지 않게 찾아볼 수 있습니다. 홍보 문구를 그대로 믿었다간 낭패를 볼 수 있습니다.

드림렌즈가 일시적으로 시력을 교정해주는 것은 맞습니다. 다만 그 효과가 영구적이진 않습니다. 드림렌즈가 유행하는 몇 가지 이유가 있습니다. 안경을 벗고 싶다면 라식이나 라섹 같은 시력교정술을 생각합니다. 하지만 시력교정술은 나이 제한이 있고 눈에 따라 수술할 수 없는 경우도 있기 때문에 누구나 라식, 라섹 수술을 받을 수 있는 것은 아닙니다. 이런 경우 병원에서는 잘 때 착용하는 '드림렌즈'를 권하기도 합니다.

잠자는 동안 드림렌즈를 착용했다가 아침에 렌즈를 제거하면 낮 동안 정상에 가까운 시력을 유지할 수 있습니다. 드림렌즈의 원리는 산소 투과율이 높고 생체 적합성이 좋은 재질의 렌즈로 각막을 눌러줌으로써 형태를 변화시키는 것입니다. 이때 렌즈가 각막을 부드럽게 압박해 안구 길이가 성장을 방해하고 근시를 억제합니다. 정리하자면, 드림렌즈는 시력을 교정하는 것처럼 착각하게 만드는 렌즈이지 시력을 좋아지게 해주는 렌즈가 아닙니다. 제대로 된 정보가 공유되지 않고, 입소문으로만 전해지다 보니 오해가 생긴 겁니다.

시력교정술 대신 드림렌즈

보통 시력교정술은 안구의 성장이 멈춘 만 18세부터 가능하기 때문에 만 18세 이하의 학생들은 수술할 수 없습니다. 그래서 초등학생 자녀를 둔 부모들은 드림렌즈를 선호합니다. 드림렌즈가 성장기 어린이들에게 좋은 이유 중 하나는 근시 진행을 억제하기 때문입니다. 2015년에는 드림렌즈를 지속해서 착용한 어린이의 42.8%가 근시 진행 억제 효과가 있었다는 연구 결과가 발표되기도 했습니다. 어린 시절 드림렌즈를 착용하면 성인이 되었을 때 고도 근시가 될 확률이 적다는 연구 결과도 있습니다. 근시는 망막에 정확히 초점이 맺혀야 하는데 안구 길이가 길어지면서 망막까지 도달하지 못해 시력이 저하되는 것을 말합니다. 눈은 만 18세까지 계속 성장하기 때문에 이 시기에 근시는 더 심해집니다. 시력은 한번 나빠지면 다시 좋아지기 어렵고 심하면 고도 근시로 발전할 수 있습니다. 따라서 근시가 시작됐을 때 드림렌즈를 착용하면 심한 근시로 발전하는 것을 막을 수 있습니다.

물론 드림렌즈는 성인들도 착용할 수 있습니다. 대부분의 성인들은 라식, 라섹 등의 시력교정술을 생각하지만, 수술할 수 없는 경우에는 드림렌즈를 고려하기도 합니다. 이미 안구 성장이 끝난 성인은 시력 변화가 거의 없기 때문에 어린이처럼 드림렌즈로 근시 진행 억제 효과를 얻기는 어렵습니다. 하지만 낮 동안 안경이나 렌즈를 착용하지 않아도 되는 편안함 때문에 라식, 라섹이 불가능한 성인들도 드림렌즈에 관심을 많이 보입니다. 드림렌즈는 모든 연령층이 사용할 수 있지만 철저한 검사를 통해 본인에게 적합한 렌즈를 착용하는 것이 중요합니다. 비앤빛 강남밝은세상안과 김욱겸 원장은 "평소 알레르기나 건조증이 너무 심하다면 드림렌즈를 착용하기 어려울 수 있다"며 "녹내장 및 당뇨 환자, 홍채나 망막에 염증이 있는 경우도 착용이 어렵다"고 전했습니다.

정리하자면 드림렌즈를 착용하고 자면 다음날 각막 형태가 변형돼 낮 동안 일시적으로 시력이 교정되는 효과가 있습니다. 근시와 난시 모두 교정이 가능합니다. 그러나 원시, 약시, 사시는 교정이 불가능합니다. 드림렌즈는 만 8세 이상부터 착용할 수 있어서 시력교정술을 할 수 없는 어린이들이 많이 착용합니다. 하지만 누구나 가능한 것은 아니기 때문에 착용 전에는 기본적인 시력 검사부터 눈에 관한 다양한 정밀 검사를 진행하게 됩니다. 정밀 검사를 통해 전문의와 상담 후 착용한다면 부작용 없이 사용할 수 있습니다. 한 달 정도의 피팅 기간 동안 적응을 못 한다면 드림렌즈를 착용할 수 없습니다.

드림렌즈는 일반 렌즈와 마찬가지로 관리를 잘해야 합니다. 특히 아침에 눈이 건조해져 있으면 렌즈를 뺄 때 상처가 날 수 있으므로 유의해야 합니다. 또한, 자면서 몸을 뒤척이다가 렌즈 위치가 움직여 각막 중심이 아닌 주변부를 누르게 되면 염증이 생길 수도 있습니다.

김욱겸 원장은 "간혹 렌즈를 잘 때 착용하면 안구 뒤로 넘어갈 수 있다는 루머가 있는데 안구 구조상 렌즈가 뒤로 넘어갈 위험은 없다"며 "착용 시 눈을 비비거나 자세가 바르지 못하면 렌즈가 빠질 수 있기 때문에 잘 때 똑바로 누워서 자고 혹시 자고 일어나 눈에 렌즈가 없다면 이불이나 베개에 떨어졌는지 확인해야 한다"고 조언했습니다.

눈이 너무 건조할 때는 인공눈물을 한 방울 정도 넣는 것도 좋습니다. 렌즈를 2년 정도 착용한 후에는 렌즈 상태를 확인하고 새로운 렌즈로 교체해야 합니다. 잠버릇이 너무 심하면 렌즈 착용이 어려울 수 있고, 잘 때는 눈을 비비지 않도록 주의해야 합니다. 또한 수면시간이 규칙적이어야 하며 6시간 이상 잠을 자야 효과가 나타납니다.

드림렌즈는 시력을 교정해주는 것은 맞으나 영구적이지 않고 일시적입니다. 비용도 비싸고 관리도 상당히 힘듭니다. 그러니 이런 점들을 고려해서 신중하게 선택해야 합니다.

 요약

잠자는 동안 드림렌즈를 끼면 낮에 일시적으로 시력이 회복되지만 시력이 좋아지는 것은 아니다. 단, 어린이의 경우에는 근시 진행을 억제해주는 효과가 있다.

건강검진 필수 장비지만 남용은 위험

CT 촬영

CT나 엑스레이는 질병 진단을 위한 필수 장비지만 너무 자주 찍게 되면 되레 암 발생 위험을 키울 수 있습니다. 방사선 피폭량이 연간 100밀리시버트(mSv)를 넘으면 1,000명 중 5명 꼴로 암에 걸릴 수 있습니다. CT의 방사선 방출량은 엑스레이의 100배나 됩니다. 그래서 CT 촬영을 자주 하면 건강에 안 좋은 것 아니냐는 논란도 있지만 걱정할 필요는 없습니다. 무분별하게 남용하는 것이 문제인 것이지요. 보건당국도 최대한 관리하겠다는 분위기입니다. 식품의약품안전평가원 김형수 방사선안전과장은 "2015년부터는 일반 엑스선 촬영이나 치과 엑스선 촬영 등에서 나오는 방사선에도 적용해 환자 개인의 누적 피폭량을 체계적으로 관리한다"고 말했습니다.

바나나와 분유에도 방사성 물질은 있다

CT는 방사선을 조사(照射)하기 때문에 건강에 좋진 않습니다. 그런데 매년 하는 건강 검진에서 무분별하게 찍어대는 경우가 많습니다. 방사선에 자꾸 노출되면 당연히 문제가 될 수 있습니다. 그래서 우리 몸이 방사선에 노출되어도 안전한 정도의 기준이 있는 겁니다. CT를 자주 찍게 되면 그 기준을 넘는 경우가 생겨 암을 유발하는 등의 부작용이 생길 수 있으니까요. 한꺼번에 100밀리시버트(mSv) 이상의 고선량 방사선을 받게 되면 암 발생률이 증가한다는 보고가 있습니다. 그 이하의 방사선량을 받으면 방사선량이 낮을수록 위험도가 낮아지지만, 위해 여부는 아직 불분명합니다.

CT 촬영은 되도록 안 하는 게 좋지만 CT 촬영을 하더라도 적정 기준만 넘지 않으면 됩니다. 자연에도 방사능은 존재합니다. 이를 자연 발생 방사능이라고 하는데, 우리는 이런 환경에 항상 노출되어 있습니다. 대다수의 사람들은 자연 발생 방사능은 모른 채 인공 방사능에만 신경을 씁니다. 사실 자연 발생 방사능을 제대로 알고 있다면 인공 방사능에 대해 예민하게 받아들이지 않을 것입니다. 다만 환경론자들은 방사능 자체가 환경과 사람에게 악영향을 미치는 것으로 생각하기 때문에 인공 방사능에 대해 아주 민감할 수밖에 없지요.

요즘에는 원자로 또는 가속기를 이용해 의료와 산업에 필요한 방사선 동위원소(불소-18, 세슘-137등)를 인공적으로 생산하기도 합니다. 하지만 수십억 년 전 지구가 처음 생겨났을 때부터 자연에는 방사성 동위원소(우라늄, 토륨, 칼륨-40 등)가 있었습니다. 자연 방사선이나 인공 방사선은 모두 '에너지'라는 점에서 물리적으로 차이가 없습니다. 같은 방사성 동위원소라면 자연적으로 생성된 것이든 인공적으로 생성된 것이든 방출되는 방사선의 에너지와 세기가 같아서 인체에 미치는 영향에도 차이가 없다는 겁니다. 우리는 이미 어느 정도의 방사선에 노출된 상태로 살아왔습니다. 이를 몰랐을 뿐입니다. 일부 학자는 방사능에는 안전한 수치가 없고 정부가 관리를 위해 임의로 만든 수치일 뿐이라고 주장합니다. 기준치 이하라도 방사능 물질을 반복적으로 섭취한다면 암 발생 가능성이 점점 높아진다고도 합니다. 근거가 없는 말도 아닙니다. 후쿠시마 원자력발전소 근처 아이들에게서 특이한 증상이 발견된 게 그 근거입니다. 후쿠시마 시 공동진료소 요시히코 의사는 "어린이(0~18세)의 연간 갑상샘암 발병률은 100만 명 중 3~4명에 불과하나, 후쿠시마에서는 지난 6~7년간 약 35만 명 중 200명대가 나왔다"고 밝히기도 했습니다. 방사선 관리가 안 돼 나타난 현상입니다.

'방사선'이란 방사성 동위원소에서 나오는 입자 또는 전자기파 형태의 에너지 선입니다. '방사능'은 방사선을 방출할 수 있는 능력 또는 방사성 동위원소의 강도(세기)를 말합니다. 과학자들은 흔히 방사선과 방사능을 설명할 때 백열전구를 예로 듭니다. 백열전구를 방사성 동위원소라고 가정하면, 전구에서 나오는 빛(광선)은 '방사선'에 해당하고 전구의 용량은 '방사능'에 비유할 수 있습니다. 전구 용량을 와트(W)로 나타내는 것처럼, 방사능은 베크렐(Bq)이라는 단위로 표시하며, 1베크렐(Bq)이란 방사성 동위원소가 1초 동안 1회 붕괴하는 방사능의 크기를 말합니다. 30와트보다 100와트 백열전구가 더 많은 빛을 내듯, 1베크렐(Bq)보다 10베크렐(Bq)의 방사성 동위원소가 더 많은 방사선을 방출하는 것입니다.

바나나에는 방사성 물질인 세슘-137보다 더 높은 에너지의 방사선을 방출하는 칼륨-40이 킬로그램당 130베크렐 정도 들어 있지만, 아이들에게 바나나를 먹지 말라고 하는 부모는 없습니다. 전 세계적으로 환경에 이미 존재하는 세슘-137이 분유에서 극미량 검출된 것은 이상한 일도 아니고 걱정할 일도 아닙니다.

CT 촬영도 이와 같은 맥락이라고 보면 됩니다. 인간은 이미 수억 년 전부터 자연 발생적 방사성 물질을 섭취해 왔지만 문제는 없었으니까요. 하지만 방사선에 너무 자주 노출된다면 문제가 되겠지요.

방사선 노출 빈도를 줄여라

방사선 노출 빈도를 줄이려면 방사선의 중복 검사를 피하면 됩니다. 가령 초음파와 CT 검사가 중복된다면 초음파를 선택하는 것이 현명합니다. CT 검사와 MRI 검사가 중복됐을 때는 방사선 노출 위험이 없는 MRI 항목을 선택해야 합니다. 특히 이전에 암을 앓았거나 암 가족력이 있는 사람, 임신부는 CT 촬영을 피하는 것이 좋습니다. CT 검사는 꼭 필요한 경우가 아니라면 촬영 부위를 3년 안에 중복 검사하지 않는 게 안전합니다. 참고로 연간 자연 방사선량은 3밀리시버트(mSv) 정도이며, 방사선 종사자는 1년에 제한하는 한계 선량이 20밀리시버트 정도입니다.

 문제는 방사선 노출빈도가 갈수록 높아져 건강을 위협한다는 것입니다. 국민 1인당 의료용 방사선 피폭량은 2007년 0.93밀리시버트에서 2011년 1.4밀리시버트로 50% 이상 늘었습니다. 병원들이 경쟁적으로 첨단 의료 장비를 들여온 후 꼭 필요하지 않은 환자들에게도 CT나 PET-CT 촬영을 권한 탓입니다. PET-CT의 방사선량은 CT보다 낮은 약 10~25밀리시버트지만 자주 노출되면 위험합니다. 병원에선 안 해도 될 진료인데 혹시 모르니 해보자는 식으로 환자를 유인하는 것이지요. 물론 선택은 환자의 몫으로 남겨둡니다. 환자가 결정한 것이니 진료비에 따른 책임은 의사가 지지 않겠다는 것이죠. 결국 환자만 엮이는 꼴이 됩니다.

 그도 그럴 것이 우리나라 인구 100만 명당 CT와 PET-CT 보급 대수는 2017년 기준으로 각각 38.2대와 3.9대로 OECD 평균(27.3대, 2대)을 크게 웃도는 수준입니다. 웬만한 병원에는 CT 장비를 거의 갖추고 있습니다. 찍는 부위와 사양에 따라 CT 장비 가격대도 30억~120억 원으로 천차만별입니다. 비싼 장비 값은 CT 촬영의 오남용을 불러왔고, 환자들은 장비 값이라도 뽑아야 하는 병원에 철저히 이용당한 셈입니다. 특히 CT 촬영은 질환이나 환자의 상태 정도에 따라 보험 혜택을 누릴 수 있습니다. 중증 암 환자는 95%의 건강보험급여 혜택이 있으며, 그 외 뇌졸중이나 각종 질환에 대해서도 원인이 밝혀지면 보험 처리가 가능합니다. 이런 보험 혜택도 CT 촬영의 오남용을 불러왔지요. 일부 환자는 한 달 동안 6만 6,020원짜리

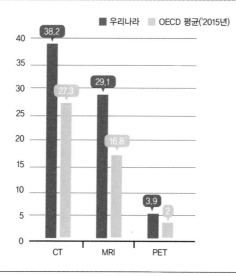

■ 우리나라   ■ OECD 평균('2015년)

CT: 38.2 / 27.3
MRI: 29.1 / 16.8
PET: 3.9 / 2

자료 : 보건복지부

CT를 30번이나 찍어 건강보험심사평가원의 과잉진료 판정을 받기도 했습니다.

　또 동네 병원에서 CT를 찍은 후 큰 병원을 찾아갔을 때 똑같은 촬영을 다시 하는 것도 문제입니다. 2011년엔 불과 한 달 전에 CT를 찍은 상태에서 병원을 옮긴 50만 명 가운데 10만 명가량이 옮겨 간 병원에서 CT를 다시 찍었다는 통계도 있습니다. 한 번 검사에 수십만 원씩 하는 MRI 촬영도 병원을 옮길 때마다 반복해야 하는 경우가 허다하지요. 정부가 고가 장비를 이용한 검사의 수가를 높여 병원들이 과도한 진단 검사를 하게 만들었다는 지적도 있습니다. 그래서 진료 수가와 검사 수가가 균형을 이루도록 수가를 조정할 필요가 있다는 말도 나오는 겁니다.

환자들도 CT 같은 방사선 진단 장비를 이용할 때는 방사선이 문제가 아니라 진료비 때문이라도 꼭 필요한 검사인지 따져봐야 합니다. 건강 검진 시 CT 촬영을 해야 한다면 중복 촬영을 피해야 합니다. 꼭 필요한 경우에만 촬영하는 것을 원칙으로 하면 됩니다. 그렇지 않고 무분별하게 촬영했다간 진료비 외에 발암 가능성까지 덤으로 얻을 수 있으니 반드시 유의해야 합니다.

 요약

CT 촬영이 위험하다는 것은 오해다. 한 번에 100밀리시버트(mSv) 이상의 고선량 방사선은 위험하므로 건강 검진 시 중복 검사를 피하고 꼭 필요할 경우에만 촬영하자.

모정을 이용한
업체의 상술

♯ 제대혈 보관

회사원 장인수 씨(36)는 한 달 후면 아빠가 됩니다. 출산에 앞서 고민이 하나 생겼습니다. 산부인과에 갈 때마다 눈에 띄는 제대혈 광고를 보고 난 후부터 제대혈을 보관해야 할지 말아야 할지 혼란 스럽습니다. 제대혈을 왜 보관하는 건지, 비용은 왜 이렇게 비싼 지 등 여러 가지 의문이 들었습니다. 이미 출산 경험이 있는 직장 동료들에게 물어봐도 제대혈을 보관해야 하는 명확한 이유를 알 수 없었습니다. 제대혈 보관 여부는 전적으로 부모의 선택에 달려 있어 고민은 더욱 더 커졌습니다.

제대혈, 돈 내고 혜택은 못 받는 비싼 보험

'제대혈'이란 엄마와 태아를 연결하는 탯줄과 태반 속에 있는 혈액입니다. 제대혈에는 백혈구와 적혈구, 혈소판 등 다양한 혈액 세포를 만들어내는 조혈모 세포가 다량 함유돼 있고, 연골과 뼈 등을 만드는 간엽 줄기세포도 들어 있습니다.

일부 의사들은 제대혈을 보관하는 것은 보험을 드는 것과 비슷하다고 말합니다. 가령 자동차보험에 가입했다면 자동차 사고 시 보험으로 비용을 처리할 수 있습니다. 마찬가지로 아이가 병에 걸렸을 때 보관해둔 제대혈을 이식하여 병을 고칠 수 있기 때문에 제대혈을 보관하는 겁니다. 하지만 자동차보험도 의무보험만 들면 자차보험은 선택이니 안 들어도 무방합니다. 제대혈도 선택사항일 뿐 꼭 보관할 필요는 없습니다. 아직 효과도 미미할 뿐더러, 보관비용도 고가입니다. 특히 비싼 비용을 들여 보관했지만 효과를 보지 못해 분통을 터뜨리는 경우도 있습니다. 보험을 들었지만 보험금을 받지 못한 것과 같은 것이지요.

1년 전에 딸을 출산한 주부 김영미(가명) 씨의 사례가 그렇습니다. 그는 임신 후 산부인과에 갈 때마다 제대혈 은행 팸플릿을 보았습니다. 평소 희귀질환에 대한 걱정이 많았던 김 씨는 만일의 경우를 대비해서 제대혈 보관을 결심합니다. 이후 김 씨는 무사히 출산을 했고, 아이는 건강하게 자랐습니다. 그런데 어느 날 아이가 토하면서 두통을 호소하여 대학병원에 가게 됐습니다.

병원에서 CT 촬영을 한 결과, 머릿속에서 시커먼 덩어리가 발견됐습니다. 의사는 악성 종양일 가능성이 있는데, 운이 좋으면 농양일 수도 있다는 소견을 밝혔습니다. 김 씨는 혼란스러운 와중에 의사에게 제대혈로 치료가 가능하냐고 묻자 의사는 "제대혈이요? 백혈병에도 될까 말까예요. 이런 종양에는 소용이 없어요"라고 말했습니다. 다행히 머릿속 덩어리는 농양으로 밝혀져 아이는 수술을 받았고 건강을 되찾았습니다.

이후 김 씨는 제대혈에 대해 곰곰이 생각해보게 되었습니다. 백혈병 외에 암이나 자가면역질환을 치료할 수 있다고 광고하는 제대혈 은행의 말과 달리 정작 할 수 있는 것은 거의 없었습니다. 이는 비단 김 씨만의 사례가 아닙니다. 제대혈을 보관한 부모들이 의사에게 제대혈 사용 여부를 물으면 의사들은 하나같이 "제대혈을 자가이식해서 사람 죽일 일 있냐?"며 "설사 골수 이식을 한다 해도 5년 후에 재발하면 끝장"이라고 대답했습니다. 결국 제대혈 회사의 허위광고에 속은 셈입니다. 수백만 원이나 하는 보관료를 내고 보관했지만 무용지물이라니 허탈할 수밖에 없지요.

이렇게 제대혈 사용이 애매한 것은 암의 치료방법이 다양하고, 주치의마다 제대혈에 대한 견해가 달라서일 수도 있습니다. 하지만 가장 큰 문제는 제대혈을 자가이식해서 성공한 사례가 드물며, 5년 후에도 생존한 결과가 거의 없습니다. 오랫동안 제대혈 사업을 해온 회사에서도 자가이식 후 생존한 사례 자체가 수집이 안 된다고 합니다. 참 충격적인 일입니다. 큰 보험 든 셈 치고 고가의 보관료를 내고 보관한 제대혈을 사용하지 못한다는 사실이 말이죠. 이 같은 사례의 근거는 의사 집단에서도 지적사항으로 나왔습니다.

효과가 입증되지 않은 '기이한 사업'

노환규 전 대한의사협회장은 2015년 3월 제대혈 보관사업에 대해 '기이한 사업'이라며 조목조목 비판했습니다. 노 전 회장에 따르면, 제대혈 사업은 1990년대 중반 미국에서 시작됐지만 현재는 지지부진한 사업이며 유럽 전체와 일본을 통틀어 사업체가 몇 안 됩니다. 또 제대혈 은행이 2000년 국내에 정착된 후 13여 년 동안 가족 제대혈이 치료용으로 사용된 건 보관량의 0.04%에 해당하는 179건에 불과합니다. 미국의 한 제대혈 업체도 제대혈 사용률을 0.01%로 보고하기도 했습니다.

그럼에도 불구하고 국내 제대혈 은행들은 제대혈이 소아암을 치료하기 위해 꼭 필요하며, 제대혈 이식은 골수 이식보다 쉽고 면역 거부반응이 매우 낮아 '산모가 아이를 위해 할 수 있는 최선의 투자'라는 상술을 부리고 있습니다. 이런 상술은 제대혈의 인기를 더 높게 만들고 있지요.

논란은 또 있습니다. 신생아의 제대혈을 제대혈 은행에 보관한다 해도, 몸무게에 따라 사용에 제한이 있음에도 불구하고 20년 이상 장기 보관을 유도하는 업체가 많다는 것입니다. 이와 관련해 2015년에 이목희 의원은 "제대혈 은행들의 평균적인 기준으로는 4살 정도까지만 이식할 수 있음에도 20~30년 보관하는 고액 장기상품 가입을 유도하고 있다"고 지적하기도 했습니다. 실제로 유핵 세포 수는 제대혈의 유효성을 평가하는 가장 대표적인 기준으로, 제대혈을 이식할 때 체중 1킬로그램당 1,500만 개 정도의 유핵 세포 수가 필요하지만 국내 업체들은 통상적으로 3억 개의 유핵 세포 수를 기준으로 잡고 있어 평균 4살까지만 이식이 가능한 상황입니다.

계약 불공정도 논란거리입니다. '제대혈 관리 및 연구에 관한 법률 제7조 3호'에 따르면 "산모는 제대혈을 채취하기 전까지 언제든지 계약을 철회할 수 있다"고 명시돼 있습니다. 즉 제대혈 채취 이전이라면, 계약 취소가 가능하며 결제된 금액은 환불받을 수 있는 겁니다. 그러나 이목희 의원이 조사한 결과 제대혈 은행 2개 사는 제대혈 채취 전이라도 취소할 때 10%의 위약금을 물도록 하고 있으며, 1개 사는 채취 여부와 상관없이 계약 이후 7일이 지났을 경우 10%의 위약금을 물게 하고 있었습니다. 명백히 법을 위반하고 소비자에게 모든 잘못을 뒤집어씌우는 격이지요.

이에 대해선 보건복지부도 실수를 인정했습니다. 보건복지부 관계자는 "제대혈 법률 31조에, 정부가 2년마다 제대혈 업체들에 대한 심사평가를 하기로 명시돼 있고 평가도 했지만, 다소 미흡한 부분이 있었던 것 같다"고 인정했습니다. 2019년 현재도 상황은 변함이 없습니다. 출산율이 낮은 것을 미끼로 산모들에게 접근해서 제대혈을 영업하는 곳들이 더 기승을 부리고 있지요. 서울시 은평구에 위치한 A산부인과 입구에는 제대혈 상담사가 버젓이 영업하고 있었습니다. 근거 없는 내용을 부풀려 임산부들을 현혹하는 것은 여전했습니다.

보건복지부에 따르면 국내 가족 제대혈 보관 건수는 2016년 누적

서울시의 기증 제대혈은행 홈페이지. 제대혈 기증 절차, 관련 문답 등 기증과 관련된 정보들을 얻을 수 있는 것은 물론 홈페이지에서 바로 기증 신청을 할 수도 있다.

기준으로 48만 2,052건이었습니다. 제대혈의 효과가 증명되어 인기가 있는 것이 아닙니다. 부모들의 막연한 불안감을 돈으로 사는 것이지요.

의료소비자보호시민연대에 따르면 제대혈은 보관 방식에 따라 기증 제대혈과 가족 제대혈로 나누어집니다. 기증 제대혈은 말 그대로 치료나 연구 목적에 사용하도록 제대혈을 기증하는 것이고, 가족 제대혈은 제대혈을 자녀와 가족을 위해 사용할 수 있도록 보관하는 것입니다. 문제는 제대혈을 보관한 본인이나 가족이 조혈모 세포를 이식해야 하는 병에 걸렸을 때 정작 제대혈을 사용할 수 없다는 것입니다. 환자의 제대혈은 발병한 질병에 취약하거나 암을 일으키는 유전자가 있어 이식하면 재발률이 높습니다. 본인의 질병을 치료하기 위해서 보관한 제대혈이지만 결국 필요할 때는 사용할 수 없는 셈입니다.

이처럼 제대혈의 효과가 거의 없다는 것은 의사단체에서도 이미 지적하고 있는 만큼 제대혈 보관에 대해서는 심사숙고하는 것이 좋습니다.

'남들이 하니까 나도?' 이런 생각을 가지고 있고 보관료가 부담되지 않는다면 제대혈 보관을 해도 됩니다. 다만 그 효과는 책임질 수 없고 나중에 의사들에게 따져 물어봐야 소용없습니다.

⊚ 요약

제대혈을 이용한 치료 사례는 드물고 효과도 미미하다. 결국 비싼 돈 들여 보관만 하는 것에 불과하다.

07

불법 거래, 가짜 성분, 이래도 드시겠어요?

온라인 의약품

"

권희상 씨(34)는 해외 직구로 발기부전 치료제를 구입했습니다. 매번 병원을 찾아가서 처방을 받는 것도 귀찮고 약값도 비쌌기 때문에 온라인을 이용한 것이지요. 하지만 약을 복용한 후 가슴 두근거림과 두통이 심해진 권 씨는 결국 병원을 찾아야 했습니다.

이렇듯 온라인을 통한 의약품 쇼핑은 무절제한 의약품 구입과 복용으로 이어져서 더 큰 문제를 만들어내고 있습니다. 특히 유산균이나 비타민 영양제를 약으로 오인해 구매하는 경우도 종종 있습니다. 이것들은 약이 아닌 건강기능식품입니다. 모르는 이들은 건강기능식품을 약처럼 오인해 구매하기도 해 각별히 주의해야 합니다.

"

온라인에서 판매하는 가짜 의약품

의약품은 국가 차원에서 관리합니다. 안전성과 효과가 철저히 확인돼야 하며 심각한 부작용 피해를 방지하기 위해 제조·수입·유통·처방 등 모든 단계에 걸쳐 국가가 엄격한 잣대를 적용합니다. 하지만 온라인 의약품 거래는 사실상 국가의 관리 대상에서 벗어나 있어 부작용과 피해가 고스란히 소비자에게 전가됩니다. 의약품은 의사나 약사의 복약 지도가 필요한데, 온라인에서 구매할 경우에는 이런 복약 지도가 아예 생략됩니다. 그래서 무분별하게 오남용합니다. 또 온라인 쇼핑 및 해외 직구 보편화로 인해 사용이 금지된 성분을 함유한 제품이 유통될 가능성도 있습니다.

정부는 인터넷을 이용한 의약품 판매를 원칙적으로 금지하고 있습니다. 약사법 제44조 제1항에 따르면, 약국 개설자가 아니면 의약품을 판매하거나 판매할 목적으로 취득할 수 없습니다. 또 약사법 제50조 제1항에서 약국 개설자 및 의약품 판매업자가 약국 또는 점포 이외의 장소에서 의약품을 판매해서는 안 된다고 명시하고 있습니다. 즉 우리나라에서는 온라인으로 약국을 개설할 수 없으며 인터넷을 통한 의약품 거래는 명백한 불법행위입니다.

무분별한 불법 의약품 거래는 온라인에서도 의약품을 사고팔아도 되는 것처럼 착각하게 만듭니다. 실제로 의약품 거래를 합법으로 여기는 이들이 많습니다. 그래서 간혹 "왜 인터넷에 내가 찾는 약이 없을까? 온라인에서도 의약품을 살 수 있는 것 아닌가?" 하고 질문하는 소비자도 있습니다.

약은 약사를 통해 구입해야 합니다. 온라인에서 판매하는 약은 전부 가짜입니다. 가짜 약은 각종 부작용을 일으킵니다. 주로 온라인에서 불법 의약품으로 거래되는 가짜 약들은 범죄에 악용되기도 합니다.

2015년 12월, 자살을 목적으로 마약류 의약품을 해외 직구로 밀반입한 20~30대들이 검찰에 적발됐습니다. 수원지검 강력부는 자살계획을 모의하고 신경안정제의 일종인 A향정신성의약품 등을 밀반입한 혐의(마약류 관리에 관한 법률 위반)로 강 씨(33)를 구속기소했습니다. 강 씨는 포털사이트에서 '죽고 싶다'는 글을 쓴 이들에게 연락하여 자살 계획을 모의했습니다. 이들은 인터넷에서 '고통 없이 죽는 약'으로 불리는 의약품을 알게 됩니다. 이들은 비용을 각출하여 해외 사이트에서 1,500달러(약 180만 원)를 주고 두 종류의 향정신성 의약품 70그램을 밀반입했습니다. 하지만 그 의약품은 통관과정에서 적발됐습니다. 밀반입한 약품은 소량을 복용할 경우 신경이 안정되는 효과가 있지만 미국 일부 주에선 사형 집행 시 사용할 정도로 위험한 것이었습니다.

늘어나는 불법 의약품 판매 사이트

최근에는 중고 거래나 직구 열풍이 확산되면서 인터넷을 통한 불법 의약품 거래가 활개를 치고 있습니다. 소셜네트워크서비스(SNS)를 활용한 불법 의약품 유통이 그것입니다.

얼마 전 SNS에선 이른바 '약물 강간'이 화제였습니다. 불법 의약품 사이트에서 여성 최음제를 팔았는데, 판매를 촉진하기 위해 최음제를 술에 탄 후 반응을 지켜보다 성관계를 했다는 구매 후기를 올려놓은 게 보도까지 된 겁니다. 이런 불법 의약품 사이트는 주로 미국과 일본 등지에서 약을 판매하는 곳입니다. '효과 보장'이나 '해외 베스트셀러' 등의 수식어로 소비자들을 현혹합니다. 불법 사이트에서는 의사 처방이 필요한 전문 의약품(발기부전 치료제, 사정지연제 등) 등도 쉽게 발견할 수 있습니다. 하지만 판매된 의약품들은 모두 가짜였습니다. 실제로 식약처가 '성기능 개선 표방 제품' 40종을 수거해 검사한 결과, 모두가 제조사 고유 표시나 정품 포장과는 다른 불법 제품으로 판명됐습니다. 여성흥분제 21종에는 최음제 성분이 전혀 없었고, 일부에선 오히려 발기부전 치료제 성분이 검출되기도 했습니다.

임상시험을 거치지 않은 약물은 체내에 어떤 부작용을 가져올지 알 수 없습니다. 전문의와 약사들은 국내에서 처방 가능한 최음제는 없으며, 이런 약물을 복용하면 치명적인 결과를 초래할 수 있다고 지적합니다. 제약사들도 "온라인 유통 제품은 100% 가짜가 확실하다"고 입을 모았습니다. 보건당국의 관리·감독 없이 무허가로 제조되는 의약품이 진짜일 리 없는 것이지요.

뿌리를 자르려고 해도 다시 돋아나는 게 불법 의약품 사이트입니다. 진짜일 리 없는 의약품을 거래하는 사이트의 수는 매년 가파르게 증가하고 있습니다. 그만큼 속아서 가짜 약을 구매하는 소비자들이 늘고 있다는 방증이기도 합니다. 손쉽게 의약품을 살 수 있고, 업

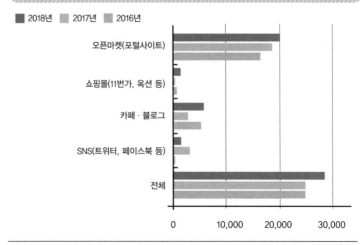

온라인 의약품 불법 판매 사이트 현황

■ 2018년 ▨ 2017년 ▨ 2016년

오픈마켓(포털사이트)

쇼핑몰(11번가, 옥션 등)

카페 · 블로그

SNS(트위터, 페이스북 등)

전체

0   10,000   20,000   30,000

자료 : 식품의약품안전처

온라인 불법 판매 의약품 유형별 적발 현황 (단위 : 건)

피해 유형	2016년	2017년	2018년
발기부전 · 조루치료제	11,345	12,415	10,007
각성 · 흥분제	2,176	2,298	2,785
스테로이드	272	344	600
피부(여드름, 건선)	1,225	1,264	1,880
낙태유도제	193	1,144	2,197
파스류	1,259	1,462	1,712
발모제	578	714	1,239
위장약	701	1,038	1,152
영양제(비타민 등)	1,386	778	772
안과용	1,414	32	388
기타	4,379	3,169	5,855
전체	24,928	24,955	28,657

자료 : 식품의약품안전처

자는 가짜를 진짜처럼 판매하니 그에 따른 수익을 고스란히 남기게 됩니다. 결국, 소비자만 피해를 보는 겁니다. 자신이 산 약이 진짜인지 가짜인지 모른 상태에서 먹었다가 치명적인 부작용을 경험할 수도 있으니 말입니다.

식약처가 방송통신위원회 및 포털사에 요청해 사이트 차단 및 게시물을 삭제한 건수는 2011년 2,409건에서 2014년 1만 6,394건으로 증가했습니다. 불법으로 의약품을 판매하는 사이트는 주로 미국·일본·홍콩 등 해외에 서버를 두고 있습니다. 2014년 기준으로 불법 유통되는 의약품 유형을 살펴보면 가장 많이 적발된 의약품은 발기부전제(4,722건)였고, 종합영양제, 안약, 스테로이드, 발모제, 최음제(870건)가 그 뒤를 이었습니다.

식약처 등 보건당국은 온라인을 통해 불법으로 판매되는 의약품을 국제적으로 차단하기 위한 '판게아 프로젝트'에 참여, 의약품 불법 판매 사이트를 적발해 경찰청과 인터폴에 통보하고 있습니다. 하지만 해외 직구의 경우 판매를 막을 방법이 없습니다. 판매자보다 구매자가 더 많으면 불법 사이트는 수시로 생겼다 없어지기를 반복하게 됩니다. 아무리 단속해도 막기 힘들다는 것이지요. 자신의 건강과 생명은 스스로 돌보아야 합니다. 편리하다, 저렴하다 등의 이유로 온라인에서 구매하는 의약품이 당신의 건강과 생명을 해칠 수도 있다는 사실을 명심하세요.

요약

온라인에서의 의약품 거래는 모두 불법이다. 온라인에서 판매하는 것은 대부분 가짜 약으로, 복용 시 심각한 부작용을 일으킬 수 있다. 상비약을 제외한 모든 의약품은 반드시 약사의 복약 지도를 받은 후 복용해야 한다.

한방 VS 양방
대결 구도에서 생겨난 속설

＃ 한약과 간 손상

2003년 한림대학교 의과대학 김동준 교수는 식품의약품안전처에 제출한 〈식이 유래 독성간염의 진단 및 보고체계 구축을 위한 다기관 예비연구〉라는 보고서에서 건강식품이나 민간 약재 등으로 분류되는 가시오가피나 개소주 등을 한약으로 분류하여 한약이 간 손상을 불러올 수 있다고 주장합니다. 아울러 어떤 약물 때문에 간이 나빠진 경우의 45%가 한약 때문이라고 결론을 냈습니다. 그러면서 양약에 의한 간 손상은 교묘하게 은폐됩니다. 이후 연구자들은 자신들의 연구가 한약이 간 독성을 일으킨다는 쪽으로 나오기 쉽게 편향됐었음을 인정했지만 연구 결과로 인해 한의학계는 심각한 타격을 받았습니다. 한약을 경계하는 이도 생겼습니다.

양방 VS 한방, 무엇이 간을 손상시키나

한약을 먹으면 간 수치가 올라가 간에 악영향을 미친다는 속설에 대한 오해를 씻기 위해 한의원들은 대대적인 홍보 활동을 펼쳤습니다. 또 한약보다 항생제가 더 위험하다며 역공에 나섰습니다. 자생 한방병원은 입원 환자 3만 2,000여 명을 대상으로 한약과 간 기능의 관계를 추적 관찰한 결과 '한약을 먹으면 간이 나빠진다'는 속설은 잘못되었다고 발표합니다. 연구에서는 오히려 근골격계 질환을 한 방으로 치료했을 때 간 기능이 회복되는 예도 있었다고 한방의 효과를 역설합니다.

자생한방병원 연구팀은 2005년 12월부터 2013년 12월까지 자생 의료재단 산하 7개 한방병원에 근골격계 질환으로 입원한 3만 2,675 명의 환자 중 하루 이상 입원 후 한약을 복용한 환자 2만 9,229명을 대상으로 혈액검사를 했습니다. 입원과 퇴원 시 모두 혈액검사에 동 의한 환자 7,003명 중 간 기능 검사를 받은 6,894명의 데이터를 분석했습니다. 연구 대상자의 평균 입원 기간은 26.17일, 평균 연령은 44.31세, 남자 45%(3,111명) 여자 55%(3,783명)였으며, 환자들은 허 리디스크나 척추관절 질환 치료를 위한 한약 복용 및 한·양방 치료 를 받았습니다. 환자들이 주로 복용한 한약은 자생한방병원에서 척 추질환 및 근골격계 질환 환자들에게 처방하는 치료 한약으로 아시 아 지역에서 근골격계 질환에 많이 사용해온 우슬, 방풍, 구척, 두 충, 오가피 등의 한약재로 조제되었습니다. 이러한 근골격계 질환 치료 한약은 수백 년간 임상에서 사용됐으며, 이 연구를 통해 과학적인 안정성을 인정받았습니다.

연구팀은 환자 입퇴원 시의 간 상태를 간 손상, 간 기능 이상, 정상 간 기능 3단계로 분류하였습니다. 이 밖에 나이, 성별, B형 간염 항원 항체 보유 여부, 양약 복용 여부, 입원 기간, 간 기능 검사 결과 등을 고려해 퇴원 시 환자들의 간 상태에 미치는 영향력을 알아보았습니다. 간 기능 검사는 ALT, AST, ALP, TB 4가지 지표를 사용했으며, 국제적으로 가장 많이 통용되고 있는 CIOMS 기준을 이용해 간 손상 여부를 정의했습니다. 연구 결과, 입원 시 간 기능 검사에서 간 손상 판정을 받은 환자는 총 354명이었지만 한방 치료를 받은 후 퇴원 시 간 손상 환자는 129명으로 64%(225명)가 줄어들었습니다.

자생척추관절연구소 하인혁 연구소장은 "연구는 한약을 먹으면 간이 나빠진다는 속설을 전면적으로 부정하는 것"이라며 "전문적인 한의사를 통해 한약을 처방받는다면 척추질환 등 근골격계 질환의 치료뿐 아니라 간 기능까지도 회복될 수 있다는 것을 보여준다"고 말했습니다.

건강보조식품과 민간요법을 조심하라

하 소장은 속설의 근거를 검증되지 않은 건강보조식품이나 민간요법에서 비롯된 것으로 봤습니다. 하 소장에 따르면 민간요법은 대부분 효능과 안정성이 명백하게 입증되지 않았습니다. 심지어 '간에 좋다'고 알려진 헛개나무나 오리나무, 벌나무, 민들레, 칡뿌리조차도 한의사의 처방 없이 복용하면 위험할 수 있습니다. 많은 양을 한

번에 섭취하거나 농축해 장기간 복용하면 간에 무리가 올 수 있다는 게 하 소장의 설명입니다. 양방에서 건강식품을 한약으로 둔갑시켜 먹으면 간 손상을 불러일으킬 수 있는 것으로 오해할 수도 있는 부분입니다.

이 연구에서도 빠지지 않는 것이 바로 양방에 대한 공격입니다. 양방으로부터 한약의 부작용에 대해 선공을 받자, 한방에서도 양방에서 사용하는 진통제에 대한 부작용을 폭로합니다.

영국의 저명한 학술지인 영국의학회지(BMJ)에 발표된 연구 논문을 인용해 통증 질환에 가장 많이 사용되는 아세트아미노펜이나 파라세타몰 등의 진통제가 허리통증을 완화하는 데 거의 효과가 없다고 주장합니다. 또 단기 통증을 억제하는 데도 큰 영향을 주지 않고 오히려 진통제를 복용한 그룹이 가짜 약을 먹은 그룹에 비해 간 기능 검사에서 비정상 수치가 나올 가능성이 4배 더 높게 나타났고 말합니다. 양방에서 쓰는 진통제로 통증을 완화하려다 도리어 간 기능 장애를 겪을 수도 있다고 경고합니다. 양방에서 한약이 간을 손상시킨다고 공격하자 한방에서도 양방의 진통제가 간 기능에 부작용을 가져올 수 있다며 문제 삼은 것입니다.

아무리 좋은 약도 정확한 진단과 처방 없이 먹으면 부작용이 생길 수 있습니다. 한약도 마찬가지입니다. 가령 간암에 걸린 환자가 간에 좋다는 음식과 한약을 복용한다고 해서 간암이 무조건 호전되는 것은 아닙니다. 오히려 간에 악영향을 끼쳐 상태만 더 악화할 뿐이지요. 이는 비단 한약만의 문제가 아니라 양약, 건강식품 모두에 해당합니다. 좋다고 많이 먹었다간 체할 수 있습니다.

간은 그 어떤 장기보다 다양한 기능을 가지고 있고, 가장 중요한 기능 중의 하나가 해독작용입니다. 해독작용이 반드시 독을 푸는 것만을 의미하진 않습니다. 한약이든 양약이든 모든 약은 간에서 분해됩니다. 간이 바쁠 때는 간 수치가 올라가는데, 일부에서는 이를 간이 나빠졌다고 인식합니다. 하지만 이는 일시적인 현상으로 한약을 먹었다고 해서 간이 나빠지는 것이 아니라는 점을 알아야 합니다.

물론 한약재 중에는 간에 해가 되는 것도 있습니다. 그러나 이미 독성이 있는 약재들은 식품의약품안전처에서 사용을 불허했기 때문에 시중에서 유통되지 않습니다. 오히려 한약 중에는 간을 맑게 하고 간세포를 재생시키거나 간 질환 때문에 생긴 자각증상을 완화해주는 것들이 더 많습니다. 그러니 한약이 간에 안 좋은 영향을 끼칠 수 있다는 속설을 믿기보단 정확한 진단을 통해 자신의 몸에 맞은 처방을 받는 것이 중요합니다.

 요약

한약을 먹으면 간이 안 좋아진다는 속설은 2003년 발표된 한 의사의 편파적인 보고서에서 비롯되었다. 한의학계에서는 한약이 간 기능을 회복시킨 치료 사례와 양방 진통제가 오히려 간에 좋지 않다는 연구 결과를 발표하며 반격에 나서기도 했다. 정확한 처방을 받지 않고 무분별하게 약을 복용한다면 어떤 약이든 간에 악영향을 끼칠 수 있다는 사실을 명심하라.

Part 3

의류 · 신발,

알아야

안 속는다

분쟁을 피하려는 의류업체의
꼼수에서 생긴 오해

드라이클리닝

사계절 뚜렷한 우리나라의 주부들은 철이 바뀔 때마다 옷 정리에 여념이 없습니다. 보통은 오랫동안 보관해야 할 옷들을 드라이클리닝해서 넣어놓지요. TV 드라마에서 "이건 비싼 옷이라 드라이 해야 하는데 물빨래를 하면 어떻게 해?"하고 핀잔하는 장면도 익숙하게 등장합니다. 이렇듯 오래 보관해야 할 옷, 비싼 옷은 드라이클리닝으로 세탁해야 한다는 원칙 아닌 원칙이 소비자들의 뇌리에는 깊숙이 자리잡고 있습니다. 정말 그럴까요?

드라이클리닝이 만능 세탁법이 아닌 이유

드라이클리닝 제품이라고 해서 반드시 드라이클리닝을 해야 하는 것은 아닙니다. 물세탁을 해도 문제가 없는 경우가 더 많습니다. 오히려 드라이클리닝을 잘 못하면 옷감을 망칠 수 있습니다. 하지만 '비싼 옷은 무조건 드라이클리닝'이라는 강력한 고정관념은 불필요한 가계 지출을 늘리고 있습니다. 불필요한 지출을 줄이려면 옷을 반드시 드라이클리닝해야 한다는 고정관념부터 버려야 합니다.

일단 드라이클리닝이 무엇인지부터 알아야 합니다. 드라이클리닝은 유기용제를 이용해 오염을 제거하는 세탁방법입니다. 옷의 변형이나 손상이 적고 기름때가 잘 지워진다는 장점이 있지만, 물이나 땀 등 수용성 때는 잘 지우지 못한다는 단점이 있습니다. 기름때를 빼야 하는 옷이라면 당연히 드라이클리닝을 해야 하지만 일상생활에서 발생하는 오염물질의 70~80%는 물이나 땀 등 수용성 물질입니다. 굳이 드라이클리닝을 할 필요가 없는 것이지요. 또 물로 인한 수축이나 틀어짐 등이 생기는 소재가 아니라면 드라이클리닝보다는 물세탁이 훨씬 효과적입니다.

드라이클리닝을 하지 말아야 할 옷을 드라이클리닝으로 세탁하면 옷이 망가지기도 합니다. 가령 고어텍스, 폴리에스테르, 우레탄 등 아웃도어 의류에 많이 사용하는 합성섬유 같은 것들이 그렇습니다. 기능성 섬유의 미세한 통기구멍이 손상되어 발수력과 방수력이 떨어지는 부작용이 생깁니다. 또 드라이클리닝을 너무 자주 하면 아무리 값비싼 옷이라도 옷감이 상하게 됩니다. 특히 내열성이 약한 소재를 드라이클리닝하면 수축되거나 경화될 수 있고, 단추 등의 부속품이 녹아버리거나 날염된 티셔츠의 프린트가 지워지는 경우도 있습니다.

이런 여러 가지 단점도 단점이지만 가장 큰 문제는 드라이클리닝에 사용하는 유기화학물질인 등유는 생식계에 악영향을 미치는 발암물질이 포함되어 있다는 것입니다. 그렇다고 드라이클리닝을 해야 할 옷을 물세탁해선 안 되니, 드라이클리닝한 옷은 비닐을 벗기고 3일 정도 충분히 통풍시킨 후 보관하거나 입어야 합니다.

드라이클리닝하지 않아도 됩니다

소비자들이 드라이클리닝에 대한 오해를 하게 된 데는 의류업체들의 잘못도 큽니다. 웬만한 옷의 라벨에는 드라이클리닝 표시를 해놓습니다. 소비자들에게 바른 세탁법을 알려줘야 하는 업체에서 오히려 드라이클리닝을 부추기고 있는 것이지요. 심지어 면 티셔츠나 합성섬유 운동복에도 드라이클리닝 표시를 해놓기도 합니다. 제조업체들의 이런 무분별한 표시의 이면에는 물세탁으로 인한 변형이나 손상 등으로 소비자 분쟁이 생겼을 때 피하려는 꼼수가 숨어 있습니다.

많은 분들이 물세탁이 가능한 옷이라도 '첫 세탁은 드라이클리닝을 하는 것이 좋다'라는 말에 속아 넘어갑니다. 물론 근거 없는 말입니다. 드라이클리닝은 옷의 기름때를 제거할 뿐 소재의 특성을 변화시키는 것이 아니니까요. 라벨에 표시된 내용을 꼼꼼히 보고 물세

드라이클리닝은 기름때를 빼는 데는 최적이지만 물이나 땀 등의 수용성 때는 잘 지우지 못한다. 물세탁이 가능한 옷이라면 물세탁을 하는 것이 좋다.

탁할 수 있는 옷이라면 물세탁을 하는 것이 좋습니다. 라벨에 중성이라는 글자와 함께 물 온도가 표시돼 있으면 물세탁이 가능합니다. 중성세제는 물에 녹아 중성을 띠는 합성세제로, 섬유의 손상을 최소화하여 모섬유나 실크섬유에도 사용할 수 있고 물 빠짐을 막아주고 옷감의 수축도 방지해줍니다. 울샴푸, 드라이 전용세제, 샴푸, 주방세제 등이 중성세제에 속합니다.

　드라이클리닝을 집에서 할 수도 있습니다. 홈 드라이클리닝 세제를 사용하면 란제리, 니트, 양복바지, 러그, 실크, 셔츠, 울, 앙고라, 캐시미어 등 드라이클리닝 표시가 되어 있는 의류를 집에서 세탁할 수 있습니다. 다만 모, 실크 등을 세탁하는 경우 수축, 탈색 등이 있고, 기름 얼룩이 잘 안 지워질 수 있으니 유의해야 합니다. 세탁 시 상온이나 약간 차가운 물로 하는 것이 좋습니다. 여러 번 헹구면 옷감이 변형될 수 있으므로 1~2회만 가볍게 헹궈줍니다. 면이나 마 같은 천연소재는 중성세제로 손세탁을 하는 것이 좋습니다.

일반 세제에 손상되기 쉬운 옷이나 울, 실크, 마, 모시, 수영복처럼 물세탁 혹은 손세탁 표시가 되어 있는 의류에는 '울샴푸'를 사용합니다. 미지근한 물에 울 샴푸를 풀고 세탁물을 넣어 3분 정도 담근 후 살짝 누르듯이 세탁하면 됩니다.

가을, 겨울 의류는 관리를 잘 못하면 옷이 망가질 수 있으므로 신경 써서 세탁해야 합니다. 값비싼 패딩류를 드라이클리닝하면 기능성 소재의 기능이 떨어질 수 있으니 가볍게 물세탁을 하는 것이 좋습니다. 겨울 코트를 장기간 보관할 때는 드라이클리닝을 한 후에 비닐을 제거하고, 비닐째 보관할 때는 자주 통풍을 시켜야 옷감의 손상을 최소화할 수 있습니다. 또 옷걸이에 걸어서 보관할 경우 옷걸이 두께가 너무 얇으면 코트의 입체감이 무너져서 모양이 흐트러질 수 있으니 두꺼운 옷걸이에 거는 것이 좋습니다.

퍼(Fur) 소재의 의류는 해충과 곰팡이에 약하고 냄새를 잘 흡수합니다. 그래서 통풍이 잘 되고 빛이 들지 않는 곳에서 잘 건조한 후에 방충제를 넣어 보관해야 합니다. 소재의 특성상 드라이클리닝을 너무 자주 하는 것도 피해야 합니다.

겨울용 니트를 잘못 세탁하면 소매나 목둘레가 늘어나거나 전체가 쭈글쭈글해져서 못 입게 되는 경우가 많습니다. 물 온도, 세제 종류, 세탁 방법, 건조 방법을 잘 알아두면 손세탁을 해도 무방하니 가급적 드라이클리닝은 피하고 미지근한 물에 살짝 눌러 세탁합니다.

이처럼 옷의 특성에 따라 세탁방법과 보관법은 각양각색입니다.

이런 여러 가지 세탁방법에도 불구하고 드라이클리닝에만 의존해 시간과 돈을 낭비하고 있는 것은 아닌지 옷장 속 옷들을 다시 점검 해보세요.

⊙ 요약 ━━━━━━━━━━━━━━━━━━━━━━━━━━━━━━━━

비싼 옷은 반드시 드라이클리닝해야 한다는 것은 고정관념이다. 드라이클리닝은 기름때만 지울 뿐 땀 같은 생활 오염에는 오히려 물세탁이 유용하다.

━━━━━━━━━━━━━━━━━━━━━━━━━━━━━━━━━━

유행에 민감한 소비자를 속인
이름만 '구스다운'

언제부터인가 '노스페이스' 다운 패딩을 입는 중년 남녀가 많아졌는데, 그 이유가 웃기고도 슬픕니다. 유행에 민감한 아이들이 부모를 졸라서 노스페이스 옷을 사서 입다가 유행이 지나니 더 이상 입지 않게 됐고, 비싸게 산 것이 아까워 그 부모들이 입게 됐다는 것이지요. 이처럼 다운 패딩은 겨울이면 유행을 선도하기도 하고, 혀를 내두를 만큼 비싼 가격으로 소비자들을 울리기도 합니다. 특히 유행에 민감한 우리나라 소비자들에게 몇 년 전부터 인기 있는 제품으로 '캐나다 구스'가 있습니다. 웬만한 제품은 100만 원이 훌쩍 넘어가는데, 놀라운 사실은 이름에 '구스'가 들어가지만 거위털이 아닌 오리털로 만들어졌다는 사실입니다.

오리털로 만든 캐나다 구스

'캐나다 구스'는 보온력이 좋고 디자인도 깔끔해서 큰 인기입니다. 그런데 캐나다 구스라는 이름과 달리 충전재가 구스(goose)가 아닌 덕(duck)이라고 합니다. 거위털 옷이라고 이름 붙였는데 안에는 오리털을 넣은 것이지요. 이런 캐나다 구스의 절묘한 속임수에 한국 소비자들은 눈뜬 장님마냥 당할 수밖에 없었습니다.

이렇게 소비자들을 속일 수 있었던 것은 비싼 거위털이 상대적으로 저렴한 오리털과 비교해도 보온기능이 별반 차이가 나지 않기 때문입니다. 반대로 이야기하면 오리털이 거위털만큼 우수한 보온력을 자랑한다는 거지요. 그래서 전문가들은 굳이 수백만 원을 호가하는 유명 브랜드의 다운 패딩을 고집하지 않아도 된다고 말합니다. 10만~20만 원대에도 오리털의 충전량만 많다면 거위털 이상의 효과를 누릴 수 있죠. 실제로 우모를 가공해서 국내에 공급하는 태평양물산의 한 전문가는 "거위털과 오리털의 보온력 차이는 10% 정도"라며 "충전량만 충분하다면 비싼 거위털이 아닌 오리털로 채운 다운 패딩만으로도 충분히 따뜻함을 누릴 수 있다"고 조언합니다.

하지만 유행에 민감한 소비자들에게 이런 전문가의 의견은 소귀에 경 읽기입니다. 일단 유행을 타면 오리털을 거위털로 위장하더라도 꼭 사고 봐야 하는 잘못된 소비 습관이 문제입니다. 이런 소비자들의 소비 습관을 교묘히 이용한 업체들도 한두 곳이 아닙니다. 검증되지 않아도 유행이라고 하면 일단 사고 보는 습관 때문에 아웃도어 업체들의 상술만 느는 겁니다.

거위털을 오리털로 위장한 사실은 한 소비자문제연구소의 조사를 통해 밝혀졌습니다. 소비자문제연구소 컨슈머리서치가 8개 프리미엄 다운 점퍼 수입브랜드와 아웃도어 브랜드 9개 등 총 17개 브랜드 25개 제품의 충전재를 조사한 결과, 고가 수입 제품 16개 가운데 거위털을 사용한 제품은 단 4개뿐인 것으로 드러났습니다.

조사 결과에 따르면, 제품 가격이 300만 원에 육박하는 몽클레르와 219만~354만 원인 에르노의 충전재만 거위털을 사용하고 있었습니다. 반면 캐나다 구스나 파라점퍼스·CMFR·노비스·아이그너·무스너클 등 6개 브랜드 12개 제품에는 오리털 충전재가 사용됐습니다. 통상 솜털 비율이 높을수록 보온성이 뛰어난 것으로 평가되는데, 이 조사에서는 프리미엄 브랜드 가운데 CMFR과 노비스만 100% 솜털을 채웠고 나머지 브랜드 제품은 솜털과 깃털을 섞어서 썼습니다. 캐나다 구스나 아이그너·무스너클 브랜드는 거위털이 아닌 오리털을 사용해 뜨거운 인기와 높은 가격에 비해 품질은 낮은 것으로 나타났지요.

그뿐만 아니라 충전재의 원산지 표시도 제대로 하지 않았습니다. CMFR과 노비스 2개 브랜드만 별도 태그로 원산지를 표시했고, 일부 브랜드는 수입 업체조차 충전재 원산지를 제대로 표시하지 않았습니다. 파라점퍼스 본사는 이탈리아지만 제품은 중국에서 생산되고, 오리털도 중국산을 쓴다고 설명했습니다. 독일 브랜드인 아이그너는 중국에서 생산되지만, 충전재 원산지는 어디인지 밝히지 않았습니다. 노스페이스와 블랙야크·밀레·컬럼비아도 충전재 원산지를 표시하지 않았습니다. 이렇게 원산지나 충전재도 제대로 표시하지 않는 업체의 제품을 군이 사야 할 것인지, 소비자는 좀 더 현명한 판단을 할 필요가 있습니다.

다운 패딩을 고를 때 확인해야 할 3가지

다운 패딩을 현명하게 구입하려면 3가지만 기억하면 됩니다. 제품 라벨에 적힌 솜털과 깃털의 비율, 충전량, 필파워입니다. 라벨만 제대로 숙지한다면 군이 값비싼 다운 패딩을 고를 필요가 없습니다.

라벨에서 가장 먼저 살펴봐야 할 것은 솜털(다운)과 깃털의 비율입니다. 깃털보다 솜털의 보온력이 우수하므로 솜털 함유량이 많을수록 좋습니다. 솜털 비율이 높을수록 가격도 비싸집니다. 하지만 솜털이 100%인 옷은 없습니다. 깃털은 솜털이 충분히 부풀어지도록 내부 공간을 확보하는 뼈대 역할을 해야 하기 때문입니다. 일반적으로 솜털 비율이 70~80%만 돼도 보온력이 우수합니다.

충전량은 말 그대로 거위털이나 오리털의 충전량을 뜻합니다. 예를 들어 '충전량 310그램'이라면 거위털이나 오리털이 310그램 들어 있다는 것을 말합니다.

필파워는 다운 패딩의 탄성을 나타내는 수치입니다. 다운 1온스(28.34그램)를 실린더에 넣고 압축했을 때 다시 부풀어 오르는 부피를 표시한 것으로, 필파워가 높을수록 복원력과 보온 효과가 좋습니다. 높은 스펙을 선호하는 국내에서는 800~900 이상인 제품이 많이 출시돼 있고 값도 비쌉니다. 유럽에서는 보통 600 이상이면 고급으로 칩니다. 필파워가 600~700 정도여도 우수한 제품이라는 거지요.

이와 같은 정보를 알려면 제품 라벨을 꼼꼼히 읽어봐야 합니다. 그래야 원하는 제품을 고를 수 있고 과소비도 줄일 수 있습니다. 톱스타를 내세워 요란하게 광고하는 브랜드 제품도 믿지 마세요. 제품 가격에 모델료와 마케팅비가 포함되어 있어 값비싼 것이지 품질이 좋아서 그런 게 아니라는 점을 꼭 기억하세요.

위의 3가지 요건을 어느 정도 충족한다면 많은 사람들이 이용하는 중소업체 제품을 고르는 것도 현명한 소비방법입니다. 브랜드만 따지지 않는다면 10만~30만 원대로 충분히 보온력 좋은 다운 패딩을 구입할 수 있습니다.

참고로 알뜰 구매 찬스로 해외 직구를 하는 경우가 있는데, 자칫 가품에 속을 수 있습니다. 소비자원이나 소비자단체에 해외 직구 피해사례가 꾸준히 접수되고 있으니 지나치게 싼 제품은 일단 의심하세요. 덥석 샀다가는 낭패를 볼 수 있습니다.

 요약

'구스' 제품이라고 하면서 거위털이 아닌 오리털을 사용한 제품들도 있다. 다운 패딩을 고를 때는 브랜드보다 제품 라벨에 표시된 원산지와 충전재 비율을 꼼꼼히 확인하자.

유니클로 '히트텍'의
근거 없는 자신감

♯ 발열 내의

첫 월급을 타면 부모님께 내복을 선물하는 전통 아닌 전통은 속옷 업체의 홍보 마케팅 때문에 생겨난 의례라고 할 수 있습니다. 내복이 우리 역사에 처음 등장한 때가 언제인지는 정확하게 알 수 없습니다. 고구려 벽화 속 인물의 옷소매 밖으로 드러난 옷이 내복으로 추정된다는 주장도 있고, 《삼국사기》에는 '내의' 또는 '내상'이라는, 내복으로 추정되는 속옷이 등장하기도 합니다.

요즘에는 입기만 해도 열이 난다는 '발열 내의'가 유행입니다. 겨울철이면 발열 내의 열풍을 불러온 유니클로 매장은 문전성시를 이루고요. 발열 내의에 대해 자세히 알아보겠습니다.

점점 따뜻하고 얇게 진화하는 내복

방한 내복이 우리나라에 보급되기 시작한 시기는 1950년대 후반에서 1960년대 초반 정도입니다. 당시의 내복은 주로 위생과 보온을 위한 것이었습니다. 색상은 '빨간 내복'으로 대표되듯 무늬가 전혀 없는 밋밋한 단색이 전부였습니다. 소재는 추위를 막기 위해 두껍고 신축성이 없는 면이 사용됐습니다.

1980년대에는 보온성을 높인 보온메리, 에어메리 등의 내복이 인기였습니다. 주로 면과 신축성이 좋은 스판덱스를 혼용한 소재와 더운 공기를 담아두기 위해 여러 겹으로 누빈 두꺼운 원단을 사용했습니다. 당시에는 부모님의 건강을 지켜준다는 생각에서 따뜻한 내복이 '효도의 상징'으로 통했고 첫 월급을 타면 부모님께 드리는 선물로 단연 내복이 손꼽혔습니다. 또한, 내복 두께는 가정의 '부'를 가늠하는 척도이기도 했고요.

1990년대 후반에는 내복에도 패션의 개념이 도입되기 시작했습니다. 밋밋한 단색에서 벗어나 꽃무늬 등의 다양한 프린트 내복이 선보였고, 종류 또한 3부나 7부 등으로 다양해졌습니다. 2000년대에 들어서면서 건강을 생각하는 웰빙 열풍을 타고 천연소재를 가공한 기능성 원단이 다양하게 등장했고, 합성섬유가 아닌 100% 천연소재인 실크나 오가닉 면 등의 천연소재 내복까지 등장하게 됩니다.

최근 몇 년 전부터는 히트텍 같은 기능성 소재가 발달하면서 내복은 무조건 두꺼워야 한다는 인식이 사라졌습니다. 기능성 소재들은 신체에서 발산되는 열과 수분을 이용해 열을 내는 성질을 가지고 있어서 얇고 따뜻한 내복을 만들기 적당합니다.

초기에는 열을 내는 발열 소재 위주로 나오다가 이후에는 수분을 잘 흡수하는 흡습 성질을 갖춘 소재들이 등장했습니다. 대부분의 발열 소재는 인체의 수분을 이용해 열을 냅니다. 그래서 내복이 인체의 수분을 잘 흡수해야 눅눅하지 않고 착용감이 좋습니다. 또한 발열 소재를 사용해 얇아진 내복은 몸에 꼭 밀착되어 옷맵시를 망치지 않는 것은 물론 활동성도 좋아 젊은층이 내복을 찾게 하는 데도 일조하게 됐습니다. 발열 내복의 긍정적인 작용이라고 볼 수 있습니다만 이는 어디까지나 업체들의 이야기입니다.

정말 입기만 하면 따뜻해질까?

입기만 하면 따뜻해진다? 이 논란의 중심에는 바로 유니클로의 '히트텍'이 있습니다. 유니클로 히트텍은 매년 초겨울이 되면 대란이 일어날 정도로 인기 있는 품목입니다. 판매량도 어마어마합니다. 2008년 18만 장에 불과했던 판매량은 2009년 75만 장, 2010년 110만 장, 2011년 300만 장, 2013년에는 700만 장이 팔렸습니다.

그러나 2019년에는 일본 제품 불매운동으로 2018년 패션업계 매출 1위의 위업은 온데간데없게 됐습니다. 히트텍의 자리를 국산 브랜드가 꿰차게 됐죠. 어쨌든 히트텍이 잘나가던 시절 유니클로는 한 장당 2만 원짜리 내의 하나로 매출 1,000억 원대를 단숨에 넘었습니다. 워낙 인기가 많다 보니 동종업계에서도 발열 내의 출시가 유행처럼 번졌고, 그 과정에서 발열 내의의 장점만 부각하게 되니 '입으면 따뜻해진다'는 사실에 대한 논란이 커졌습니다. 과도한 마케팅은 진실을 덮은 채 오해로 번졌고, 결국 사실 여부까지 따지는 상황까지 이르게 된 것이죠.

그렇다면 유니클로의 효자 상품인 히트텍이 말하는 것처럼 발열 내의를 입기만 하면 정말 따뜻해질까요? 소비자들은 의문이 들 수밖에 없습니다. 결론부터 말하자면, 발열 내의를 입는다고 따뜻해지는 게 아니라 발열에 필요한 조건이 충족되어야 체감온도가 상승하는 효과를 얻을 수 있습니다. 그렇다면 어떤 조건이 충족되어야 할까요? 바로 수분입니다.

흡습, 발열 기능을 갖춘 섬유는 땀과 대기 등 주변의 수분을 흡수해서 열로 전환합니다. 발열 내의를 입어도 피부가 건조하거나 활동량이 적다면 발열 효과가 작거나 아예 나타나지 않을 수도 있습니다. 흡습, 발열 조건을 충족할 때는 일반 속옷보다 평균 1.8도 따뜻하다는 분석이 나왔으니 의심의 여지가 없지요. 하지만 발열 섬유 온도가 높아지는 건 섬유의 보온 기능 때문이라는 의견도 계속 나오고 있습니다. 논란이 끊이지 않는 이유지요.

발열 내의를 고르는 기준

그렇다면 발열 내의를 고를 때는 어떤 것을 따져보고 골라야 할까요? 우선 내의는 피부에 직접 닿는 속옷이니 제품 라벨에 붙은 KC 표시부터 확인해야 합니다. 관련 법상 가정용 섬유제품의 유해물질 안전기준을 충족하는지 확인하는 것이죠. 둘째는 제품에 따라 다른

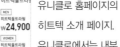

히트텍 스타일링

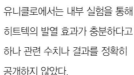

유니클로 홈페이지의
히트텍 소개 페이지.
유니클로에서는 내부 실험을 통해
히트텍의 발열 효과가 충분하다고
하나 관련 수치나 결과를 정확히
공개하지 않았다.

발열 원리를 확인해야 합니다. 발열 기능이 몸의 수분을 흡수해 열을 내는 것인지, 아니면 빛을 받아 열을 내는 것인지 확인하세요. 내의를 입는 상황에 맞게 고르면 됩니다. 활동량이 많고 겨울철 레포츠를 즐기는 사람은 땀을 빨리 흡수하고 건조시키는 '흡한 속건' 기능이 있고 발열 기능이 좋은 제품을 고르는 게 좋습니다. 반대로 실내에서 주로 활동한다면 많은 기능에 값비싼 제품을 굳이 살 필요가 없지요. 촉감이 부드러우면서 보온성이 뛰어난 제품을 구입하면 됩니다. 옷맵시가 중요하다면 봉제선이 없거나 두드러지지 않고 두께가 얇으면서 발열 기능이 있는 제품을 고릅니다.

발열 섬유가 일반 섬유에 비해 어느 정도 온도 상승효과가 있는 것으로 나타났지만, 솔직히 납득할 만한 설명은 부족한 상태입니다. 다양한 변수에 따라 효과가 달라질 수밖에 없거든요. 옷을 밀착되게 입었는지, 옷과 피부의 공기층은 어느 정도인지 등의 변수에 따라 수치가 달라지기 때문이죠. 하지만 소비자들이 그 수치를 알아내기

란 쉬운 일이 아니니 제조회사에서 실시한 시험 결과와 광고를 믿고 제품을 살 수밖에 없습니다.

이런 논란에 대해 유니클로에서는 아무 문제가 없다는 태도입니다. 내부 실험을 통해 발열 기능을 입증한 바 있고, 성능이나 인증 절차에 문제가 없으므로 발열 기능은 확실하다는 것이죠. 화학적 처리와 가공을 거친 발열 섬유와 관련한 연구는 최소 5년 이상 진행했고 또 소재만 봐도 충분히 효과를 내고 있다고 주장하고 있습니다. 수치나 결과에 대해서는 정확히 공개하지 않으면서 기능은 확실하니 믿고 사라는 것이죠.

유니클로가 이렇게 주장하는 이유는 무엇일까요? 믿는 구석이 있기 때문이죠. 현재 발열 기능에 대한 법적 기준이 없습니다. 발열 내의의 발열에 대한 객관적인 가이드라인이나 표준 기준안이 없는 상태예요. 발열 효과를 입증할 수 있는 객관적 기준이 없다 보니 업체의 자체 기준만으로 보온 기능을 한다고 주장할 수 있는 것이지요. 발열 내의 열풍에 이젠 발열 의류를 평가하는 기준까지 마련해야 하는 웃지 못할 일이 생겨난 것입니다.

 요약

발열 내의라는 '히트텍'은 입기만 하면 발열되는 것이 아니라 수분, 열 등 필요한 조건이 충족되어야 온도 상승효과를 얻을 수 있다. 라이프 스타일에 맞게 구입해야 제대로 된 발열 효과를 누릴 수 있다.

브랜드 상품의 파격 할인,
알면서도 속이고 판다

♯ 짝퉁 상품

주부 조영인 씨(31)는 동네 시장에 갔다가 유명 아웃도어 제품을 90%나 한다는 점포를 발견했습니다. 정말 90%나 할인할까 의문이 들었지만, 블랙야크, 노스페이스, 밀레, 아이더 등 유명 아웃도어 브랜드가 가득했습니다. 더욱 놀라운 것은 한 벌에 1만~2만 원 정도에 불과한 가격이었습니다. 조 씨는 횡재했다는 생각에 여러 벌을 사들고 집에 들어갔다가 옷을 확인한 남편이 '짝퉁'이라고 알려주어 속았다는 걸 알았습니다. 다시 찾아갔지만 주인은 "환불·교환 불가"를 외쳤습니다.

90% 할인의 정체는 짝퉁 제품

비어 있는 점포에서 '창고 대방출'을 이유로 유명 브랜드 제품을 싸게 파는 것을 본 적이 있을 겁니다. 이런 걸 '깔세'라고 합니다. '깔세'란 보증금 없이 통상 1~3개월 정도 계약하는 선납 형태의 단기 임대입니다. 상가나 길거리에서 고품질의 재고품을 '땡처리'하는 것처럼 파격 할인 광고를 내걸고 영업하지요. 보증금이나 권리금 등 목돈이 안 들기 때문에 치고 빠지는 '한탕 장사'로 인기가 높습니다. 주로 속옷, 양말, 등산복 등의 의류와 신발, 화장품, 그릇 등을 팝니다.

많은 이들이 유명 제품을 싸게 판다는 것에 혹하게 됩니다. 제품을 자세히 살펴보면 시장표보다 못한 짝퉁이지만 막상 깔세 매장에 들어서면 진품인지 가품인지를 따질 틈도 없이 주워 담기 바쁩니다. 나중에는 입고 싶어도 가짜 상품인 게 티가 나 못 입고 다닐 옷을 비싸게 사는 겁니다. 그래서 깔세에서 제품을 구입할 때는 신중해야 합니다. 아니, 아예 깔세 자체를 구경하지 않는 것이 답입니다.

깔세에는 언제나 사람들이 많습니다. 왜 그럴까요? 여기에 함정이 있습니다. 그들이 다 손님이겠거니 생각하면 오산입니다. 그들은 호객꾼 역할을 하는 사람들입니다. 깔세 사장이 임시로 고용한 연기자에 불과한 사람들이지요. 사람들이 많아야 지나치는 사람들도 호기심에 들어와서 물건을 사게 될 것이라는 깔세 사장의 다년간의 노하우인 겁니다.

직장인 강태선 씨(가명)는 서울시 은평구에 있는 블랙야크 북한산성점이 폐점하면서 눈물의 '땡처리'를 한다는 전단지를 받았습니

보증금 없이 1~3개월 정도 계약하는 '깔세' 점포. 브랜드 상품을 싸게 판다고 광고하지만 실제로는 짝퉁 제품을 팔고 빠지는 '한탕 장사'이므로 주의해야 한다.

다. 등산 마니아인 강 씨는 이번 기회에 몇몇 제품을 구입하기 위해 꽤 먼 거리지만 차를 몰고 해당 매장을 방문했습니다. 도착해보니 건물 외벽에 '폐점 90%'라는 문구가 쓰인 커다란 현수막이 걸려 있었고 매장 안은 사람들로 북적였습니다. 재킷, 티셔츠, 바지, 등산화 등이 최저가 1만 원부터 판매되고 있었습니다. 이때부터 강 씨의 발길은 분주해지기 시작합니다. 하나라도 더 골라야겠다는 마음이 앞섭니다. 그런데 막상 매장을 둘러보니 대부분이 짝퉁 제품에 비브랜드 제품들이었습니다. 일부러 차를 몰고 왔는데 다시 돌아가려니 허탈한 맘이 큽니다. 강 씨는 "아무리 돈이 좋다고 하지만, 산을 좋아하는 이의 선량한 마음을 이용해 돈벌이하는 이런 깔세는 없어져야 한다"고 목청을 높였습니다.

　사실, 이 블랙야크 북한산성점은 이미 폐업한 점포였습니다. 폐업한 곳에 깔세 업자가 들어와서 블랙야크 재고를 판매하는 것처럼 행세한 것입니다. 이 업자는 북한산성점이 위치한 은평구는 물론 인근의 고양, 김포 일대까지 홍보 전단지를 배포했습니다. 전단지에는 '영업 종료로 인한', '그동안 성원에 감사드립니다' 같은 문구가 버젓이 적혀 있었습니다. 물론 '블랙야크 북한산성점 폐점'이라는 글자 앞에 아주 작게 '(구)'라고 표시되어 있었지만 소비자들이 충분히 오해할 만했지요.

매장을 찾은 소비자들은 대부분 정품을 할인 판매한다고 생각했습니다. 그래서 제품들이 짝퉁임을 깨닫고 분개한 것입니다. 강 씨가 매장을 찾은 그날, 김포에서 왔다는 한 사람은 "정품을 파는 것처럼 홍보해서 차를 끌고 멀리서 왔는데 오니까 짝퉁만 판을 치고 있다"며 매장 직원과 멱살잡이까지 했습니다.

사실 강 씨는 굳이 업자와 싸울 필요까지 없었습니다. 억울하면 위조상품제보센터(전화번호 1666-6464)에 신고하면 됩니다. 신고하면 곧바로 특별사법경찰들(특사경)이 현장에 급파되고 이미테이션 제품은 모조리 몰수됩니다. 업자는 사기죄까지는 아니지만 상표법 제93조에 따라 7년 이하의 징역 또는 1억 원 이하의 벌금형에 처해지게 됩니다. 그런데 대부분의 깔세 현장에는 고가의 이미테이션 제품이 아닌 시장에서 볼 수 있는 흔한 옷들이 대부분이라 지금까지 신고를 당한 경우가 거의 없습니다. 또 영세업자들이 빈 점포에 일주일이나 한 달 간격으로 잠깐만 영업하기 때문에 단속도 여의치 않습니다.

온라인 쇼핑몰과 유명 쇼핑몰도 못 믿는다

온라인에서도 버젓이 짝퉁이 거래되고 있습니다. 또 유명 쇼핑몰 등에도 짝퉁 판매가 활기를 띕니다. 경기도 특별사법경찰(특사경) 단속반에 따르면 경기도 유명 쇼핑몰을 단속한 결과, 쇼핑몰 3곳 중 1곳이 짝퉁 매장인 것으로 확인되었습니다. 명품 디자인을 따라 만든 모자와 가방, 유명 아웃도어 브랜드 의류가 무더기로 적발됐습니다. 2018년 한 해만 의정부와 고양시의 유명 상가를 집중 점검한 결과 총 56곳을 단속했습니다. 패션유통업체들이 거래한 짝퉁의 가격은 정품 가격으로 치면 3억 2,000만 원어치나 됩니다.

특사경에 적발된 업체들은 정품 제조 공장에서 만들다 문제가 생긴 옷을 사들여 싸게 팔기도 했습니다. 하자 있는 옷을 싸게 팔다 보니 정품을 빙자한 짝퉁 제품에는 정품을 증명하는 태그가 잘려 있거나 검사필 도장도 없었습니다. 특히 금속 액세서리에서는 중금속이 다량 검출됐습니다. 특사경 관계자는 "납이나 카드뮴 같은 것이 (기준치보다) 수백 배 검출된다"며 "이게 피부에 닿으면 건강에 문제가 생길 수 있다"고 경고했습니다.

이처럼 거짓 홍보를 한 깔세 업자나 짝퉁 판매업자들에게 속지 않으려면 소비자들도 상식 밖의 세일 행사를 무작정 믿기보다 의심부터 하는 신중함이 필요합니다. 터무니없이 저렴한 가격이라면 한 번쯤 의심해보거나 해당 브랜드에 문의하는 것이 짝퉁 상품으로부터 지갑을 지키는 길입니다.

요약

'유명 브랜드의 아웃도어 제품 90% 할인'을 내건 곳은 대부분 깔세 업자가 짝퉁 제품을 파는 곳. 안 보고 안 사는 것이 답이다.

멤브레인 소재의
우수성에 대한 오해

고어텍스

한때 아웃도어 용품이 백화점의 웬만한 브랜드 상품보다 잘나가던 때가 있었습니다. 기능성 등산복을 일상복처럼 입고 다니는 유행 덕분에 업체들의 매출은 순식간에 수천억 원을 찍었습니다. 특히 방수, 방풍 기능을 가진 고어텍스 아웃도어 재킷은 큰 인기였습니다. 아웃도어 업체들은 앞다투어 고어텍스 원단으로 된 다양한 디자인의 옷을 내놓기 바빴습니다. 그러다가 어느 순간, 소비자들은 비싼 고어텍스의 기능이 생각보다 기능성이 떨어지는 것을 발견하고 불만을 터트리게 되었습니다. 정말 고어텍스 기능에 문제가 있는 걸까요?

고어텍스의 로고. 방수, 투습, 방풍 기능을 가진 고어텍스는 아웃도어 제품에 최적화된 소재다. 완제품 단계에서 코팅제를 바르면 발수 기능이 생기는데, 시간이 지날수록 발수 능력이 떨어지므로 지속적으로 관리해주는 것이 좋다.

값비싼 기능성 원단 고어텍스에 대한 오해들

방수, 방풍 기능이 완벽하다는 고어텍스 재킷은 소비자가 생각한 만큼 만능이 아닙니다. 이유는 간단합니다. 옷에 특수 코팅을 했고, 그것이 손상되면 일반 재킷과 다를 바 없게 되는 것입니다. 다만 잘 관리해서 입는다면 비싼 값을 충분히 할 수도 있습니다.

고어텍스가 무엇일까요? 원단 제조사인 고어 사(W.L. Gore& Associates)에 따르면, 고어텍스는 열이나 약품에 강한 테플론계 수지를 늘려서 가열해 작은 구멍들을 뚫은 아주 얇은 막입니다. 고어 사를 설립한 W.L 고어의 장남인 밥 고어가 기존 소재를 잡아당겨 물성을 바꾸며 1969년 '재발견'한 소재입니다. 고어텍스는 섬유사업 외에 여과포, 연료전지, 가스켓, 기타줄, 와이어, 케이블, 인공혈관, 봉합사, 성형외과용 제품에도 널리 사용되고 있습니다.

고어텍스는 멤브레인이라는 소재로 구성되어 있습니다. 멤브레인은 1평방인치당 90억 개 이상의 미세한 구멍으로 이루어져 있습니다. 구멍 하나의 크기는 물방울 입자보다 2만 배 이상 작고 수증기분자보다는 700배 이상 큽니다. 그래서 눈, 비 등 외부의 습기가 멤브레인을 뚫고 들어올 수 없지만 땀은 쉽게 배출되는 겁니다. 가령 비옷은 단순히 빗물을 안으로 들어오지 못하게만 할 뿐 습기를 밖으로 배출하는 기능이 전혀 없지요. 하지만 고어텍스에는 멤브레인 소재의 미세한 구멍으로 땀을 배출하는 기능이 있습니다. 그래서 1981년 우주왕복선인 컬럼비아호 우주비행사들의 우주복 소재로 사용될 만큼 그 우수성을 인정받았습니다.

고어텍스는 옷 안에 습기가 누적되지 않고 열 손실을 막아주는 방수 기능과 인체에서 발생한 땀 증기들을 외부로 배출시켜주는 투습 기능, 바람에 의한 열 손실을 막아주는 방풍 기능을 가지고 있습니다. 소비자들이 가장 많이 혼동하는 것이 바로 방수 기능입니다. 방수는 물기를 막아주는 성질입니다. 물이 스며들지 않게 하는 것은 발수라고 합니다. 엇비슷하게 들리지만, 엄연히 다른 기능입니다. 흔히 옷 위로 물방울이 굴러떨어지는 것을 방수 기능이라고 생각하지만 그건 발수 기능입니다.

방수는 고어텍스 멤브레인의 반영구적인 성질이고, 발수 기능은 멤브레인 소재 자체에서 나오는 것이 아니라 완제품 단계에서 코팅제를 바르면 생깁니다. 그래서 시간이 흐르거나 세탁과 같은 외부 마찰이 생기면 코팅제가 서서히 벗겨지게 되고, 발수 기능이 떨어지면 물이 겉감에 스며들게 됩니다. 고어텍스인데 왜 방수가 안 되냐고 따질 일이 아니라는 거지요. 물론 발수 코팅이 벗겨져 겉감에 물기가 스며들어도 방수 기능 덕분에 내부의 멤브레인을 통과하지 못해 옷 안쪽까지 물기가 침투하진 못합니다. 발수 기능은 고어텍스의 방수, 방풍, 투습 기능처럼 영구적이지 않으므로 발수 코팅제 등으로 지속적으로 관리해주는 것이 좋습니다.

고어텍스 의류 제대로 관리해야 오래 입는다

아웃도어 재킷은 제대로 세탁하고 관리해야 오래 입을 수 있습니다. 아웃도어 의류가 가지고 있는 발수, 투습, 방수 등 다양한 기능이 손상되지 않도록 세심하게 세탁해야 합니다.

아웃도어 재킷을 세탁소에 맡겨 드라이클리닝을 하면 재킷의 기능성이 떨어집니다. 일반적으로 기능성 재킷은 절대 드라이클리닝을 하면 안 됩니다. 드라이클리닝 용매제가 고기능성 의류의 방수성을 약하게 만들기 때문입니다. 고어텍스 소재는 오히려 물세탁이나 세탁기로 쉽게 세탁할 수 있습니다. 세탁하면 오염물질이 멤브레인의 구멍을 막아 기능성이 떨어질 것이라고 오해할 수 있는데, 오히려 정기적으로 깨끗하게 세탁해주어야 오랫동안 변함없는 내구성과 방수, 방풍, 투습 기능을 유지하게 됩니다.

고어텍스 재킷을 세탁할 때는 지퍼와 벨크로(찍찍이), 단추를 모두 잠그고 40도의 온수에 액체 타입의 아웃도어 전용세제 또는 울샴푸를 풀어줍니다. 손세탁 시 비비기보다 주물러서 세탁하고, 세탁기 사용 시에는 다른 의류와의 마찰로 인해 멤브레인이 긁히거나 손상되지 않도록 세탁망에 넣어 표준 코스에서 단독 세탁을 하는 것이 가장 좋습니다.

피해야 할 것으로는 드라이클리닝 외에도 표백제나 섬유유연제가 있습니다. 또 빨래비누나 가루세제의 찌꺼기, 드라이클리닝 용매제, 탈취제는 재킷의 발수성을 약하게 하는 원인이 될 수 있습니다.

손세탁 후에는 옷걸이에 걸어 통풍이 잘되는 그늘에서 말리고, 건조기 이용 시에는 표준 모드로 약 50~60도에서 20~30분간 건조하면 됩니다. 자연 건조 후 옷과 다리미 사이에 흰 천을 깔고 약하게 (중간 온도 유지, 스팀 사용 금지) 다림질하면 의류 표면의 발수 기능을 회복하는 데 도움이 됩니다. 삼성전자 세탁기는 발수력을 복원시켜주는 '아웃도어 리프레시 기능'을 탑재하기도 했습니다. 하지만 모든 방수, 방풍, 투습 소재가 이렇게 열풍 건조를 견디는 것은 아니며, 내구성이 뛰어난 고어텍스 등 일부 소재만이 가능하므로 옷 라벨에 있는 세탁 방법을 꼼꼼히 살펴보세요.

고어텍스 재킷을 장시간 접어서 보관할 경우에는 접은 부위에 압력이 가해져 옷이 손상될 수 있으므로 옷걸이에 걸어두는 것이 좋습니다. 세탁법만 제대로 지켜도 고어텍스 재킷의 기능성을 오랫 동안 유지할 수 있을 것입니다.

 요약

방수, 방풍, 투습 기능을 가진 고어텍스 소재의 의류는 제대로 세탁하고 관리해야 오래 입을 수 있다. 옷 안에 물이 스며들지 못하게 하는 발수력은 고어텍스 원단을 코팅하여 만든 기능으로, 시간이 지날수록 기능이 약해진다.

Part 4

자동차·전자제품,

모르면

돈 새는 구멍

모르면 당하는
정비업체의 상술

엔진오일

얼마 전, 첫 차를 산 김예슬 씨(28)는 일상적으로 자동차 정비소에 들립니다. 하루는 정비사가 엔진오일을 교체해야 한다고 해서 김 씨는 그 말에 따랐습니다. 김 씨의 이야기를 들은 친구들은 "누가 1,000킬로밖에 안 탄 차의 엔진오일을 갈아? 자동차 공부 좀 해"라며 핀잔을 했습니다. 김 씨가 따지러 가니 정비사는 답답한 표정을 지으며 "원래 새 차는 500~1,000킬로미터 정도에 엔진오일을 갈아줘야 엔진에 무리가 안 가고 더 잘 나간다"며 차를 길들이는 방법에 대해 조곤조곤 설명해 주었습니다. 이야기를 들은 김 씨의 친구들은 "정비사가 사기를 쳤다"고 입을 모았습니다.

엔진오일을 자주 교체하는 것은 돈 낭비

여성 운전자들이 자동차 정비소에 가면 바가지를 쓰는 경우가 많습니다. 공기압을 점검하러 갔는데 정비사들이 차량 점검을 해주는 척하면서 엔진오일 교체를 권합니다. 엔진오일을 교체하지 않으면 엔진에 무리가 가서 주행 중 차가 멈출 수 있다고 겁도 줍니다. 정비사들의 꼼수에 여성 운전자들은 엔진오일 교체 시기가 꽤 남아 있음에도 불구하고 지갑을 열 수밖에 없습니다. 남성 운전자들도 예외는 아닙니다. 엔진오일을 자주 안 갈면 차가 느려진다는 정비사의 말에 넘어가는 경우가 많습니다. 운전 초보자라면 누구라도 한 번쯤은 겪는 일입니다.

엔진오일은 소모품입니다. 교체주기가 늦어지면 엔진이 망가질 수도 있습니다. 그런 면에서 정비사의 말이 틀린 것은 아닙니다. 하지만 주행거리가 1,000킬로미터에 불과한 차의 엔진오일을 갈 필요는 없습니다. 엔진오일을 자주 갈아주는 것이 나쁠 것은 없지만 빈번하게 교체하는 것은 돈 낭비일 뿐입니다. 새 차 엔진에서 쇳가루가 묻어나오니 초반에는 엔진오일을 자주 갈아줘야 한다는 것도 사실이 아닙니다. 엔진오일은 통상적인 기준에 따라 1만~1만 5,000킬로미터 주행 후 교체하면 됩니다. 디젤 엔진은 과거 5,000킬로미터마다 오일을 갈아주는 것이 바람직했으나 지금은 엔진 성능이 개선돼 1만 킬로미터 정도까지는 끄떡없습니다. 다만 오일 양을 수시로 점검해야 합니다. 오일 양이 적정선 안에 있다면 주행 거리와 상관없이 보충해줘야 합니다.

가혹 조건에서 엔진오일의 교체주기는 짧아져

엔진오일은 운전자의 운전 성향에 따라 다르긴 하지만 보통 1만 킬로미터마다 교체하는 것이 적당합니다. 1만 킬로미터가 안 됐는데 교체하라는 건 자동차업체나 정비업소의 상술에 불과합니다. 다만 예외가 있습니다. 현대기아차나 르노삼성, GM 등 자동차회사에서는 가혹한 조건(표 참조)에 해당한다면 권장 교체주기보다 자주 교체해야 한다고 합니다. 자동차회사에서 규정한 가혹한 조건은 다음과 같습니다.

첫째, 가다 서기를 자주 반복하는(브레이크를 자주 밟는) 운전 환경입니다. 브레이크를 자주 밟을수록 엔진의 공회전이 커집니다. 공회전이 많다는 것은 그만큼 엔진오일도 일을 많이 한다는 방증입니다. 액셀러레이터를 밟으면 엔진이 과열되고, 브레이크를 밟아서 멈추고 또다시 엑셀을 밟아서 엔진을 가열하는 과정이 자주 반복되면 오일이 빨리 줄어듭니다. 그 때문에 브레이크를 자주 밟는 환경을 자동차업계에서는 가혹 조건이라고 합니다. 둘째, 짧은 거리를 자주 주행하는(25킬로미터 이내) 운전 환경입니다. 짧은 거리를 자주 운행하면 공회전이 많을 수 있습니다. 먼지가 많은 지역에서 주행하는 차도 환경 조건이 그만큼 나쁘므로 엔진 환경이 나빠질 수 있습니다. 그래서 이런 경우에는 평균적인 교체주기보다 더 자주 교환하는 것이 좋습니다.

시내 위주로 주행하는 경우도 가혹 조건에 해당합니다. 광유는 5,000킬로미터, 세미 합성유는 6,000킬로미터, 합성유는 7,000킬로미터입니다. 혹시 고속도로를 자주 탄다면 3,000~4,000킬로미터를 더해서 교환해도 상관없습니다. 본인의 운전습관과 운행주기에 따라 가혹 조건을 알면 김 씨처럼 정비사의 말에 마냥 속아 넘어가지 않을 겁니다.

자동차의 가혹 조건

1. 짧은 거리를 반복해서 주행했을 때
2. 모래, 먼지가 많은 지역을 주행했을 때
3. 공회전을 과다하게 계속 시켰을 때
4. 산길, 오르막길, 내리막길 등의 주행 빈도가 높은 경우
5. 험한 길(모래자갈길, 눈길, 비포장길) 등의 주행 빈도가 높은 경우
6. 32도 이상의 온도에서 교통체증이 심한 곳을 50% 이상 주행했을 때
7. 경찰차, 택시, 상용차, 견인차 등으로 사용하는 경우
8. 고속 주행(시속 170킬로미터)의 빈도가 높은 경우
9. 잦은 정지와 출발을 반복적으로 주행할 경우
10. 소금, 부식 물질 또는 한랭지역을 운행하는 경우

자료 : 교통안전교육원

엔진오일의 종류인 광유(Mineral Oil)와 합성유(Synthetic Oil)의 차이점도 알아둘 필요가 있습니다. 보통 새 차에 채워져 나오는 엔진오일은 '광유'입니다. 광유는 석유를 정제하고 남은 찌꺼기를 한 번 정제하여 만든 오일입니다. 합성유는 광유를 다시 정제한 후 여러 첨가물을 섞어서 만든 오일입니다. 합성유의 장점은 일반 광유보다 불순물이나 카본의 생성이 적어 엔진 내부에 때가 덜 끼고 오염도가 덜해 소음이나 진동이 줄어든다는 것입니다. 단점은 일반 광유에 비해 비싸

다는 것이지만 교체주기가 길어 오히려 경제적일 수 있습니다.

자동차 관리의 핵심은 냉각수와 엔진오일이라 할 수 있습니다. 이것만 잘 관리하면 오랫동안 차를 몰 수 있습니다. 좋은 엔진오일을 써야 하는 이유는 엔진에 찌꺼기, 즉 '슬러지(sludge)'라 부르는 침전물이 끼지 않아야 연비가 잘 나오고, 오래 탈 수 있기 때문입니다. 그래서 일부 자동차 소모품 업체들이 성능이 좋은 엔진오일을 마케팅하는 겁니다. 이 또한 업체들의 상술 마케팅이기도 합니다. 왜냐면 자동차도 수명 주기가 있습니다. 좋은 엔진오일을 쓴다고 해서 차의 성능이 '확' 달라지는 건 아닙니다. 다만, 소모되는 부분을 최소화해 주는 것이죠. 그래서 업체들은 "이왕이면 좋은 엔진오일을 사용하라"며 마케팅 수단으로 활용하는 것입니다. 자동차를 소모품으로 생각할 것인가 아니면 애용품으로 생각할 것인가에 대한 생각의 차이로 보면 될 듯합니다.

자동차업체들은 주행거리가 늘어날수록 엔진오일의 점성을 맞춰줘야 슬러지가 끼지 않고 좋은 컨디션을 유지할 수 있다고 강조합니다. 맞는 얘깁니다. 일반 광유는 점성 조절이 되지 않기 때문에 엔진 환경에 좋은 조건이 될 수 없지요. 고급 합성유는 섞어서 세세한 점성 조절이 가능하다는 장점이 있습니다.

이러한 장점에도 불구하고 교환 방법이 잘못됐다면 말짱 '꽝'입니다. 일반 정비소나 센터에서 엔진오일을 교환하면 원래 있던 오일을 따라내고 새 오일을 부어줍니다. 찌꺼기는 남긴 채로 말이지요. 이런 식이라면 아무리 좋은 오일을 넣어도 엔진 환경이 그 전과 별반 차이가 없습니다. 이런 문제를 해결하려면 에어와 새 오일로 엔진룸을 청소하고 새 오일을 넣는 '오일 퍼포먼스'를 해야 합니다.

 요약

자동차 엔진오일은 평균적으로 1만~1만 5,000킬로미터마다 갈아주면 된다. 단, 험한 길 주행, 잦은 공회전, 고속 주행 등의 가혹 조건이라면 엔진오일을 더 자주 교체해야 한다.

보관료와 과태료는 덤,
가장 비싼 주차비

견인비

부동산 중개업을 하는 김수준 씨(47)는 손님들에게 전·월세 물건을 보여주느라 도로에 주차하는 일이 잦습니다. "잠깐이니 괜찮겠지"하고 세웠다가 자동차가 견인되는 봉변도 여러 번 당했지만, 일의 특성상 매번 비슷한 봉변을 당할 수밖에 없습니다. 처음에 견인보관소로 달려갔을 때 김 씨는 벌금과 견인보관비를 보고 경악을 금치 못했습니다. 불과 30여 분 보관에 4만 8,500원이 나온 겁니다. 김 씨는 치밀어 오르는 화를 참지 못해 견인기사의 멱살을 잡았지만, 주변의 만류 때문에 진정할 수밖에 없었습니다.

잠깐 세웠을 뿐인데!

김 씨의 사례는 소비자단체에 가장 많이 접수된 사례 중 하나입니다. 여기서 김 씨의 잘못은 불법 주차를 했다는 것입니다. 불법 주차만 하지 않았어도 벌금에 보관료를 물고, 엉뚱한 사람 멱살까지 잡을 일은 없었을 테죠. 불법 주차는 말 그대로 주차를 하면 안 되는 곳에 주차하는 겁니다. 불법 주차를 하면 많은 운전자에게 불편을 끼칠 뿐더러 교통사고의 원인이 될 수도 있습니다.

잠깐 불법 주차를 했을 뿐인데 견인을 당하면 봉변(?)당했다고 표현합니다. 견인지역에 불법 주차를 하지 않으면 뜻밖의 화를 당할 일도 없습니다. 공교롭게도 잠깐 일을 봐야 하는 곳에 꼭 있는 것이 견인지역임을 알리는 표시입니다. 견인 표시를 보고도 "에이, 잠깐인데 괜찮겠지"하는 생각은 화를 자초하게 됩니다.

자동차 주정차 단속은 부정과 불법으로 나누어집니다. 부정 주차와 불법 주차 모두 견인할 수 있습니다. 부정 주차 단속은 거주자 우선 주차구역 내 미지정 자동차에 대한 제재입니다. 주차장법이 적용되어 즉시 견인되고, 견인비와 보관료가 청구됩니다. 불법 주정차 단속은 교차로나 횡단보도, 건널목 등 교통이 혼잡하거나 다수의 보행자가 이용하는 구간에서 이루어집니다. 규정 외 지역이라 하더라도 단속자 판단에 따라 규제할 수 있습니다. 부정 주차는 적발 즉시 견인되기 때문에 주정차 단속 위반 스티커나 견인 스티커가 부착되지 않습니다. 불법 주차의 경우는 단속 후 견인되어 주정차 단속 위반 스티커와 견인 스티커가 붙게 됩니다. 하지만 두 경우 모두 견인 안내장이 부착되는 것이 원칙입니다. 사실 안내장은 타의적으로 훼손되는 일이 많습니다. 그래서 요즘에는 피견인자의 휴대전화나 전화로 견인을 통보하기도 합니다. 당시 현장 사진을 남기기 때문에 연락을 받지 못해 피해를 보았다면 관련 기관에 문의하면 됩니다.

견인은 대행 지정업체가 수행합니다. 단속 시에는 과태료가 부과되고, 견인 후에는 견인비와 보관료도 내야 합니다. 만약 단속 후, 견인 전이라면 과태료만 지불하면 됩니다. 하지만 워낙 순식간에 견인되기 때문에 견인된 후에 발견하는 경우가 많습니다. 잠시 자리를 비운 사이에 차는 견인되고 그 자리에는 경고장만 덩그러니 남아 있는 거죠.

견인된 차를 찾으려면 교부된 안내증과 신분증을 가지고 인근의 견인 보관소로 가면 됩니다. 서울과 지방 대부분 구마다 견인 보관소가 있습니다. 차가 견인된 자리에 붙어 있는 견인 이동 통지서에 견인 전 피견인차의 상태, 보관 차량 인수비용과 보관소 위치 등이 기재되어 있습니다. 차를 찾으러 갈 때 미리 확인하면 도움이 됩니다.

비싸도 너무 비싼 불법 주차 견인비

지금부터가 중요합니다. 차를 찾으러 보관소에 갔는데 금액이 생각보다 많이 나와서 당황하는 경우가 많습니다. 실제로 견인된 것을 확인한 후 바로 찾으러 가도 김 씨의 사례처럼 상당 금액을 지불해야 합니다. 소비자들 입장에서는 당황스럽습니다. 불법 주차를 한 건 잘못이지만 시간이 오래 걸린 것도 아닌데 요금이 과하니까요.

불법 주차 견인비용에는 견인비와 보관료가 포함되어 있습니다. 견인비와 보관료는 조례로 정해져 있습니다. 견인비는 피견인 차의 중량에 따라 4만~11만 5,000원입니다. 보관료는 30분당 700~1,200원 선이지만 1회 보관료는 50만 원을 넘지 않습니다. 기본으로 이 정도 금액이 나오니 김 씨처럼 견인 사실을 알자마자 바로 달려가도 4만 원이 넘는 돈을 내야 하는 겁니다. 견인 한번 잘못 당하면 20만 원도 날릴 수 있다는 이야기가 괜히 나온 게 아닌 거죠.

여기서 끝이 아닙니다. 불법 주차 과태료 딱지도 날아옵니다. 과태료는 4만 원입니다. 과태료는 단속 후 20일 이내에 내면 20%를 감경해주지만, 체납 1개월이 지나면 5%, 2개월이 지나면 1.2%가 가산됩니다. 가산금을 내지 않으려면 과태료를 빨리 내야 합니다. 정해진 견인비와 보관료 외에 추가 요금도 있습니다. 견인지역과 견인보관소와의 거리가 10킬로미터가 넘는다면 추가 요금이 붙습니다.

견인·보관된 차를 1개월 이상 찾아가지 않으면 공매 또는 폐차처리됩니다. 공개 매각 시에는 공단 홈페이지와 공매 사이트에 공고하게 됩니다. 공매나 폐차 후에는 차를 방치한 사람에게 자동차 관리법에 의거, 1년 이하의 징역 또는 300만 원 이하의 벌금을 부과합니다.

단속 과정에서 차가 훼손된 경우에는 견인 전에 찍은 현장 사진을 토대로 이의 신청을 하면 됩니다. 이의 신청은 단속일로부터 10일 이내에, 해당 지역 시설관리공단 주차사업팀에 관계 증빙서류를 첨부해 서면으로 신청하면 됩니다. 피치 못할 응급 상황에서 부정 · 불법 주정차를 했거나, 비용이 과다 청구됐어도 이의 신청을 할 수 있습니다. 해당 구청 교통지도과로 문의하거나 경찰서로 이의 신청을 하면 면제를 받을 수 있습니다. 물론 면제를 받기 위해 이 많은 규정을 다 외우고 다니는 일은 없을 테니, 불법 주정차를 하지 않는 것만이 최선책입니다. 괜히 불법 주차하고 멱살잡이 할 일이 없길 바랍니다.

 요약

자동차가 견인되면 견인비뿐 아니라 보관료에 과태료까지 내야 한다. 주차료 만 원 아끼려다 20만 원에 가까운 비싼 주차료를 내야 하니 불법 주차는 무조건 안 하는 것이 상책.

자차보험 가입 안 돼, 수리비는 온전히 운전자 몫

렌터카

편리한 여행을 위해 렌터카를 이용하는 사람들이 많습니다. 특히 제주도 여행 시 렌터카 이용은 거의 필수지요. 이렇게 렌터카 이용자가 많아지면서 민원도 넘쳐나는 실정인데요. 가장 많은 민원 중 하나는 바로 렌터카 사고의 책임이 누구에게 있느냐는 겁니다. 렌터카 사고가 나면 업체에서 사고 처리를 하는 게 맞습니다. 다만, 사전에 소비자가 사고 보험에 가입했을 경우만 가능합니다. 렌터카 사고 관련 피해자가 속출하는 것은 렌터카 업체들의 무리한 경쟁 때문입니다.

렌터카 비용이 저렴한 이유

렌터카를 운행하던 운전자가 앞차를 들이받는 사고를 냈습니다. 운전자는 계약할 때 종합보험에 가입했고 또 가벼운 사고여서 큰 문제가 없다고 판단했지만, 결과는 그렇지 않았습니다. 수리기간 동안 발생하는 렌터카 회사의 영업 손해까지 보상해야 했습니다. 분명 종합보험에 가입했지만 운전자가 책임을 진 이유는 바로 자기차량손해보험(자차보험)에 가입하지 않았기 때문입니다.

통상 운전자들은 만에 하나 일어날 수 있는 사고에 대비해 자차보험에 가입하지만 렌터카 보험에 가입할 때는 자차보험에 가입할 의무가 없습니다. 여객자동차운수사업법에 따라 렌터카 업체들은 대물, 대인, 자손보험에 가입해야 하지만 자차보험에 가입할 의무는 없습니다. 자차보험은 선택 사항입니다. 누군가 알려주지 않는 이상 운전자는 그 사실을 알기 어렵습니다. 만약 알았다면 자차보험에 가입했겠죠.

렌터카 업체는 왜 자차보험에 대해 안내하지 않을까요? 바로 비용 때문입니다. 렌트카 업체들은 이용객을 유치하기 위해 박리다매식으로 렌터카 가격을 책정하기 일쑤입니다. '렌터카 1만 원'이라는 소셜커머스의 핫딜 상품만 봐도 얼마나 경쟁이 치열한지 알 수 있습니다.

업체에서는 저렴한 가격으로 다가가면서 소비자에게 꼭 알려줘야 하는 내용들을 무시하기도 하는데, 여기에는 단기 자동차 보험도 포함됩니다. 일부 업체들은 비용 절감을 위해 소비자에게 보험비를 받아 챙긴 후 실제로 보험에 가입하지 않기도 합니다. 저렴한 비용에 반해 자차보험 가입 여부는 알아보지 않고, 렌터카 이용 중 사고를 낸 소비자는 렌터카에 대한 피해 비용을 고스란히 떠안게 됩니다. 만약 과실이 70%인 차선 변경 중 가해 사고를 내서 렌터카 수리 비용으로 500만 원이 나왔다면 본인 과실에 해당하는 350만 원을 내야 하는 것이지요.

이런 경우를 대비해 소비자 부주의로 차량이 파손된 경우, 금전적 피해를 최소화하기 위해서 자차보험 가입은 물론 렌터카 이용 전 종합보험 가입 여부와 휴차 보상료 부분까지 반드시 확인하는 것이 좋습니다. 일부 렌터카 업체에서는 부분 자차보험이나 일반 자차보험으로 불리는 값싼 보험을 권하기도 하는데, 이런 보험의 경우 사고 발생 시 수리비 일부와 렌트비 절반을 영업 손실금 명목으로 내야 하니 제대로 확인해야 합니다. 또 완전 자차보험으로 불리는 비싼 보험에 가입해도, 업체가 정한 한도 이상의 수리비가 나오면 소비자가 고스란히 부담해야 하니 계약 내용을 꼼꼼히 확인해야 합니다.

헷갈리는 자차보험과 차량손해 면책제도

이런 경우도 있습니다. 렌트카 운행 중 운전 미숙으로 사고가 났습니다. 운전자는 자차보험에 가입된 상태였습니다. 당연히 면책금과 휴차 보상비만 지불하면 보상 처리가 될 것으로 생각했지요. 하지만 며칠 뒤 날아온 청구서에는 실내 부품값 명목으로 200여만 원이 더 청구돼 있었습니다. 날벼락도 이런 날벼락이 없지요. 자차보험 가입 등 할 건 다했는데, 부품값 보상이라니! 알고 보니 특약사항에 실내 부품은 보험 적용대상에서 제외된다고 되어 있었습니다. 자차보험에 가입했기 때문에 안심하고 있었지만, 사실은 자차보험 상품이 아니었던 것이지요. 그가 가입했다고 알고 있었던 자차보험은 사실 차량손해 면책제도였던 겁니다. 차량손해 면책제도는 렌터카 업체들이 차량 사고 발생 시 휴차료와 수리비를 고객 대신 부담하기 위한 것인데요. 자차보험과 외형상 유사하지만 다릅니다.

계약 당시 자차보험과 차량손해 면책제도, 둘 다 가입하라고 귈했어야 하는 것 아니냐는 항변도 소용없습니다. 자동차대여 표준약관에 따르면, 고객은 차량 대여 시 자차보험 혹은 렌터카 업체가 운영하는 차량손해 면책제도 중 하나를 선택 가입할 수 있습니다. 약관상 문제는 없는 것입니다. 약관만 따지는 업체들은 그저 소비자 탓으로 돌리기만 하면 됩니다.

약관상 문제는 없다고 하지만 소비자로서는 억울한 일이지요. 자차보험에 정상적으로 가입했으면 소모품의 수리비나 교체비는 물지 않아도 됐을 테니까요. 가장 큰 문제는 상당수 이용자가 이 면책제도를 자차보험으로 혼동하고 있다는 점입니다. 자차보험료처럼 일정 금액을 내야 하는 것과 면책금이 있다는 점에서 헷갈릴 수 있거든요.

렌터카 업체들이 차량손해 면책제도에 보상 제외 품목을 지정하는 이유는 분류된 품목들이 주로 고객 부주의로 파손되는 비중이 높기 때문입니다. 이 또한 업체들의 꼼수입니다. 물론 보상 제외 품목

없이 사고 발생 시 면책금을 제외한 나머지 수리비를 부담하는 업체도 있습니다. 다만 상당수 업체의 보상 규정이 고객에게 취약해 소비자들의 주의가 필요합니다.

한 운전자는 저가 렌터카 업체에서 하루 렌탈비가 4만 원인 승용차를 빌렸다가 낭패를 봤습니다. 가드레일과 충돌해 차량 앞부분이 찌그러지는 사고를 냈는데, 렌터카 업체에서 수리비와 수리기간의 휴차료까지 현금으로 청구했습니다. 휴차료를 내는 것은 맞지만, 수리기간이 얼마나 될지도 모르는데 그 돈을 먼저 내놓으라는 건 횡포에 가깝죠. 실제로 정비소에 확인한 결과, 사고 차량은 3일 만에 수리를 마쳤다고 합니다. 업체는 고객이 잠적할 경우를 대비해 미리 돈을 받아뒀다가 정비가 일찍 끝나면 남은 돈을 돌려줄 계획이었다고 해명했지만 말도 안 되는 소리입니다. 만약 업체가 지정 정비소와 짜고 속이려 들면 소비자는 속수무책으로 당할 수밖에 없습니다. 작은 업체일수록 정비소와 짜고 수리기간을 늘려 휴차료를 덤터기 씌우는 경우가 많습니다. 2~3일 만에 수리가 끝난 차를 찾아와 또 다른 소비자에게 렌트해주고, 사고를 낸 소비자에게선 휴차료를 챙기는 식입니다.

해마다 피해 사례는 늘어나고 있습니다. 한국소비자원에 따르면 2016년 1월부터 2019년 6월까지 접수된 렌터카 관련 소비자 피해구제 신청 건수는 총 945건으로, 특히 2019년 들어 작년 동기 대비 36.2% 증가했습니다. 피해 유형별로 분석해보면 사고 수리비 과다 배상 요구가 25.1%로 가장 많았고, 다음으로는 취소 시 예약금 · 대여요금 환급 거부가 21.9%로 많았습니다.

결국 렌터카 업체에 속지 않으려면 싼 이용료에 현혹되지 말고, 지정 정비소에서만 수리해야 한다는 등 약관에 불합리한 조항이 있는지 소비자가 꼼꼼히 챙기는 수밖에 없습니다.

2016년~2019년 6월 렌터카 피해 유형별 현황 (단위 : 건, %)

피해 유형	건수	비율
사고 수리비 과다 배상 요구	237	25.1
예약금 환급 · 대여요금 정산 거부	207	21.9
동일한 사고 면책금 청구	100	10.6
휴차료 과다 청구	88	9.3
계약불이행 등 계약 관련	80	8.5
보험처리 지연 · 거부	57	6.0
렌터카 관리 미흡	50	5.3
연료대금 미정산	25	2.6
기타(견인비, 해외 렌터카, 인도 지연 등)	24	2.5
합계	77	8.2

자료 : 한국소비자원

 요약

렌터카 운행 도중 사고가 나면 업체는 책임지지 않는다. 잘못하면 소비자가 수리비와 수리기간의 휴차료까지 부담해야 할 수 있다. 렌터카 계약 시 저렴한 이용료에 현혹되지 말고, 불합리한 약관 조항이 있는지 꼼꼼하게 살펴라.

렌터카 체크 리스트

□ **렌터카 계약 체결 전 환급 규정 확인하기**

□ **사고에 대비해 '자기차량손해보험(자차보험)'에 가입하기**

자차보험은 비용이 비싸더라도 '일반자차'보다 '완전자차'를 이용하는 것이 좋습니다. '완전자차'를 이용하더라도 예외사항과 면책한도를 꼼꼼히 살펴야 합니다. 특히 수리비 보상 한도, 면책금, 휴차료 관련 규정을 비교·확인하는 것이 중요합니다. 이때 사고의 경중에 관계없이 동일한 면책금을 청구하는 업체, 휴차료를 실제 대여기금 기준으로 산정하지 않는 업체는 피해야 합니다.

□ **렌터카 인수 시 외관 흠집 등 차량 상태를 꼼꼼하게 확인하기**

업체 직원과 함께 차 상태를 꼼꼼히 살펴본 후 이상이 있는 부분의 사진을 찍어 계약서에 기록합니다.

□ **사고 발생 시 업체에 알리기**

사고가 발생했다면 즉시 업체에 알리고 수리 시 견적서와 정비명세서를 보관합니다. 렌터카 사업자와 협의해 정비공장을 정하고 견적서와 정비명세서를 보관하면 향후 있을 수리비 분쟁에 효과적으로 대비할 수 있습니다.

자료 : 한국소비자원

습기 제거력은 탁월,
냉방효과는 없어

제습기

윤희영 씨(38)는 장마철에 꿉꿉한 집안 공기 때문에 큰마음 먹고 제습기를 구입했습니다. 카드대금이 부담스럽긴 했지만 제습기 한 대로 장마철에 쾌적한 생활을 할 수 있다 생각하니, 밥 안 먹어도 흐뭇했지요. 큰 기대를 안고 제습기를 틀자마자 윤 씨는 깜짝 놀랐습니다. 제습기에서 뜨거운 바람이 나오는 게 아닌가요? 가뜩이나 더운데 제습기는 한껏 뜨거운 바람을 쏟아내니, 윤 씨의 황당함은 이루 말할 수 없었습니다. 이럴 줄 알았다면 제습기를 구입하지 않았을 텐데 말입니다.

습기를 빨아들여 열을 배출하는 제습기

장마철 눅눅한 습기는 곰팡이를 번식시킬 수 있습니다. 집안 내 곰팡이가 생기면 피부 가려움증을 유발하고, 아토피의 직접적인 원인도 될 수 있습니다. 그러니 장마철에 집안 습기를 제거해주는 제습기는 도움이 됩니다. 제습기를 쓰면 온도가 내려가 시원해진다는 이야기도 있습니다. 눅눅함도 없애주고 냉방 효과까지 있다고 하니, 소비자들은 장마철마다 제습기 구입을 고민할 수밖에요.

보통 장마철이 되면 습도가 80~90%까지 올라가는데 상대습도는 40~60%로 유지하는 것이 좋습니다. 그래서 공기 중의 습기를 제거해 상대습도를 낮춰주는 제습기가 필요한 거죠. 제습기에 표시되어 있는 용량은 온도 27도, 상대습도 60%의 실내조건에서 24시간 연속 가동할 때 제거되는 습기의 양입니다. 보통 가정용으로 사용되는 것은 6~10리터입니다.

제습기에 대해 소비자들이 많이 오해하는 것이 제습기를 에어컨 같은 냉방기기로 여긴다는 겁니다. 일반적으로 습도가 5% 내려가면 체감온도는 약 1도가량 낮아집니다. 무덥고 습한 여름철 집안 습도는 85%를 웃도니까 제습기를 사용해 적정 습도인 50~60% 선을 유지한다면 약 온도를 5도 정도 낮추는 효과를 볼 수 있습니다. 무더운 여름날, 나무 그늘에 앉아 있으면 시원한 것과 같은 효과입니다. 차가운 공기를 배출해 실제 온도를 차갑게 만드는 냉방 기능과 혼동해서는 안 됩니다. 제습기로 습기를 제거한 후 제습기를 끄고 선풍기를 사용하면 공기가 순환되어 실내 공기의 건조 효과를 크게 느낄 수 있습니다.

제습기를 사용할 때 가장 문제가 되는 것이 제습기에서 뜨거운 바람이 나온다는 것입니다. 잘못 샀다는 생각에 환불을 요구하는 경우도 많지요. 제습기는 에어컨과 완벽하게 같은 장치라고 보면 됩니다. 습하고 더운 실내 공기를 빨아들이면 제습기와 에어컨 안의 액체 냉매가 공기의 열을 흡수합니다. 공기 온도가 낮아지면 품을 수 있는 습기의 양이 줄어들기 때문에 공기 중 수증기가 물로 응축돼 떨어집니다. 열을 흡수해 더워진 액체 냉매는 그 열을 배출해야 합니다. 에어컨은 실외기로 열을 배출하는데, 제습기는 실외기를 몸 안에 가지고 있으니 실내로 열을 배출합니다. 그러니 뜨거운 바람이 나오는 것은 당연하지요. 제습기 제조사들은 제습기의 열을 줄이고, 제습기에서 발생한 열로 다시 전기를 만들어 제습기에 공급하는 방법을 개발하고 있다고 합니다.

제습기도 잘 사용해야 실내를 쾌적하게 유지할 수 있습니다. 과도하게 사용해 습도가 40% 이하로 떨어지면 세균이 활발해져 피부질환이나 기관지질환이 생길 수 있으니 꼭 적정 습도를 유지해야 합니다. 또 제습기는 방문과 창문을 닫고 사용해서 공기순환이 안 되니 사용 후에는 반드시 환기를 해야 합니다. 간혹 제습기에 공기청정 기능이 있다고 오해하기도 하는데, 밀폐된 공간에서 제습기와 냉방기를 함께 사용하면 안구건조증이 생길 수 있으니 피하는 것이 좋습니다. 필터와 물통 청소 역시 필수입니다. 최소 2주에 한 번 필터를 청소하고 물통은 세척 후 말려서 사용해야 합니다.

제습기가 빛을 발하는 공간은 눅눅한 창고, 겨울에도 습한 지하 혹은 옷장 같은 곳입니다. 빨래가 덜 말라 퀴퀴한 냄새가 나는 게 싫다면 제습기가 제격입니다. 제습기는 습기를 제거하면서 뜨거운 바람을 뿜어내기 때문에 빨래가 더 쉽게 마릅니다.

제습기 VS 에어컨 제습능력

에어컨 같은 냉방기기의 제습 기능은 공기 중 수분을 제거하는 것보다 실내 온도를 낮춰 주변 공기를 차갑게 만드는 것입니다. 습도를 조절할 때 관건은 수분을 가진 공기를 얼마나 효과적으로 제거하느냐입니다. 따뜻한 공기는 차가운 공기보다 수분이 많아 건조성능 효율이 높습니다. 하지만 냉방기기로 인해 차가워진 공기는 상대적으로 효과적인 제습이 어렵죠. 에어컨은 온도를 기준으로, 제습기는 습도를 기준으로 제습을 제어하기 때문입니다. 그러니 효과가 다를 수밖에요.

제습기와 에어컨은 제습뿐 아니라 건조 기능도 다릅니다. 제습기로는 젖은 빨래를 건조할 수 있지만 에어컨의 제습 기능으로는 제대로 건조하기 힘듭니다. 제습기 대비 시간이 오래 걸립니다. 시간이 오래 걸린다는 건 그만큼 오래 가동해야 한다는 건데, 전기세를 생각하면 배보다 배꼽이 더 큰 격이지요. 보통 제습기는 소비전력이 적다고 알려져 부담 없이 쓰지만, 에어컨은 전기세에 대한 부담 때문에 오래 틀지 않지요. 이론상 제습기의 소비전력당 제습 능력이 에어컨보다 우수한 것은 사실입니다. 같은 전기에너지를 에어컨은 냉방과 제습에 나눠 쓰지만, 제습기는 제습에만 쓰기 때문이죠.

제습기의 소비전력은 시간당 300와트 내외로 에어컨의 1/5~ 1/6 수준입니다. 에어컨보다 전기세에 대한 부담이 적은 것은 사실이지만 이건 어디까지나 에어컨과 비교했을 때만 그렇지요. 일반 가정용 냉장고의 소비전력 100~200와트와 비교하면 제습기의 소비전력은 200~300와트로 거의 2배에 달합니다. 일단 가동하면 제습기나 에어컨이나 전기를 많이 쓰기는 마찬가지라는 겁니다.

제습기 VS 건조기 건조능력

요즘 필수 가전제품으로 떠오르는 건조기와 제습기 중 어떤 제품의 건조능력이 더 뛰어날까요? 결론부터 말하자면, 건조기의 건조능력이 제습기보다 월등합니다. 물론 사용처에 따라 기능이 다를 수 있지만, 빨래를 건조하는 데 제습기보단 건조기가 훨씬 편리하고 효과적입니다. 제습기는 장마철이나 습기가 많은 곳 전체를 말리는 기능을 가지고 있습니다. 전체 공간을 말려야 하기 때문에 더운 공기가 방 안에 가득 차서 환기를 제대로 하지 않을 경우 오히려 건강에 문제가 생길 수 있습니다. 반면 건조기는 세탁한 옷을 건조하며 먼지까지 빨아들이는 기능을 가지고 있습니다. 건조기가 대중화되기 전에는 제습기 가격이 건조기에 비해 저렴해서 주부들에게 인기였지요. 하지만 100만 원이 넘던 건조기를 최근에는 50만 원대로도 구입할 수 있게 되면서 제습기 수요는 급격히 줄어들게 됐습니다. 뿐만 아니라 제습기 사용으로 누진세 폭탄을 맞은 소비자들은 이미 구입한 제품도 사용하지 않게 되었어요.

전기를 많이 쓰면 전기세를 더 내는 누진세는 총 3구간으로 나누어집니다. 먼저 △1구간 300킬로와트 이하 △2구간 301~450킬로와트 △3구간 450킬로와트 초과 등으로 전기요금은 1킬로와트당 △1구간 93.3원 △2구간 187.9원 △3구간 280.6원입니다. 소비전력 340와트의 제습기를 온종일 틀어 빨래를 말린 가정이 내야 할 전기세는 건조기보다 훨씬 더 많습니다. 소비전력 1,760와트인 건조기의 경우 4식구 기준으로 아무리 많이 사용한다 해도 일주일에 2번 정도일 겁니다. 세탁한 옷을 한두 시간 안에 뽀송뽀송하게 말려서 입을 수 있는데 전기세도 적게 드는 것이지요.

 요약

제습기는 습기를 빨아들여 실내를 건조하게 만들지만 사용 후 환기를 해야 하고 필터와 물통 관리도 잘해야 한다. 제습능력은 에어컨보다 뛰어나지만, 건조능력은 건조기가 더 뛰어나다.

성능이 다를 뿐,
더 좋은 건 아니다

드럼세탁기 & 통돌이 세탁기

혼수·이사철만 되면 가전제품 할인점은 부산합니다. 세탁기 영업 사원들은 한 명의 고객이라도 더 잡으려고 각종 기능을 설명합니다. "드럼세탁기는 통돌이보다 기능이 많고 편리합니다. 공간 활용이 쉽고 세탁도 잘 됩니다. 적은 물에 세탁하니까 전기세도 훨씬 적게 들어요. 그래서 통돌이보다 가격이 더 비싼 겁니다. 가격이 좀 비싸더라도 성능이 좋은 제품을 사면 더 오래 사용할 수 있으니 돈 버는 겁니다." 이런 설명에 넘어가 드럼세탁기를 구입한 소비자들은 생각보다 시원찮은 세탁기의 성능에 많은 실망을 하게 됩니다. 드럼세탁기는 정말 비싼 값을 못하는 것일까요?

드럼세탁기, 기능은 많지만……

통돌이 세탁기보다 드럼세탁기의 기능이 좀 더 많은 것은 사실입니다. 그 기능들 때문에 가격이 비싸다면 그 기능을 사용했을 때 에너지도 적게 소모되어야 합니다. 효율성이 있어야 한다는 말이지요. 효율성도 없는 기능들 때문에 비싼 가격에 파는 것은 안 될 일입니다.

드럼세탁기와 통돌이 세탁기는 각각 장단점이 있습니다. 각각 장단점을 따져보고 용도에 맞게 구입하면 됩니다.

드럼세탁기는 통돌이 세탁기보다 물을 적게 사용하여 물을 절약할 수 있습니다. 세탁 용량 60% 세탁 시 드럼세탁기는 세탁물 1킬로그램에 물 23리터를 사용하고, 통돌이 세탁기는 43리터를 사용하니 거의 2배 정도 차이가 납니다. 또 드럼세탁기는 옷이 서로 엉키는 것을 방지해서 세탁물 훼손이 덜합니다. 특히 장마철에는 드럼세탁기의 효과를 제대로 볼 수 있습니다. 건조나 삶음, 세심 탈수 등 세탁 코스가 다양해서 잘 사용하면 눅눅한 장마철을 쾌적하게 날 수 있습니다. 키 작은 분들은 굳이 허리를 숙이지 않고도 세탁물을 꺼낼 수 있다는 편리함 또한 큽니다.

하지만 전기세가 많이 나옵니다. 건조, 삶음 같은 기능이 추가됐으면 에너지 효율도 극대화했어야 맞는데, 단순히 기능만 추가하고 전기세 폭탄은 소비자들에게 던진 격이나 다름없지요. 전기 효율은 통돌이보다 무려 9배나 떨어집니다. 드럼세탁기는 고온 세탁을 위해 세탁기 내부에 가열장치가 있는 복잡한 구조입니다. 또 세탁물을 비벼주는 힘이 약해서 60도의 고온에서 세탁시간이 오래 걸립니다. 세탁물을 꽉 채우면 회전공간이 없어서 세탁을 하나 마나 할 수도 있습니다. 그러니 전체 용량의 70%까지만 넣어야 세탁이 원활하게 됩니다. 세제는 드럼세탁기 전용 세제를 사용해야 합니다. 드럼세탁기는 물을 적게 사용하므로 거품이 많이 나면 거품이 없어질 때까지 헹구어야 하므로 드럼 전용 세제 사용은 필수입니다.

통돌이 세탁기는 드럼세탁기보다 가격이 저렴합니다. 한국소비자연맹에서 조사한 결과에 따르면, 통돌이 세탁기는 삼성전자 제품을 제외하곤 온수 기능이 없는 대신 10만~20만 원대로 저렴했지만 드럼세탁기는 40만 원대로 2배 이상 비쌌습니다.

또 통돌이 세탁기보다 짧은 시간에 많은 양의 세탁물을 세탁할 수 있다는 장점이 있습니다. 전체 용량의 90%까지 채워도 세탁이 가능합니다. 비벼 빠는 세탁기라 세탁력이 뛰어나고 전기세도 적게 나옵니다. 특히 요즘에는 드럼세탁기의 성능을 가지고 있으면서 저렴한 제품들도 나옵니다. 다만 드럼세탁기보다 세탁물이 엉켜 훼손될 가능성이 큽니다. 세탁물 훼손을 막으려면 세탁물의 지퍼나 단추를 꼭 잠그고 세탁해야 합니다. 물 사용량이 많은 것도 흠입니다. 입구가 위에 있어서 드럼세탁기보다 위쪽 공간 이용이 어려운 것도 단점입니다.

통돌이 세탁기의 원리는 세탁통 아래에 설치된 날개가 좌우 회전될 때 생기는 강한 물살을 이용해서 세탁하는 것입니다. 수질이 좋아 냉수 세탁이 가능한 한국, 일본에서 주로 사용하는 방식입니다. 드럼세탁기는 다람쥐 쳇바퀴처럼 생긴 드럼을 회전시켜 세탁물이 떨어지는 힘을 이용해서 세탁하는 방식으로, 물에 비누가 잘 풀리지 않는 유럽 지역에서 주로 사용합니다.

소음은 일반적으로 통돌이 세탁기가 더 크다고 알려졌지만 상대적으로 드럼세탁기가 큰 편입니다. 소비자원 조사 결과, 세탁 시 소음은 드럼세탁기가 평균 49데시벨(dB), 통돌이 세탁기가 평균 47데시벨로 2데시벨 차이가 났습니다. 탈수 시 소음 또한 드럼세탁기가 평균 58데시벨, 통돌이 세탁기가 평균 56데시벨이 나왔습니다. 물론 모델별로 차이는 있습니다.

세탁 성능을 살펴보면 드럼세탁기가 통돌이 세탁기보다 특별히 세탁이 잘 된다고 평가할 수 없었습니다. 드럼세탁기 60도에서의 세탁 성능과 통돌이 세탁기의 30도 세탁 성능은 비슷한 수준으로 나왔기 때문입니다.

이렇게 각각 장단점이 있는 만큼 어떤 게 좋다고 결론을 낼 수 없습니다. 소비자들의 라이프스타일에 맞는 세탁기를 찾는 게 가장 중요합니다.

제대로 관리해야 깨끗하다

세탁기 관리 방법도 중요합니다. 관리를 소홀히 한 세탁기는 화장실 변기보다 세균이 100배 더 많다는 연구 결과를 본 적이 있을 겁니다. 세탁기 관리를 하지 않고 버려둘 경우 물때와 세제 찌꺼기가 끼고 곰팡이도 번식하게 됩니다.

세탁기 청소법은 의외로 간단합니다. 집에서 흔히 쓰는 베이킹

소다만으로 가능합니다. 먼저 온수를 가득 받는 동안 세탁기 상판의 먼지를 닦아내고 베이킹소다 한 컵과 깨끗한 걸레를 하나 넣은 뒤 통 세척 모드로 돌립니다. 만약 좀 더 강한 세척을 원한다면 빙초산을 사용하는 것도 좋습니다. 세탁기 안에 2/3를 물로 채운 후 빙초산을 한 병 넣고 24시간 동안 불린 다음 걸레를 몇 개 넣고 10~15분 정도 세탁기를 돌립니다. 세탁기 청소는 한 달에 두세 번이 적당하고, 빙초산이나 전용 세제를 이용한 청소는 일 년에 한 번 정도만 해주어도 괜찮습니다. 오래된 세탁기는 전문 청소업체를 통해 본체를 분리하고 씻는 것이 효과적이고요.

세제를 많이 넣으면 세제 찌꺼기가 남을 수 있으니 적당량을 넣어야 합니다. 세탁기 먼지 거름망이나 세제 투입구는 자주 씻어야 합니다. 드럼세탁기 아래 부분에 있는 배수 필터에 껴있는 세제 찌꺼기와 보푸라기 등은 수시로 제거해야 합니다. 그러면 세탁기에 물때가 끼는 것을 어느 정도 방지할 수 있습니다. 세탁기 필터와 고무 패킹에 껴있는 때를 벗기고 습기를 제거하는 것도 중요합니다. 평상시 세탁기 뚜껑을 열어 놓으면 내부가 건조되어 세균 발생을 억제할 수 있습니다.

마지막으로 세탁기를 구매할 때는 평소 세탁물의 양, 세탁기를 놓을 위치, 자주 세탁하는 옷감의 종류를 고려해야 합니다. 양이 많다면 통돌이, 적다면 드럼이 적당합니다. 상하기 쉬운 옷감이 많다면 드럼세탁기가 낫지만 그렇지 않다면 통돌이 세탁기가 적당합니다. 용량 기준으로 1인 가족은 6킬로그램 이하, 빨래를 한꺼번에 몰아서 하는 4인 가족은 10킬로그램, 이불 빨래를 생각한다면 15킬로그램 이상을 구입하는 것이 좋습니다.

 요약

드럼세탁기 성능이 좋아서 통돌이 세탁기보다 비싸다는 것은 오해일 뿐.
드럼세탁기는 통돌이 세탁기와 성능이 다른 것일 뿐 세탁 성능이 더 좋은 것은
아니다. 라이프스타일을 따져 각자에게 어울리는 세탁기를 고르면 된다.

Part 5

광고의
꼼수에
속지 마라

담배의 유해성을 간과한
마케팅의 폐해

아이코스

술과 담배는 그 자체로 백해무익합니다. 인체에 각종 병을 일으키는 원인이죠. 그래서 주식 시장에서는 '죄악 주'라는 꼬리표를 달고 있습니다. 그런데 세계적인 담배회사 필립모리스는 궐련형 전자담배 '아이코스'가 건강에 좋은 담배라고 소개합니다. 아이코스는 전용 담배를 고온으로 가열하는 전자기기입니다. 특수 제작된 담배를 가열하면 증기가 발생하는데, 이 증기에 대해 한국필립모리스와 BAT코리아는 표준 담배(3R4F)보다 유해성분을 평균 90%나 낮췄다고 합니다. 가열되기 때문에 연소 온도까지 도달하지 않는다는 것이지요. 그렇다면 필립모리스의 주장대로 아이코스를 피는 애연가들은 실제로 건강해졌나요? 그 누구도 장담할 수 없습니다.

건강한 담배는 없다

필립모리스는 아이코스에 대해 잎담배를 한번 찌는 과정을 거쳤기 때문에 건강에 좋은 담배라고 소개합니다. 또 "아이코스 증기는 니코틴을 전달하면서도 담배 연기보다 독성이 현저히 낮다"며 "니코틴을 함유한 증기는 실내 공기를 오염시키지 않으며 담배 연기보다 냄새도 훨씬 덜하다"고 밝혔습니다. 애연가들도 아이코스에 대해 획기적이라는 반응 일색입니다. 이미 잎담배를 피우던 애연가 10% 이상이 찐 담배로 갈아타고 있고, 앞으로 궐련형 전자담배가 잎담배보다 더 대중화될 것이라는 증권가의 전망도 쏟아졌습니다.

아이코스의 인기가 절정에 이른 이유는 건강한 담배라는 필립모리스의 홍보 때문이라는 분석이 지배적입니다. 건강에 좋은데 냄새도 안 난다는 장점이 주목받자 잎담배에서 찐 담배로 갈아탄 애연가들은 아이코스에 대해 극찬하기에 이르렀습니다. 다들 잎담배보다 낫다고 입을 모았죠.

아이코스는 정말 건강한 담배일까요? 일각에서는 필립모리스의 아이코스 홍보에 대해 의아한 반응을 보였습니다. 당연히 담배업체의 마케팅 꼼수려니 생각했지만, 필립모리스는 강력하게 아이코스의 건강함을 주장해 파장과 논란이 계속됐죠. 급기야 해당 성분을 보건당국에서 조사하기까지 합니다. 식약처는 타르 수치를 기반으로 가열 담배가 일반 담배보다 덜 유해하다는 근거가 없다며 필립모리스와 배치되는 결론을 내놓았고, 서로 판단 근거를 투명하게 공개하라는 2차 공방이 펼쳐졌습니다. 공방은 여전히 현재진행형이고요.

"

IQOS 3 and *IQOS 3 Multi* are the latest versions of the innovative *IQOS* system which heats tobacco instead of burning it, and presents a better alternative to cigarette smoking.

André Calantzopoulos, CEO Philip Morris International

필립 모리스 홈페이지에서는 아이코스가 덜 유해한 흡연 방식으로, 흡연에 대해 더 나은 대안을 제시한다고 소개하고 있다.

보건당국과 담배업체 간 소송전도 진행되고 있지요. 식약처는 이미 한번 낸 결론으로 어차피 전자담배도 담배라며 건강에는 유해하다고 끊임없이 말하고 있습니다. 관련 업체들도 제품을 팔아야 하기 때문에 건강에 덜 해롭다는 일부 연구 논문을 지속적으로 홍보하며 전자담배의 건강성 노이즈 마케팅을 하고 있습니다.

필립모리스 측 주장을 종합하면, 아이코스가 유해하지 않다는 건 아닙니다. 담배가 유해하다는 건 이미 잘 알려져 있는 사실이지요. 다만 아이코스에는 일반 담배보다 유해물질이 훨씬 적게 들었다는 점을 강조할 뿐입니다. 그런데도 논란은 여전합니다. 필립모리스 자체 연구에서 국제기관이 정한 58가지 유해물질을 ① 흡연자 ② 일반 담배로 흡연하다 금연한 자 ③ 일반 담배로 흡연하다 아이코스로 전환한 자 등 세 그룹으로 나눠 임상 실험한 결과, 유해성이 적다는 결론이 도출됐다고 했죠. 구체적으로 아이코스 발암물질 수치는 담배를 피우지 않은 상태 혹은 그보다 살짝 높았고, 일반 담배보다 가열 온도가 낮아 태운 뒤 나오는 유해물질인 타르가 생기지 않았다고 주장했습니다. 이 같은 주장을 공신력 있는 기관의 자료를 들어 신뢰를 확보하기도 했죠. 영국 임상보건연구원과 공중보건국도 전자담배는 일반 담배보다 95% 덜 유해하다고 공식 발표했고, 미국 FDA도 비연소 담배제품을 위험성이 낮은 대체제품으로 인정했다는 것입니다.

전자담배와 일반 담배의 유해성

전자담배가 잎담배보다 유해성이 적은 것은 맞는 듯합니다. 하지만 어떤 형태의 담배든 인체에는 안 좋은 영향을 미칩니다. 필립모리스 주장대로라면 순한 담배의 판매량이 전체 담배 판매량의 90% 이상을 차지해야 합니다. 순하니까 더 건강에 좋을 것이라고 생각하는 애연가들이 순한 담배를 더 많이 찾을 것이기 때문이죠. 그런데 현실은 그렇지 않아요. 순한 담배의 판매율은 일반 담배를 따라가지 못합니다.

또 유해성이 낮은 담배가 건강에는 더 안 좋다는 연구 결과도 많습니다. 2018년 식약처 분석 결과, 전자담배 3개 제품의 니코틴 평균 함유량(ISO법 기준)은 0.1, 0.3, 0.5밀리그램으로 나왔습니다. 일반 담배(상위 100개 제품 기준)의 니코틴 함유량 0.01~0.7밀리그램과 비슷한 수준이죠. 타르의 평균 함유량은 각 4.8, 9.1, 9.3밀리그램 검출됐는데 일반 담배의 타르 함유량(0.1~8밀리그램)보다 좀 더 높은 수준이었습니다. 특히 암을 유발할 수 있는 유해 물질들도 궐련형 전자담배에서 여럿 배출됐는데요. 포름알데히드는 1.5~2.6마이크로 그램(㎍), 벤젠은 0.03~0.1마이크로그램이 나왔습니다.

흡연자는 자신이 원하는 니코틴 농도에 도달할 때까지 흡연합니다. 흡연량이 줄어들면 담배 연기를 더 깊게 빨아들이고 흡연 시 숨을 멈추고 연기를 길게 폐로 집어넣고 절반 정도 피우던 담배를 끝까지 피우게 되는 것입니다.

건강관리협회에 따르면, 흡연으로 인한 폐암의 위험성은 담배가 순하든 독하든 모두 똑같습니다. 목 넘김이 부드러운 순한 담배나 아이코스처럼 유해성이 적은 담배는 오히려 깊이 들이마시게 되고 더 많은 양을 피우게 되죠. 혈액 속의 니코틴 함량을 일정 수준 이상으로 유지하려는 신체 반응 때문에 니코틴의 체내 흡수량을 자연적으로 늘려 자기도 모르는 사이에 점차 많은 양의 담배를 깊게 피우는 경향이 생기는 것입니다. 간접흡연도 마찬가지예요. 간접흡연의 짧은 노출로도 혈소판이 끈적이게 되고 혈관 내피 손상, 관상동맥 혈류 속도 감소, 심박변이도 감소, 잠재적인 심장 발작위험 증가의 원인이 됩니다. 간접흡연은 건강한 사람의 상기도 변화를 초래할 수 있고, 천식을 앓고 있는 어린이들의 경우에는 증상이 더 심해질 수 있어요.

아이코스의 건강함이 대두되고 있을 2017년 당시 심채철 의원은 필립모리스의 주장이 어림 반 푼어치도 없는 소리라고 비난했습니다. 심 의원은 국회도서관에 '아이코스' 위해성과 관련, 국제 분석

아이코스 유해성 관련 해외 발표 사례

기관	내용	날짜
일본 금연학회 · 호흡기학회	· 건강에 악영향 초래 · 간접흡연 피해 발생 가능해 공공장소 흡연 금지해야	2016년 8월
스위스 베른대학교	· 다양한 발암물질 및 독성물질 함유 · 아세나프텐 295%, 포름알데히드 74% 등 검출	2017년 3월
일본 국립보건의료과학원	표준 궐련담배 대비 타르 61.1%, 니코틴 35.3% 등 감소	2017년 7월
독일 연방위해평가원	일부 성분 농도 감소가 건강 위험 감소시키는지 연구 필요	2017년 8월
	· 니코틴, 타르 함량 제조사 발표와 유사하지만 돌연변이 유발 가능성 · 일반 담배와 배출 성분 달라 타르 수치 단순 비교 무리	2017년 12월
세계보건기구(WHO)	· 일반 담배보다 덜 해롭다는 증거 불충분 · 추가 연구 필요	2017년 10월
중국 국립담배품질감독시험센터	· 표준 궐련담배와 니코틴, 타르 성분 유사 · 표준 권련담배 대비 다른 성분은 80% 이하 수준	2018년 1월
미국 FDA	유해성분 감소했지만 질환, 사망 발생 감소 결과로 보긴 어려워	2018년 1월

자료 : 식품의약품안전처

자료의 수집을 의뢰해 분석한 결과 아이코스에 폐암, 구강암, 위암, 신장암 등의 발암 위험이 있다고 아이코스가 내세우는 건강함을 정면으로 반박했죠. 스위스 베른대학교의 레토 어어 박사도 자체 분석 결과 아이코스는 일산화탄소, 휘발성 유기 화합물(VOCs), 다환방향족 탄화수소(PAHs) 등 암과 관련한 화학물질을 방출했다고 담배업체들이 주장하는 찐 담배의 건강함에 대해 일침을 가했습니다.

필립모리스 측은 즉각 반발했어요. 베른대학교 연구팀이 국제적으로 공인되지 않은 방법으로 실험했다는 겁니다. 쟁점은 아이코스가 일반 담배보다 덜 유해하냐는 것이지만, 원론으로 돌아가면 담배를 두고 유해성을 논하는 것 자체가 어불성설이지요. 그래서 필립모리스가 무리하게 건강한 담배 마케팅을 하고 있다고 말하는 것이고요.

아이코스 등 궐련형 전자담배에도 일반 담배의 모든 유해성분이 들어 있습니다. 담배가 연소하면서 발생하는 연기에는 최소 69가지의 발암물질과 4,000여 종의 화학물질이 포함돼 있습니다. 벤젠, 벤조피렌, 페놀 등 1급 발암물질은 물론, 청산가스, 비소 등 독극물로 분류되는 성분도 나오죠. 필립모리스의 주장은 발화하지 않기 때문에 연기가 날 가능성이 없어서 타르의 영향도 없다는 것인데, 그렇다고 유해하지 않는 것은 아니지요. 찐 담배에 존재하는 일산화탄소와 니코틴은 어떻게 설명할 건가요? 다른 유해성분을 모두 차치하고라도 니코틴만 가지고도 아이코스의 유해성은 차고 넘칩니다.

다시 강조하지만 담배회사가 할 수 있는 마케팅 활동 범위는 넓지 않습니다. 언제나 비판이 따르기 때문입니다. 필립모리스는 이익에 눈이 먼 나머지 이런 기본적인 사실을 간과한 듯합니다. 건강한 담배라니요? 지나가던 강아지도 웃을 소리에 애연가들이 춤을 추고 있으니, 그 또한 한심한 현실입니다.

요약 ━━━━━━━━━━━━━━━━━━━━━━━━━━━━━━━━━━━━━

궐련형 전자담배인 아이코스를 유해성분이 덜한 건강한 담배라고 주장하는 것은 제조사인 필립모리스의 도를 넘은 마케팅. 독성이 낮으면 더 많이 피우게 된다. 담배는 백해무익, 덜 해로운 담배는 없다.

피부는 타고나는 것,
절대 좋아지지 않는다

피부관리실

피부 관리를 꾸준히 받으면 피부가 좋아지는 것이 느껴집니다. 하지만 피부관리실을 다닌다고 피부는 좋아지지 않습니다. 일시적인 관리 효과일 뿐이지요. 전문용어로 '틴달 효과'라고 합니다. 영국의 과학자 틴달이 발견한 원리로, 각질에 수분이 있으면 반투명 젤처럼 되어 기미나 잡티가 안 보이는 현상입니다. 피부관리실에서 보습제를 듬뿍 바르면 서너 시간은 매끈매끈해 보입니다. 그래서 피부가 좋아졌다고 착각하는 것이죠. 그 착각은 막대한 돈을 지불하게 합니다. 대표적인 게 피부관리실 이용권입니다. 한 번으로는 효과를 보기 힘들다며 보통 10회권을 결제하게 만들지요. 하지만 돈 쓰는 만큼 피부가 좋아진다는 생각은 오히려 피부를 망치게 만들 수 있습니다.

관리는 관리일 뿐, 치료가 아니다

피부장벽학회에 따르면, 피부는 신체와 외부 환경이 접촉하는 경계면입니다. 일생 동안 끊임없이 세포 분열과 분화를 통해 새로운 표피를 만들어내는 역동적인 기관이지요. 피부의 가장 중요한 기능은 신체에서 체액이 빠져나가는 것을 막고, 병균과 유해물질이 침투하는 것을 막는 장벽의 역할입니다. 그래서 아무리 관리를 받는다고 해도 근본적으로 변하지 않는 것입니다.

잘못된 피부 관리는 부작용으로 나타납니다. 피부 각질은 각질 형성 세포가 활발한 세포 분열과 분화를 거쳐 생깁니다. 피부 박피술을 이용해 각질을 제거하거나 벗겨내기도 하는데, 과하면 세균 감염의 부작용이 생깁니다. 우리가 아는 것과 달리 피부 각질층은 피부에 해가 되는 조직이 아닙니다. 각질층은 물리적, 화학적 손상을 잘 견뎌낼 수 있는 매우 강한, 피부 장벽의 핵심적인 조직으로 외부로부터 피부를 보호하는 역할을 합니다. 피부관리실에서 해주는 각질 제거가 피부 관리의 능사는 아니라는 얘깁니다. 관리는 관리일 뿐, 치료가 아닙니다. 피부 관리를 받는다고 효과를 기대하기는 어렵습니다. 피부관리실에서 말하는 효과는 소비자들을 현혹하는 과대 광고에 지나지 않습니다.

비전문가들이 마치 전문가인 것처럼 행세하는 것도 문제입니다. 피부과와 피부관리실의 피부 관리는 큰 차이가 있습니다. 피부과에서는 전문의 자격증을 가진 의사가 진료하고 처방을 내면 피부 관리사가 그에 맞는 서비스를 합니다. 의사가 진료하기 때문에 약물 처방이나 의료기기를 이용한 박피술 등 모든 의료행위가 가능합니다. 합법적입니다. 그러나 피부관리실은 다릅니다. 앞에서 말한 모든 행위가 불법입니다. 피부관리실에서 고주파기와 레이저기 등 병·의원용 의료기기를 영업 목적으로 사용하면 불법 의료행위에 해당합니다. 단순 마사지만 하는 피부관리실은 없습니다. 대부분 전문 기계를 들여놓고 영업을 합니다.

이런 이유로 부작용도 많습니다. 피부관리실 이용 후 피부 트러블이 생기는 피해 사례가 대표적입니다. 피부관리실이 피부를 다루는 곳임에도 불구하고 위생 관리가 미흡했던 것이 주원인입니다. 특히 가장 기본적인 수건조차 오염도가 높은 경우가 많습니다. 실제로 피부관리실에서 사용 중인 수건에서 병원성 세균인 황색포도상구균과 녹농균이 검출되기도 했습니다. 그뿐만이 아닙니다. 원래 피부관리실은 자외선 살균기 등 미용기구를 소독하는 장비를 갖추도록 규정하고 있는데, 자외선 살균기를 갖추지 않았거나 고장 난 채로 방치해 놓기도 했습니다. 살균기에 미용기구를 겹쳐 쌓아두는 등 소독 효과를 기대하기 어려운 상태로 두는 곳도 있고요. 일반 냉장고에 음식물과 함께 화장품을 보관하고, 심한 경우에는 신발과 같이 두는 곳도 있었습니다.

피부는 타고나는 것, 돈 쓰지 마세요

피부 관리기기와 관련한 소비자 상담은 2015년 270건, 2016년 291건, 2017년 320건으로 매해 증가하는 추세입니다.

2015년 한국소비자원의 1372 소비자상담센터에 접수된 '피부·체형관리서비스' 관련 소비자 상담은 총 1만 4,169건에 이릅니다. 이중 피부관리실 이용 후 효과 미흡, 부작용 등 '서비스 결과에 대한 불만'이 1,712건(12.1%), 강매, 무면허 의료시술, 의료기기 부당사용 등 '피부미용업소의 부당행위 관련 불만'이 1,041건(7.3%)이나 됩니다. 그래서 서울·경기 지역의 피부관리실(100개)을 대상으로 계약 관련 사항과 의료기기 사용, 무면허 의료행위 실태를 조사한 결과 79개(79%) 업소는 의료기기로 분류돼 영업 목적으로 사용이 불가한 고주파기, 저주파기, 초음파기 등의 기기를 사용하는 것으로 확인됐습니다. 37개(37%) 업소는 미용 문신, 박피술 등 무면허 의료행위를 하는 것으로 나타났고요. 특히 소비자위해감시시스템에 접수된 피부관리실 관련 위해 사례는 총 555건으로 매년 140여 건 이상 발생하고 있습니다. 또 관리 서비스를 받고 난 후 피부염 또는 피부 발진이 발생했다는 사례가 353건(63.6%)으로 가장 많았고 다음으로 코, 입술, 발 등 피부와 피하조직 손상(47건, 8.5%), 피부미용기기(고주파 치료기, 스톤 등)의 잘못된 사용으로 인한 화상(46건, 8.3%) 등의 순이었습니다.

그동안 불법인데 불법이 아닌 것처럼 영업하는 통에 소비자들만 값비싼 비용을 지불해가며 불법 관리를 받고 있었던 겁니다. 피부관리실에서는 일회성 관리보다 여러 번 관리를 받아야 효과가 난다며 패키지 이용을 권하기 때문에 소비자들은 한꺼번에 몇십만 원부터 몇백만 원까지 결제합니다. 이렇게 큰돈이 오가도 가장 기본적인 계약서조차 작성하지 않아 중도에 환불을 받지 못하는 소비자들도 상당합니다.

앞서 언급했듯 피부는 흡수기관이 아니라 방어기관입니다. 사람들은 피부관리실에서 좋은 화장품을 바르면 그 성분이 피부에 흡수되어 피부가 바로 좋아질 거라고 착각합니다. 피부는 무언가를 흡수하는 기관이 아니므로 아무리 좋은 걸 발라도 소용이 없습니다. 비싼 돈을 내고 피부에 좋다는 크림을 발라도 전혀 효과가 없다는 것이죠. 피부 속으로 영양을 넣을 수 있다면, 영양보다 먼저 들어가는 것은 세균일 것입니다. 영양은 피부로 들어가는 게 아니라 실핏줄로 공급되는 것입니다. 피부 세포는 성숙한 다음 수명을 다해 각질 세포가 됩니다. 각질은 피부 보호막 역할을 하고요. 그런데 피부관리실에서 가장 기본으로 받는 것이 각질 제거입니다. 피부를 좋게 한답시고 비싼 돈 줘가며 받았던 관리가 오히려 피부 보호막을 제거하고, 피부 질환까지 덤으로 얻게 만든 셈입니다.

피부는 타고나는 것입니다. 피부관리실의 부작용을 호소하는 피해자는 많지만, 막대한 돈을 투자해 일시적으로 피부가 좋아지는 현상을 마치 관리 효과를 본 것처럼 느끼는 이들 또한 여전히 많습니다. 피부질환을 주로 치료하는 피부과에서도 피부 관리 클리닉을 해줍니다. 치과의사들에게 충치 치료보다는 비급여 진료인 임플란트가 훨씬 많은 수익을 주듯, 피부과에서도 단순 여드름, 피부질환보다 피부 클리닉이 수익에 훨씬 도움이 됩니다. 여드름 치료 환자보다 피부 관리 환자들이 피부과에서 훨씬 대우를 받지요. 양심적인 몇몇 피부과 의사들은 "피부에 돈 쓰지 말 것"을 권합니다. 아무리 노력해도 피부는 좋아지지 않기 때문입니다.

 요약

피부관리실에 다니면 피부가 좋아질 것이라는 것은 착각이다. 피부는 흡수기관이 아니라 방어기관으로, 아무리 좋은 화장품을 발라도 피부에 흡수되지 않는다. 피부는 타고나는 것이다.

유해한 건 맞지만
과민할 필요는 없다

♯ 화장품 유해성분

"우리 아기 피부에 아무거나 바를 수 없지요."

아이 키우는 부모라면 누구나 비슷한 생각을 할 겁니다. 목욕 후 보습은 건조함을 막고 아토피 등 여러 생활 질병을 예방합니다. 보습을 소홀히 하면 각종 피부질환에 시달릴 수 있습니다. 아기 목욕 후 최대한 빨리 보습해주는 이유죠. 그런데 평소 아이에게 발라줬던 보습제가 오히려 아이에게 해를 끼치고 있다면 어떨까요? '경악'을 금치 못하겠죠. 경악을 금치 못할 일이 실제로 일어났습니다.

실리콘 성분으로 수분을 코팅해주는 세타필

2015년 갈더마코리아는 피부보습제로 유명한 '세타필' 어린이 제품을 전면 리뉴얼하여 출시했습니다. 리뉴얼된 제품은 국산 제품보다 2배 이상 가격이 높지만, 피부보습 효과가 탁월해 엄마들 사이에서 굉장한 인기였습니다. 보통 업체들이 제품을 리뉴얼할 때는 디자인이 오래됐거나, 영양성분을 높이는 등의 이슈가 있을 때입니다. 하지만 갈더마코리아가 세타필을 리뉴얼한 이유는 다름 아닌 유해성분 논란 때문이었습니다. 갈더마코리아가 유해성 논란이 있는 자사 제품을 리뉴얼했다는 것은 그 문제를 스스로 인정한 꼴입니다.

문제가 된 성분은 바로 '디메치콘'입니다. 디메치콘은 화장품에 들어가는 주성분 중 하나로, 실리콘 일종입니다. 합성 실리콘을 얼굴에 덕지덕지 바른다고 생각하면 이해가 빠를 것입니다. 디메치콘은 실리콘 성분이기 때문에 코팅 능력과 발림성이 최고라고 할 수 있습니다. 화장품은 수분 유지가 정말 중요하잖아요. 디메치콘을 사용하면 실리콘으로 코팅하는 효과가 있어서 수분 증발을 막아주어 피부가 탱탱해 보입니다. 그래서 화장품 성분으로 활용되는 겁니다. 문제는 이 성분이 휘발성도 가지고 있다는 거예요. 그래서 함량이 많을수록 흡수력이 좋아 보이고 코팅 효과가 계속 올라가는 것이죠.

디메치콘처럼 자연적으로 분해되지 않는 독한 화학물질을 장기간 사용하면 피부 문제에 앞서 여성 불임의 원인이 될 수도 있으니 유의해야 합니다. 성인 여성에게 치명적일 수 있는 성분을 영유아가 매일 얼굴에 바른다면 그에 따른 부작용은 어마어마할 것입니다.

세타필이라는 제품을 믿고 사용한 소비자들이라면 배신감이 클 수도 있을 것입니다. 물론 제품을 한두 번 사용했다고 해서 큰 문제가 생기는 건 아닙니다. 또 단번에 사용을 중지하라는 것 또한 아닙니다. 너무 자주 바르면 문제가 되는 성분이니 주의하라는 겁니다. 문제가 크지 않았다면 세타필 측에서도 디메치콘을 뺀 제품으로 리뉴얼하지 않았겠죠.

유해물질을 차단하는 피부 장벽

실리콘은 디메치콘뿐만 아니라 아모디메티콘, 세틸디메치콘, 사이클로헥사실록세인, 사이클로메티콘, 다이메티콘, 사이클로테트라실록산 등의 성분으로 구성돼 있습니다. 이중 사이클로메티콘은 얼굴과 모발, 향수에 두루 사용되고 있는데, 피부결을 유연하게 개선하거나 피부를 보호하는 데 도움을 주기도 합니다. 또 향수 제조 시 에탄올 대신 사이클로메티콘을 넣으면 알코올 냄새가 줄어들고 증발률이 적어 향이 더 오래 지속됩니다. 이 밖에도 오일 대신 사용할 수 있기 때문에 끈적임을 줄이고 윤기를 더한다거나, 적은 양으로도 부드럽고 고르게 발리도록 만들어줍니다. 또한 피부에 얇은 층을 형성해 수분 증발도 막아줍니다. 이렇게 좋은 성분이지만 과하게 사용할 경우 부작용이 생길 수 있습니다. 그래서 화장품법에 의거해, 실제로 화장품에 들어가는 양은 아주 극소량입니다. 예민한 피부를 가진 소비자나 어린아이에게 사용하는 것은 피해야겠지만, 절대 쓰지 말아야 할 성분은 아니라는 것이 전문가들의 대체적인 의견입니다.

디메치콘 이외에도 수많은 화학물질들이 화장품과 생필품에 사용되고 있습니다. 물론 화학물질이라도 사람에게 무해하다고 판정받은 것도 있고, 아직도 연구 중인 것도 있습니다. 문제는 사람에게 사용하지 말아야 할 물질들이 기업의 욕심 때문에 사용되는 경우입니다.

대표적인 화장품 유해성분으로 파라벤이 있습니다. 파라벤은 미생물의 번식을 억제해 화장품의 부패를 막아주는 화학 방부제입니다. 피부에 잘 흡수되기 때문에 화장품에 사용하면 지방 조직에 축적되어 내분비계를 교란시킵니다. 접촉성 피부염과 알레르기, 여성 유방암을 유발하며, 활성산도를 발생시켜 기미, 주름 발생의 원인이 됩니다. 파라벤이 문제가 되자 화장품 업체들은 앞다투어 '無파라벤'이라는 문구를 넣어 판촉에 열을 올렸습니다.

화장품에서는 발암물질도 대거 검출되고 있습니다. 페녹시 에탄올, 아보벤젠, 부틸메톡시디벤조일메탄, 폴리에틸렌글리콜, 옥시벤존 등이 그것입니다. 페녹시 에탄올은 파라벤의 유해성이 알려지면서 대안으로 사용하게 된 합성 방부제입니다. 알레르기 유발 의심 성분으로 분류되고, 중추신경계에 영향을 미칩니다. 그 유해성이 어느 정도냐 하면, 모유 수유를 하는 여성이 페녹시 에탄올이 함유된 제품을 섭취하면 아기가 구토나 설사를 할 수 있는 정도입니다.

화장품 성분 중에 미네랄 오일이라는 성분도 있는데요. 오일이라고 하면 피부에 좋을 것 같지만 실제로는 그렇지 않습니다. 이름이 그럴듯해 보이는 미네랄 오일은 피부에 막을 형성해 피부를 보호하는 연화제, 방부제입니다. 문제는 미네랄 오일이 석유에서 추출된다는 것입니다. 화장품 원료가 석유에서 나온다니, 정말 충격 그 자체입니다. 미네랄 오일은 기름 성분이 지나쳐 피부 호흡을 방해하고, 자연 보습 인자인 영양과 수분을 차단합니다. 그래서 정상적인 피부 기능과 세포 발육을 방해하고 피부 노화를 촉진해 자기 면역성을 저하시키고 배출능력을 방해해서 여드름과 피부질환을 유발하게 됩니다. 무심코 발랐다간 오히려 피부 노화를 부추기는 꼴이 될 수 있습니다.

피부는 피부 장벽으로 둘러 싸여 있어서 아무리 좋은 성분의 화장품을 바르더라도 효과를 기대하기 어렵습니다. 피부 장벽이 유해물질을 차단하기 때문입니다. 그래서 실리콘 성분인 디메치콘이나 발암물질을 발라도 피부가 견딜 수 있는 겁니다. 하지만 아무리 피부 장벽이 두껍다 하더라도 매일 유해성분이 들어 있는 화장품을 바른다면 분명 몸에 악영향이 나타날 것입니다. 물론 적정량만 바른다면 큰 문제는 없습니다.

유해물질에 공포심 느낄 필요 없어

요즘 현명한 소비자들은 '화해'라는 앱을 통해 화장품 성분에 대해 알아보고 유해성분이 들어 있는 화장품은 구입하지 않기도 하는데요. 일부 기업에서는 화장품 성분을 나쁜 쪽으로만 확대 해석해 마케팅에 활용하고 있습니다. 타사 제품의 성분을 무조건 나쁜 쪽으로 몰아세우고 자사 제품을 그럴싸하게 홍보하는 것입니다. 심지어 유해물질로 천연화장품을 만들어 파는 업체들도 있습니다. 화장품 성분에 대한 과도한 민감성이 부른 부작용이지요.

우리나라 화장품 성분의 안전성은 미국 환경단체인 EWG(The Environmental Working Group)의 화장품 성분 유해도 데이터에 의존합니다. EWG는 화장품 성분에 대해 유해성 연구 결과가 없으면 낮은 등급을 줍니다. 유해도가 제일 높은 것은 10등급입니다. 화장품 또는 방부제로도 사용되는 성분도 유해성 연구 없이 EWG 유해도 점수 1등급을 받는 경우가 있습니다. 1등급이라고 안전하다고 판단하면 안 됩니다. 유해성을 연구하면 10등급도 될 수 있기 때문이죠.

문제는 화장품업계 관계자들이 자기들 마음대로 성분의 안전성을 결정한다는 겁니다. EWG 1~2등급이기 때문에 무조건 안전하다고 광고하는 식입니다. 미국 EWG에서는 1~2등급이 안전하다고 주장한 적이 없습니다. 즉, EWG 화장품 유해도 시스템에 대해 잘 모르는 돈에 눈 먼 자들이 꾸며낸 얘기인 겁니다. 적정량만 바르면 전

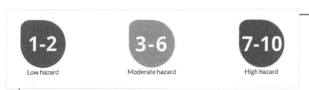

EWG에서는 화장품 유해성에 대한 연구 결과가 없다면 1등급을 준다. 많은 화장품 회사에서는 연구 결과가 없어서 낮은 등급을 받은 것을 유해 성분이 없다는 것으로 포장하여 마케팅을 하고 있다. EWG 등급을 맹신하지 말자.

혀 문제없는 성분을 가지고 소비자들의 공포심을 자극한 마케팅을 펼치는 것이지요.

화장품 성분의 유해성 논란을 꼼꼼히 들여다보면 결국 적정량을 사용하면 문제가 없다는 것이 정답입니다. 스테로이드, 방부제인 파라벤, 합성 계면활성제 사용 이슈가 다 같은 맥락입니다. 스테로이드도 꼭 심각한 염증 반응을 억제해야 할 경우, 적정량을 잘 사용하면 명약이 될 수 있습니다. 한때 발암물질 논란으로 화장품 시장을 들썩였던 파라벤과 합성 계면활성제도 마찬가지입니다. 화장품을 안전하게 보존하기 위해, 깨끗한 세정을 위해서는 적정 기준을 사용하라는 얘기입니다.

 요약

보습, 발림성 등을 위해 화장품에 들어가는 화학물질의 유해성을 극대화하며 마케팅 수단으로 활용하는 제품들이 있다. 하지만 적정량만 사용하면 문제가 없으니 유해성과 관련 없는 데이터나 수치를 제공한 제품 마케팅에 속지 말자.

엄격한 임상시험 없이
무분별하게 허가

♯ 탈모방지 샴푸

중장년층에서나 찾아볼 수 있었던 탈모 환자가 젊은층과 여성층에도 두드러지고 있습니다. 2019년 건강보험심사평가원의 통계에 따르면 탈모로 병원 진료를 받은 사람은 2013년 20만 5,000명에서 2017년 21만 5,000명으로 꾸준히 늘어났으며, 여성 탈모 환자의 비율도 약 45%나 됐습니다. 특히 20대(21.9%), 30대(26.9%), 40대(22.1%) 순으로 2030세대 탈모 치료 인구가 전체의 약 49%를 차지했습니다. 젊은층에서의 탈모 인구 증가는 심각한 외모 콤플렉스를 불러옵니다. 이런 콤플렉스를 이용해서 나온 제품이 바로 탈모방지 샴푸입니다. 탈모가 고민인 사람이라면 누구나 한 번쯤은 사용해봤을 겁니다.

임상시험을 거친 샴푸는 4개 제품에 불과

머리카락이 빠지는 것을 예방한다는 탈모방지 샴푸는 일반 샴푸보다 서너 배나 비싸지만 늘 인기입니다. 시중에서 많이 팔리는 일반 샴푸 3개의 평균 가격은 밀리리터당 36원, 탈모방지 샴푸는 73원입니다. 밀리리터당 126원에 이르는 탈모방지 샴푸도 있었습니다.

물론 값이 비싼 만큼 효과가 있다면 문제는 없습니다. 하지만 탈모방지 샴푸는 비싼 값에 비해 효과가 거의 없는 것으로 드러났습니다. 탈모방지 샴푸의 효과를 증명할 만한 임상시험 결과가 없기 때문입니다. 믿고 구입한 소비자들만 안타깝지요. 임상시험도 하지 않은 무늬만 탈모방지인 샴푸를 비싸게 사서 썼으니까요. 만약 샴푸에 탈모방지 효과가 있었다면 의약외품이 아니라 의약품으로 허가가 났을 것입니다.

이런 사실은 2015년 당시 국회 보건복지위원회 소속 문정림 의원에 의해 밝혀졌습니다. 문 의원은 식품의약품안전처(식약처)가 허가한 821개 탈모방지 샴푸를 분석한 결과, 식약처의 임상시험 기준에 의한 허가 제품은 4개에 불과하다고 밝혔습니다. 821개 중 4개 제품만 임상시험을 했다는 겁니다. 임상시험을 거친 제품은 '려 자양윤모 샴푸액' '알 에이치 샴푸액' '꽃을 든 남자RG Ⅲ' '헤어로스 크리닉 샴푸액' '다모애 테라피 골드 샴푸'입니다. 이들 제품 외에는 임상시험을 하지 않았다는 거지요. 이는 명백히 탈모방지 효과에 대해 검증도 하지 않고 허가해준 식약처의 잘못입니다. 식약처의 허가 기준이 잘못됐으니 제조업체 탓을 하기도 모호합니다.

식약처의 허가 기준은 기존 의약외품으로 허가받은 탈모방지 샴푸와 그 유효 성분 및 규격 등이 같으면 효능 증명을 위한 임상시험을 진행하지 않아도 된다는 것입니다. 그러니까 탈모방지 효과를 직접 증명하지 않아도 해외 문헌 자료에 나온 것과 유효 성분이 같으면 된다는 겁니다. 그러니 탈모방지 샴푸로 허가된 제품이 800여 개가 넘을 수 있었던 것이지요. 무분별하게 허가를 내준 겁니다. 결국 소비자들만 피해를 보게 된 형국입니다.

이런 허술한 허가 기준을 막기 위해 2009년 11월에 임상시험을 해서 효과를 입증해야 한다는 가이드라인이 만들어졌습니다. 그러나 의약외품으로 허가받은 탈모방지 샴푸와 그 유효 성분 및 규격 등이 동일할 경우 효능 증명을 위한 임상시험을 진행하지 않아도 의약외품 탈모방지 샴푸로 허가가 가능하다는 앞선 규정 때문에 가이드라인도 무용지물이 됐습니다. 그래서 800여 개가 넘는 탈모방지 샴푸 중에 임상시험을 한 제품이 4개밖에 안 되는 겁니다. 법부터 개정되어야 해결될 문제입니다.

결국 2017년 식약처는 '탈모 증상 완화 기능성 화장품'을 '의약외품'에서 '기능성 화장품'으로 전환해 관리감독을 더 강화했습니다. 현재는 샴푸·트리트먼트·토닉 등 '탈모 증상 완화 기능성 화장품'으로 유통 중인 41개 제품을 수시로 점검하고 있고, 총 16개 제품에서 1,480건의 허위광고를 적발해내기도 했습니다.

고양이에게 생선을 맡긴 식약처의 무모함

법 개정이 됐지만 식약처 주도하에 임상시험이 이뤄지지 않는다면 그 또한 무용지물입니다. 실제로 식약처가 임상시험을 주도하진 않습니다. 예산 때문에 제조업체가 자체적으로 실험해야 합니다. 물론 그럴 일은 없어야겠지만 이는 탈모방지 효과를 조작 가능하게 해줍니다.

앞서 언급한 4개 샴푸의 임상시험 결과를 보면 놀랍습니다. 이들 제품을 16주 동안 사용한 후 제곱센티미터당 모발 수를 측정했더니 모발 수가 많이 늘어났습니다. 려 자양윤모 샴푸액의 경우 10.6가닥, 알에이치 샴푸액은 8.1가닥, 꽃을 든 남자 헤어로스 크리닉 샴푸액은 4.5가닥, 다모애 테라피 골드샴푸는 11.4가닥이 늘어났습니다. 또 모든 제품에서 모발 직경도 굵어졌습니다. 모발 수도 늘어났고 모발 직경도 굵어졌다면 정말 효과가 있다고 할 수 있습니다. 시험 결과만 보면 거의 의약품 수준입니다. 원래 모발 수가 제곱센티미터당 20가닥 증가하고 굵기가 10마이크로미터 증가하면 의약품 효과인데, 샴푸가 여기에 육박하거나 더 좋은 효과가 났으니 말입니다.

그런데 과연 이것이 제대로 된 결과일까요? 만약 그렇다면 해당 회사는 대박이 났을 것이고, 탈모 환자는 줄어들었어야지요. 그런데 탈모 환자는 계속해서 늘어나고 있어요. 우수한 임상시험 결과에도 말이지요. 그 이면에는 결과를 조작하지 않아도 임상시험의 상황을 변경하는 것이 가능하다는 점이 숨어 있습니다. 모발을 동일한 장소와 조건에서 측정해야 하지만 그런 데이터는 없습니다. 또 머리카락을 물에 적시면 직경이 붙어나는데, 이때 모발 굵기를 측정했다면 효과가 있다고 주장할 수도 있는 것이고요.

참 답답합니다. 감시당국이 감시는커녕 고양이에게 생선을 맡긴 꼴이라니, 참담하기 그지없습니다. 정상적이라면 임상시험을 통한 탈모방지 샴푸에 대한 근거가 있어야 합니다. 물론 그 임상시험도 식약처가 주도해야 합니다. 그래야 결과가 조작되지 않습니다. 예산이 문제라면 소비자단체에 용역을 주는 것도 방법입니다.

지금이라도 의약외품으로 허가받은 샴푸에 대해 임상시험 결과가 없다면 허가를 취소하는 게 맞습니다. 그래야 소비자들의 피해를 막을 수 있습니다.

또 기준에 맞춰서 재허가를 내야 합니다. 유효성이 증명되지 않은 제품을 판매하는 것은 사기나 다름없습니다. 결국 업체의 허위 과대광고를 식약처가 보증해준 셈입니다. 더 아이러니한 것은 식약처가 그렇게 근거가 부정확한 제품을 단순히 제출된 자료만으로 허가해놓고, 허위 과대 광고로 해당 업체들을 적발한다는 사실입니다. 실제로 다모애는 2011년 '탈모 치료 샴푸 다모애'라는 표현을 사용해 의약품으로 오인할 수 있다는 이유로 적발당한 적이 있었습니다. 이 업체는 식약처의 임상시험을 거쳐 허가를 받은 샴푸를 만든 업체입니다.

의약외품에 의한 탈모방지 샴푸는 탈모 방지 또는 모발의 굵기 증가라는 분명한 기능이 있어야 함에도 불구하고, 2009년 식약처 임

대형 마트, 화장품 숍에 진열되어 있는 샴푸들. 제품마다 '탈모방지' '탈모증상 완화' '탈모증상 집중 케어'와 같은 문구를 내세워 탈모로 고민하는 많은 소비자들을 유혹하고 있다.

상 기준을 만족하지 않아도 기존의 동물 실험 결과나 외국 문헌만 제출하면 그 효능을 인정해줍니다. 무분별한 허가라는 지적이 일지만 식약처는 방관만 합니다. 이런 제품을 사용하는 소비자들, 특히 탈모가 진행 중인 환자들은 불분명한 효과에도 불구하고 비싼 값을 지불하고 있습니다. 의료계에서는 의약품보다 효과가 현저히 떨어지는 의약외품으로는 진행성 질환인 탈모를 방지하는 것이 불가능하다는 견해를 쏟아내고 있습니다. 그런데도 탈모 환자가 탈모방지 샴푸에 의존해 중증 탈모로 진행할 때까지 치료시기를 놓치는 사례가 빈번하게 발생합니다.

더는 속으면 안 됩니다. 탈모 관련 제품을 살 때 거짓, 과장 광고나 표시 등에 주의하는 것이 최선입니다. 또 탈모방지 샴푸는 치료 효과가 없는 의약외품이라는 점과 의약품이 아니므로 탈모 예방 목적으로 특정 샴푸에 의존하는 것은 의미가 없다는 것을 명심해야 합니다. 아울러 의약품인 탈모 치료제를 6개월 이상 사용해도 모발 수가 증가하는 효과는 10~15%에 불과합니다.

탈모 치료에는 먹거나 바르는 약물 요법과 모발 이식 등이 있습니다. 치료제는 의사의 처방에 따라 선택하고 때에 따라 병행해야 효과를 볼 수 있습니다. 아예 모낭이 없는 경우라면 모발 이식이 최선입니다. 탈모가 덜 일어나는 옆머리나 뒷머리에서 모낭을 떼어내 앞머리에 심는 것이죠.

너무 잦은 염색과 파마는 모발을 약하게 만들어 일시적인 탈모를 일으킵니다. 심한 다이어트로 인한 영양 불균형도 탈모의 원인이 됩니다. 모발을 건강하게 유지하려면 항상 머리를 청결히 하고 드라이기를 사용하지 않는 것이 좋습니다. 탈모방지 샴푸에 의존하는 것보다 두피를 청결하게 유지하는 것이 오히려 더 효과적일 수 있습니다.

 요약

탈모방지 샴푸의 탈모 예방 효과는 거의 없다. 식약처는 탈모방지 효과를 증명하는 임상시험을 하지 않아도, 이미 허가받은 탈모방지 샴푸와 같은 성분 및 규격을 갖추기만 하면 허가를 내준다.

입소문에 혹했다가
먹튀에 운다

 # SNS 마켓

직장인 왕지영 씨(34)는 2019년에 SNS에서 '아토피에 효과가 있다'는 화장품을 구입하여 사용했다가 호흡이 가빠지는 등 알레르기 반응이 나타나 응급실 신세를 졌습니다. 왕 씨는 문제의 제품을 인스타그램에서 15만 명의 팔로워를 거느린 유명인 A씨의 리뷰를 읽은 후 연관 쇼핑몰에서 구입했습니다. 또 다른 소비자 김주영 씨(38)씨 팔로워 70만 명에 달하는 SNS 셀럽 B씨에게서 '피부재생 효과가 있다'는 피부관리 제품을 구입했습니다. 하지만 제품 사용 후 외출이 힘들 정도로 얼굴이 붉게 달아올랐습니다. 결국 김 씨는 환불을 받았지만 "셀럽 B씨는 여전히 같은 문구로 SNS에서 영업하고 있더라"고 분통을 터뜨렸습니다.

셀럽에 대한 신뢰, 사기로 이어지다

SNS(Social Network Service)는 이제 우리 모든 생활의 접점 한가운데 있습니다. SNS를 통해 안 되는 것이 없고, SNS 없이는 못 사는 세상이 됐습니다. 기업들의 마케팅도 SNS에 집중되고 있지요. 유튜브 영상은 물론 SNS를 통해 모든 것을 유통하고 그 안에서 정보를 얻지요. 그래서 SNS를 통해 물건을 사고파는 일명 'SNS 마켓'이 빠르게 성장하고 있습니다. 온라인 쇼핑업계에 따르면 국내 온라인 C2C(Customer to Customer, 소비자와 소비자 간의 전자상거래) 시장 규모는 해마다 성장해 현재 20조 원에 달하는 것으로 추산되고 있습니다.

셀럽(유명인을 뜻하는 'Celebrity'의 줄임말)들이 구입한 제품은 특별해 보입니다. 이런 맥락에서 SNS상에서 제품을 구입해서 평가하는 SNS '인플루언서'(유명인) 혹은 SNS 셀럽이 생겨났습니다. 이들을 맹신하는 이들이 적지 않아, 이들의 말 한마디에 제품 매출이 천당과 지옥을 오갈 정도입니다. SNS에서 셀럽의 평가는 곧 제품 구매로 이어지는 게 최근의 소비 경향입니다. 누군가가 나보다 먼저 제품을 사용해보고 장단점을 꼼꼼히 알려주는 것만큼 좋은 게 어디 있겠어요? 셀럽들은 SNS상에서 그 누구보다 높은 신뢰도를 자랑합니다. 신뢰를 담보로 하기 때문에 소비자들에게 인기도 있고 영향력도 떨칠 수 있는 거거든요.

2019년 서울시가 발표한 'SNS 쇼핑 이용 실태 및 태도 조사'에 따르면 조사 대상자 4,000명 중 SNS를 통한 쇼핑 경험이 있는 이용자는 과반(2,009명)이 넘는 55.7%에 달했습니다. 유형별로는 인스타그램이 35.9%로 가장 많았고, 네이버 · 다음 카페 · 블로그(24.4%), 카카오스토리(16.3%), 페이스북(16%), 밴드(3.6%)가 그 뒤를 이었습니다. 특히 인스타그램 이용률은 전년도보다 크게 늘었습니다.

SNS를 통해 상품을 구입하는 이유로는 '제품 및 브랜드 관련 소식을 빠르게 접할 수 있어서'란 응답이 39.5%로 가장 많았습니다. 매일 수많은 정보가 새로 올라오는 SNS의 특성이 반영된 결과로 보입니다. 이어 '다른 쇼핑 방법에 비해 가격이 저렴해서'(18.3%), '제품 · 서비스에 대한 정보가 다양해서'(18.1%), '쉽게 구하기 어려운 제품들을 구입할 수 있어서'(16.7%), '광고 · 제품 정보 등이 신뢰감이 들어서'(7.0%) 순이었습니다. 그런데 이런 신뢰가 종종 사기로 이어져 심각한 문제가 되고 있습니다.

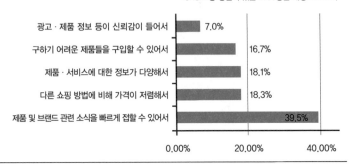

SNS를 통해 상품을 구입하는 이유

*SNS 쇼핑 경험이 있는 2009명을 대상으로 조사

광고 · 제품 정보 등이 신뢰감이 들어서	7.0%
구하기 어려운 제품들을 구입할 수 있어서	16.7%
제품 · 서비스에 대한 정보가 다양해서	18.1%
다른 쇼핑 방법에 비해 가격이 저렴해서	18.3%
제품 및 브랜드 관련 소식을 빠르게 접할 수 있어서	39.5%

0.00% 20.00% 40.00%

자료 : 서울시 전자상거래센터

위법, 편법이 판치는 SNS 마켓

2019년 상반기에 온라인을 뜨겁게 달군 이슈가 하나 있었죠. 바로 '임블리(본명 임지현)' 사건입니다.

이른바 '임블리'라는 SNS 스타의 인기에 힘입어 2018년 1,700억 원의 매출을 냈던 온라인 쇼핑업체. 판매한 호박즙에서 곰팡이가 나왔다는 소비자 항의에 대해 환불을 거부하고 댓글을 차단해 논란이 되었습니다. 이어서 그 쇼핑몰의 화장품을 쓴 일부 소비자들이 피부 질환이 생겼다며 집단 소송에 나섰습니다.

'아토피에 좋다' '피부재생 효과가 있다' 등의 표현은 현행 화장품법상 모두 위법입니다. 식품의약품안전처의 화장품 광고·관리 가이드라인에 따르면 모든 종류의 화장품에는 질병을 진단, 치료, 예방하는 의학적 효과와 관련된 표현을 쓸 수 없습니다. 그런데도 SNS 셀럽들은 수십만 팔로워를 볼모로 체험 후기를 가장해 화장품 효과를 부풀려 판매하고 있는 실정입니다.

서울전자상거래센터에 따르면 2016년 23%였던 SNS 마켓 소비자 피해 경험이 2018년에 28%로 늘었습니다. 특히 인스타그램을 통한 쇼핑 피해가 끊이지 않았습니다. 2018년 센터에 접수된 인스타그램 쇼핑 피해 유형을 살펴보면 '계약취소·반품·환급'이 113건으로 가장 많았고 '운영중단·폐쇄·연락불가'가 13건, '제품불량·하자'가 7건, '배송지연'이 4건, '계약변경·불이행'이 3건, '허위·과장광고 및 기타'도 4건 있었습니다.

한편 한국소비자원이 국내외 SNS 마켓 400여 건을 조사한 결과,

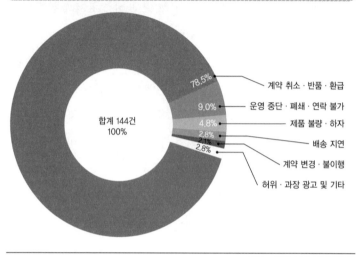

자료 : 서울시 전자상거래센터

청약 철회와 관련해 전자상거래법을 준수하는 곳은 단 한 곳뿐이었습니다. 대부분의 SNS 마켓에서는 '주문제작'과 '공동구매' 등을 이유로 환불이 불가하다고 공지하고 있었습니다. 상호와 대표자명 등 사업자 정보를 알리지 않거나, 일부 항목만 고지한 업체도 30%에 달했습니다. 결제 방식을 안내한 200여개 업체 중 현금 결제만 가능한 곳도 45%가 넘었습니다. 최근 3년간 한국소비자원에 접수된 SNS 마켓 관련 피해 구제 신청은 169건입니다. 주문한 물품을 보내지 않는 등 계약불이행 피해가 68건으로 가장 많았고, 환불을 받지 못하는 등 청약 철회 피해가 60건으로 뒤를 이었습니다.

이렇게 사람들의 피해가 큰 만큼 관련 법 제정이 시급해 보입니다. 다행히 국회 기획재정위원회 소속 심기준 의원은 2019년 7월 8일 이른바 '클린 SNS 마켓법'(전기통신사업법·전자상거래 등에서의 소비자보호에 관한 법률 개정안)을 대표 발의했습니다. 이 법안은 전자상거래업자가 주문제작 상품의 범주를 자의적으로 해석해 환불을 거부하는 등의 행태를 막고, 탈세가 의심되는 SNS 마켓 판매자들에게 국세청이 세금을 부과할 수 있도록 하는 게 핵심입니다.

SNS 마켓에서 피해를 본 사람들은 "인플루언서에게 배신당했다"고 말합니다. SNS를 기반으로 활발한 활동을 펼치며 수만 명에서 수십만 명의 관심과 사랑을 받아온 인플루언서들이 추천하거나 직접 판 물건이라 믿고 구매했는데 기대에 미치지 못했다는 것입니다. 물론 믿는 사람의 뒤통수를 친 그들의 잘못이 가장 크지만, SNS상의 유명세와 인기에 혹해서 유행을 좇아 검증되지 않은 제품을 구입한 소비자의 잘못이 없다고 말할 순 없습니다. 하루에도 출처를 알 수 없는 새로운 소식과 정보들이 삽시간에 퍼져 나가는 SNS. 통신판매업자로 등록되지 않은 개인과 거래를 할 경우에는 피해 보상을 받기 어려우니 SNS 마켓을 이용할 때는 각별히 주의해야 합니다.

 요약

수만 명에서 수십만 명의 팔로워를 거느린 SNS 셀럽들(인플루언서)이 홍보하거나 판매하는 제품을 구입한 후 피해를 보는 소비자들이 늘고 있다. 통신판매업자로 등록되지 않은 개인과의 거래는 피해 보상을 받기 어려우니 각별히 주의해야 한다.

Part 6

무료와 할인의 덫,

빠지면

끝이다

정가를 올린 다음
'특별'하게 할인해준다

특별 세일

"
일 년은 12달이지만 유통업계에는 두 달이 더 있습니다. 추석과 설날에 매출이 보통 때보다 2배 더 오르기 때문에 일 년을 14달이라고 합니다. 근래 들어서는 일 년이 15달이라고 합니다. 어린이날이나 어버이날 같은 누구나 아는 기념일을 비롯하여 밸런타인데이, 화이트데이, 빼빼로 데이, 로즈 데이 같은 언제 생겨났는지도 모를 이름의 수많은 기념일 덕분입니다. 유통업체들은 이 기회를 놓치지 않기 위해 '특별 할인'을 내세워 물건을 판매하고, 소비자들은 높은 할인율에 반해 지갑을 열게 됩니다. 유통업체의 '특별 할인'은 정말 특별한 할인일까요? 아니면 판촉 활동의 일환에 불과한 꼼수일까요?
"

기념일에는 지갑을 열게 하라

기념일 대목을 맞는 유통업체들은 이른바 '데이 마케팅'을 통해 매출을 올리는 데 혈안입니다. 지금 못 팔면 끝장이라는 심정으로 예비 부서들까지 총동원하여 판촉전이 열립니다. 각 업체의 치열한 판촉전은 온갖 꼼수로 이어집니다. 특별한 날인만큼 대폭 세일을 해준다는 업체들의 광고 문구가 끝도 없습니다. 사실 이 같은 할인전은 호객 행위에 지나지 않습니다. 특별한 날의 특별한 세일은 따지고 보면 세일을 빙자한 '바가지'에 불과합니다.

가장 대표적인 기념일이 밸런타인데이와 화이트데이, 빼빼로 데이입니다. 이들 기념일에는 빼빼로와 초콜릿, 사탕이 불티나게 팔립니다. 유통업체가 소비자들을 속이기에 더할 나위 없이 좋은 날이기도 합니다. 기념일이라는 특별함의 의미가 더 커서 평상시 가격보다 더 비싸게 판매해도 대다수 소비자는 잘 모릅니다.

설령 가격이 비싸다고 해도 소비자들은 "일 년에 한 번인데…"라는 생각으로 지갑을 엽니다. 평소보다 약간 비싸더라도 살 수밖에 없는 소비자들의 마음을 악용한 유통업체들은 판촉·할인전을 펼칩니다. 업체들이 내용물보다 포장에 더 신경 쓰는 이유입니다. 그렇다 보니 온갖 아이디어 상품이 등장할 정도로 업체끼리의 경쟁도 치열합니다. 저렴하다는 것이 업체들의 덫인 줄 알지만, 대다수 소비자는 이 날만큼은 속아주자는 넉넉한 마음 씀씀으로 업체들이 일 년을 버틸 만한 매출을 만들어줍니다.

이런 소비 심리를 이용한 상술은 제과업계에서 가장 심합니다.

빼빼로 데이를 맞이하여
마트에 진열되어 있는 빼빼로 상품.
평소에 선보이지 않던 대용량 제품들
이 가득하다.
빼빼로는 20여 년 동안 용량은
6그램 늘어난 반면
가격은 6배나 뛰었다.

제과업체들은 '데이 마케팅'을 통해 덕을 본 정도가 아닙니다. 매출이 하늘로 솟구치는 꿀맛을 보고 있습니다.

롯데제과는 빼빼로 데이 마케팅을 통해 빼빼로 매출이 수직으로 상승하는 효과를 얻었습니다. 빼빼로 데이는 1997년에 처음 만들어졌습니다. 이후 롯데제과는 빼빼로의 용량을 줄이며 가격 유지 → 가격 인상 → 용량 늘리며 가격 대폭 인상 → 가격 인상 → 용량 줄이며 가격 유지 과정을 반복합니다. 빼빼로 데이가 만들어진 1997년에는 40그램에 200원이었던 빼빼로가 2009년엔 30그램에 700원이 됐습니다. 그 후 용량을 파격적으로 늘리면서 가격을 대폭 인상해 42그램이 된 빼빼로의 가격은 1,000원으로 올랐죠. 또 다시 용량을 52그램으로 늘린 대신 200원이 인상됐습니다. 하지만 다시 가격은 그대로 유지한 채 용량을 46그램으로 줄였습니다. 롯데제과는 1997년 이후 빼빼로 가격과 용량을 6번이나 조절했습니다. 20여 년 동안 빼빼로 용량은 6그램 늘어난 반면, 가격은 6배로 뛰었습니다. 이런 과정을 반복하면서 롯데제과는 수천억 원의 매출 판매량을 올렸습니다. 특히 빼빼로 매출의 절반 이상은 빼빼로 데이가 있는 11월에 올릴 정도로 기념일을 활용한 마케팅은 주효했습니다.

롯데제과의 '데이 마케팅'이 통하자 경쟁사들도 이와 비슷한 데이들을 만들었습니다. 해태제과에서는 '에이스 데이', 농심에서는 '새우깡 데이'를 만들었지만 그 어디도 빼빼로 데이의 매출을 넘어서지 못했습니다. 오히려 이들 업체는 이익만을 노리고 소비자들을 현혹한다는 비판만 얻었습니다.

수요가 많으니 비싸게 판다

빼빼로 데이만큼 극성인 게 바로 2월 14일 밸런타인데이입니다. 관련 업체들은 이날만 손꼽아 기다립니다. 평소 초콜릿 판매량은 아주 미미하다가 2월에 일 년 치 초콜릿을 거의 다 판매할 정도로 판매량이 폭발적입니다. 초콜릿의 몸값도 자연스럽게 올라갑니다. 평상시 묶음으로 싸게 판매되던 제품들도 낱개 포장으로 아주 귀한 몸이 됩니다. 하지만 유통업체들의 입에서는 '할인·세일'이라는 말이 되풀이됩니다. 장사꾼은 수요가 많은 제품을 절대 저렴하게 팔지 않습니다. 수요가 많은데 박리다매 식으로 판매하면 오히려 손해입니다.

특히 페레레로쉐 같은 수입산 초콜릿은 평상시 온라인몰에서 1만 원 안팎이면 쉽게 구입할 수 있지만, 밸런타인데이만 되면 가격이 3배 이상 크게 뜁니다. 수입 업체는 기념일이라 더 저렴하게 판매한다며 열심히 광고하고요. 알고 보면 포장 값이 대부분입니다. 비싸도 그날은 특별한 날이니 안 살 수 없는 소비 심리를 아주 교묘히 이용한 상술이지요.

3월 3일 삼겹살 데이도 대형 할인마트에서는 효자 기념일 중 하나입니다. 할인마트에서도 이때만큼은 삼겹살을 아주 저렴하게 판매합니다. 이것도 자세히 알고 보면 손님을 끌기 위한 미끼의 일종입니다. 일단 대형마트들이 선두에 서서 삼겹살 반값 할인 행사를 진행합니다. 마트에 삼겹살만 사러 가는 소비자는 거의 없습니다. 이것저것 장을 봐야 하는데, 그중 삼겹살이 반값이라는 광고 문구는 갈 필요 없는 마트를 꼭 가야 하는 것처럼 만듭니다. 소비 심리가 그렇습니다. 막상 마트에 가보면 정작 반값 삼겹살은 동난 지 오랩니다. 반값 삼겹살을 사러간 소비자는 엉뚱하게 안 사도 될 물건들만 잔뜩 사 오게 됩니다.

'데이 마케팅'의 꼼수로 가장 지탄받는 것은 가격입니다. 기념일에 10% 할인은 이제 기본 공식이 됐고, 이 마켓 저 마켓을 돌아다녀도 할인가를 내세우지 않는 곳이 없을 정도입니다. 가격을 비교할 대상이 없다 보니, 소비자들은 쏟아지는 할인가격을 곧이곧대로 믿을 수밖에 없습니다. 소비자들은 대폭 할인된 가격에 산 후에는 이게 과연 '싸게 잘 산 것일까?'라는 생각이 들게 됩니다.

소비자들이 가격의 딜레마에 빠지게 된 주된 이유 중 하나는 앞에서 언급했듯 업체들이 대목을 노리고 정가를 높게 책정한 후 할인하기 때문입니다. 소비자들이 의구심을 가질 수밖에 없는 거지요. 실제로 그렇습니다. 대부분의 업체는 안 팔리는 평상시보다 조금이나마 팔리는 기념일 장사에서 재고 처리를 합니다. 재고 처리는 땡처리가 아닌, 처음부터 값을 부풀려 놓고 싸게 파는 척하는 거지요. 또 제값보다 할인율이 더 큰 것처럼 포장하는 변칙 할인도 합니다.

필자가 직접 경험한 일입니다. 2018년 겨울에 코트를 구입하기 위해 백화점에 갔습니다. 마침 한국판 블랙프라이데이인 코리아세일페스타 기간이라 코트를 구매할 절호의 타이밍이었죠. 직장인 주머니 사정이 뻔하니 최대한 저렴하면서도 내구성이 좋은 제품을 물색했지요. 마침 빅세일도 한다기에 아내와 저는 눈을 부릅뜨고 신사복 매장을 두루 살폈습니다. 그러다 한 브랜드에서 판매하는 코트를 눈여겨보고 일단 돌아갔습니다. 주말에 다시 백화점에 들러 찜해놓은 코트를 사려고 가격을 봤더니 며칠 전에 38만 9,000원이었던 가격이 48만 9,000원으로 조정돼 있는 것을 발견했습니다. 15%였던 할인율은 25%로 올랐고요. 곧바로 직원에게 며칠 전 가격과 다르다고 말했지만 직원은 '모르쇠'로 일관하더군요.

유통업체들의 '데이 마케팅'이 경기 침체의 돌파구가 될 수는 있습니다. 또 소비자들에게는 소소한 추억거리를 만들어주기도 합니다. 하지만 그 대가로 업체들은 할인율을 앞세워 소비자들을 우롱하는 격이니 씁쓸한 형국입니다. 누군가에게는 큰 것(?)을 바라는 기념일일 수 있지만, 작지만 소소한 선물이 오히려 기념일을 소중하게 추억할 수 있음을 기억해야겠습니다.

요약

특별한 날의 특별 할인에는 일부러 정가를 높인 후 할인해준다는 꼼수가 숨어 있다. 많고 많은 ○○데이는 마케팅의 일환일 뿐이니 분위기에 휩쓸려 지갑을 열진 말라. 선택은 소비자의 몫이다.

옵션과 쇼핑으로
싼 가격을 충당한다

♯ 패키지 해외여행

패키지 여행상품을 이용해서 베트남 하롱베이로 여행을 간 이주영 씨(29)는 외딴 호텔에서 험악하게 생긴 경비원이 사정없이 방문을 두드리며 돈을 요구하자 가이드(48)에게 도움을 요청했습니다. 가이드는 자초지종을 듣고도 "달라는 대로 줘서 보내라"고만 했습니다. 그는 또 여행객들에게 "그 돈 내고 왔으면 1인당 20만 원은 쓸 생각한 거 아니냐"며 비경 투어, 레스토랑 뷔페, 야간 시티투어 등 20~80달러에 이르는 옵션들은 물론 쇼핑도 강요했습니다. 귀국 후 이 씨는 여행사에 항의했고, 여행사는 문제를 인정하고 해당 가이드에게 일을 맡기지 않기로 했습니다. 부작용에 대한 책임도 통감한다면서요.

패키지 여행상품의 두 얼굴

해외여행을 가려면 항공권 발권부터 호텔 예약, 여행 일정 등 챙겨야 할 것이 많습니다. 이런 번거로움을 없애주는 것이 패키지 여행상품입니다. 돈만 내면 여행사가 알아서 다 해주니 신경 쓸 일이 거의 없어서 편리합니다. 또 자유여행보다 저렴하기도 해서 많은 여행객들이 패키지 여행상품을 이용하고 있습니다.

하지만 패키지 여행상품이 자유 여행보다 훨씬 비싸고 위험한 면도 있습니다. 간혹 TV홈쇼핑에서 판매하는 패키지여행은 저렴한 만큼 상술과 꼼수가 숨겨져 있다는 것을 알아야 합니다. 무턱대고 계약했다간 여행의 즐거움은커녕 스트레스만 받고 오는 여행이 될 수도 있습니다. 가이드에게 봉변을 당하는 일은 물론 불필요한 쇼핑과 옵션을 반강제로 해야 하는 사례가 빈번합니다.

패키지 여행상품을 이용하는 소비자들의 피해는 해마다 발생하고 있습니다. 2016년 1372 소비자상담센터에 접수된 해외여행 관련 상담은 1만 8,457건으로 2010년 대비 153%나 증가했습니다. 주로 계약해제, 일정 변경, 사고보상 미흡, 쇼핑 및 옵션 강요 등의 피해가 많은 것으로 나타났습니다. 이 피해 유형은 여행 소비자들에게 단골메뉴처럼 등장합니다. 개선되지 않고 반복되는 이유는 일단 대형 여행사와 소형 여행사, 그리고 가이드로 이어지는 하도급 구조에 따른 문제와 상품을 쉽게 포기하지 못하는 여행사 간 가격경쟁 구도가 맞물려 있기 때문입니다. 이 구조를 이해하기 위해서는 먼저 '여행업'에 대해 이해해야 합니다.

전국 1만 5,000여개 여행사 중 70%는 직원수 10명 미만의 영세업체가 대부분입니다. 여행사는 크게 도매, 소매, 직판여행사로 나누어지는데 도매여행사는 하나투어, 모두투어 같이 홀세일을 하는 곳을 말합니다. 소매여행사는 본사에서 기획한 상품을 고객에게 팔죠. 직판여행사는 상품기획부터 판매까지 모두 해결하는 노랑풍선이나 참좋은여행, 인터파크투어 같은 곳을 말합니다. 그리고 또 하나, 바로 현지 여행사인 '랜드(Land)사'가 있습니다. 상품 기획과 진행, 가이드 선발과 운용은 모두 랜드사 소관이죠. 국내 여행사는 여행객을 모집해서 보내면 할 일을 끝낸 겁니다. 그 이후에는 현지 랜드사가 다 알아서 진행합니다.

문제는 소비자가 결제한 여행비용입니다. 국내 여행사가 일부 비용을 갖고 나머지는 항공료나 숙박비 등으로 사용합니다. 하지만 저가 상품의 경우 이 과정에서 적자가 발생할 수밖에 없습니다. 여행객이 낸 돈으로 여행 원가가 충당되지 않는 것이지요. 랜드사는 이런 적자를 떠안고 행사를 진행하는 것입니다. 패키지여행에 쇼핑과 옵션이 덕지덕지 붙는 원인이 바로 여기에 있습니다.

적자를 만회하기 위한 옵션과 쇼핑 강요

랜드사는 매장에서 받는 수수료나 옵션 차액으로 적자를 만회하고 수익을 냅니다. 가이드와 그 돈을 나눠 갖고요. 가이드는 여행사 소속이든 일용직이든 월급을 받지 않기 때문에 이들 역시 여행객이 물건을 많이 사고 여러 옵션을 선택할수록 돈을 벌게 됩니다. 가이드도 돈을 벌어야 하니 자신이 담당하는 여행객에게 쇼핑과 옵션을 부추기거나 강요하게 되는 겁니다.

물론 노 옵션, 노 팁 여행상품도 있습니다. 모든 옵션이 가격에 포함되었기 때문에 특가 패키지 옵션 상품과 비교하면 약간 비싼 편입니다. 가격 차이가 크게 나지 않는다면 노 옵션 상품을 선택하는 것이 좋겠지요. 하지만 막상 여행을 시작하면 이야기는 달라집니다. 가이드의 쇼핑 압박이 시작되거든요. 보통 여행객이 쇼핑하는 금액 중 3~5%는 이른바 가이드의 몫인데, 팁과 옵션비를 챙기지 못한 가이드는 쇼핑 수수료라도 챙겨야 한다는 생각에 구매를 강요할 수밖에 없는 것이죠.

무늬만 노 옵션 상품이지 유료 옵션 추가가 없으면 가이드의 쇼핑 압박이 더해지니 결국 제자리입니다. 처음 여행상품을 기획할 때 이렇게 저가 상품을 만들지 않으면 되는데, 그렇게 되면 랜드사가 적자입니다. 랜드사가 적자를 안고 여행업을 할 이유가 없는 겁니다. 국내 여행사들은 이런 고질적인 문제를 알고 있지만 저가 패키지를 버리지 못하고 있습니다. 여행객들이 저렴한 상품으로 몰리기도 하고 대형 여행사가 저가 상품을 유지하기 때문이죠. 대형 여행사의 행태부터 바뀌어야 이런 문제가 해결될 수 있습니다. 근본적인 원인은 가이드가 아닌 패키지 여행상품 자체의 구조적 문제니까요.

피해를 줄이기 위해선 준비를 철저하게 해야 합니다. 먼저 유사 피해사례를 꼼꼼히 살펴봐야 합니다. 유경험자들의 말을 귀담아 들

패키지 여행상품 페이지에 나오는 쇼핑 관련 안내문.
대부분의 저가 패키지 여행상품에는 쇼핑 옵션이 포함되어 있다.
쇼핑 및 옵션을 원치 않는다면 노 옵션 여행상품을 선택하는 것이 좋다.

고 비슷한 사례가 발생했을 때 어떻게 대처할지 충분히 고려해야 합니다. 소비자와 여행사 간 분쟁이 일어날지도 모르는 부분에 대해 숙지해야 합니다. 특히 글로벌 숙박·항공 예약 대행업체들은 대부분 해외 사업자들로 소비자 피해 발생 시 해결이 어려운 경우가 많습니다. 특히 '환급불가' 상품을 예약한 경우 일정 변경 등이 생겨도 예약 내용을 바꾸거나 지급액을 환급받기 어려우므로 유의해야 합니다.

숙박·항공 예약 대행 사이트 관련 소비자 피해를 예방하기 위해 ▲예약 대행사가 홈페이지를 통해 제시하는 거래 조건이 숙박업소나 항공사에서 제시하는 개별 거래조건보다 우선하기 때문에 예약 대행사의 환급·보상 기준을 정확히 확인한 후 예약할 것, ▲결제 시스템 문제로 중복 결제가 발생할 경우 예약 대행 사업자에게 신속히 해결을 요청할 것, ▲사업자 연락 두절 및 사이트 폐쇄 등의 문제가 발생할 경우 증거 자료를 모아 신용카드사에 차지백 서비스 신청하기 등을 알아두어야 합니다.

이렇게 하더라도 보상을 받기가 쉽지 않습니다. 여행사는 소비자 분쟁해결 기준에 따라 보상해주고 있는데, 그 또한 가이드에 관련된 보상 내용은 마련돼 있지 않고 보상을 받더라도 가이드비용 정도만 환불해주는 것이 전부입니다.

만약 패키지여행 중 현지에서 가이드가 추가 옵션이나 쇼핑을 강요한다면 현지에 파견된 여행사 직원이나 여행사에 전화해 민원을 제기하여 가이드를 교체할 수 있습니다. 폭언이나 추가 비용 요구가 있을 때는 이를 입증할 수 있는 근거 자료를 남겨두는 것이 좋습니다. 만약 피해가 생기면 이 또한 보상받을 수 있도록 사전에 여행사와 계약을 맺는 것도 피해를 줄이는 방법입니다.

 요약

여행사 입장에서는 저렴한 패키지 여행상품으로 수익을 내기 힘들다. 현지 여행사는 적자를 만회하기 위해 여행객들에게 추가 옵션과 쇼핑을 강요하게 될 수밖에 없다.

촬영은 무료지만
사진은 유료

무료 사진 촬영권

박지원(30) 씨는 집 근처에 오픈한 식당에서 무료 가족사진 촬영권을 받았습니다. 마침 가족들과 사진 촬영을 계획하고 있던 박씨는 가족들과 함께 사진관을 찾았습니다. 사진관에서는 무료 촬영은 4인 기준이라 인원이 초과되니 추가 요금을 내라고 했습니다. 사진 촬영 후에는 액자도 구입해야 했습니다. 박 씨는 울며 겨자 먹기로 액자를 구입했지만, 따지고 보니 일반 사진관에서 사진을 찍고 액자까지 만들어주는 가격과 별 차이가 없었습니다. 박씨는 속상했지만 '세상에 공짜는 없다'는 진리를 새삼 깨닫게 되었다며 한숨만 쉴 수 밖에 없었습니다.

무료 사진 촬영권은 미끼일 뿐

도로변의 전단 광고나 사진관 앞의 홍보 문구로 흔히 볼 수 있는 무료 사진 촬영권. 진짜로 무료인 줄 알고 사진을 찍었다가는 낭패를 보기 십상입니다. 일단 손님을 모으기 위해 무료라는 홍보 문구를 내세우고, 이를 이용해 물건을 판다거나 소비자의 지갑을 열게 하는 일종의 꼼수입니다.

무료 사진 촬영의 꼼수는 다양합니다. 요즘 부모들 중에 아기 성장앨범을 안 만드는 사람이 거의 없을 정도로 성장앨범이 인기입니다. 성장앨범은 산모의 만삭 사진부터 신생아, 50일, 백일, 6개월, 돌까지 아기가 성장하는 모습을 사진이나 디지털 앨범으로 구성해 판매하는 사진 촬영 서비스입니다. 소비자들은 주로 산부인과 · 산후조리원과 임신 · 출산 · 육아 관련 박람회, 예비엄마교실, 임신 · 출산 인터넷 카페의 스튜디오 이벤트 등을 통해 무료 촬영권(만삭 사진부터 아기 출생 후 50일까지)을 받은 후 성장앨범을 계약하고 있습니다.

성장앨범이 인기를 끌면서 관련 피해 사례도 늘었습니다. 1372 소비자상담센터에 접수된 성장앨범 관련 소비자 불만 건수는 매년 수백 건씩 증가하고 있습니다. 주로 '계약 해제 및 해지' 관련 피해가 컸고, 무료 촬영권이란 말에 충동적으로 계약했다가 해지를 요구하면 계약금을 반환해주지 않는 사례도 많았습니다. 또 무료 촬영권을 이용해 사진을 촬영한 후 사진 품질이 마음에 들지 않아 계약을 해지하려고 하면 촬영비용 등을 이유로 과다한 위약금을 요구하기도 했습니다. 사진관 폐업, 연락 두절 같은 사례도 있었고요.

신정미 씨(31)는 얼마 전 초음파 검진을 위해 동네 산부인과에 갔다가 무료 사진 촬영권을 받았습니다. 산부인과 바로 옆 사진관에서 만삭 사진을 무료로 찍어준다는 쿠폰이었죠. 촬영 당일, 사진 촬영은 5분 정도밖에 걸리지 않았지만 아기의 성장앨범에 대해 30분간 설명을 들어야 했습니다. 성장앨범 비용은 200만 원에 육박했습니다. 신 씨가 망설이자 사진관 측에서는 성장앨범을 계약하면 만삭 사진이 무료지만 그렇지 않으면 비용을 내야 사진을 준다는 황당한 이야기를 했습니다. 결국 신 씨는 10만 원을 내고 CD를 받아올 수밖에 없었습니다. 이런 일은 비단 신 씨만의 사례는 아닙니다.

요즘은 대부분의 산부인과가 사진관과 연계되어 있고, 산후조리원도 연계된 스튜디오가 있어서 산모들이 겪는 피해 사례는 거의 비슷합니다. 보통 아기 50일 사진 무료 촬영권을 주고, 50일이 되어 아기를 데리고 가면 그때부터 백일 사진 계약을 유도합니다. 육아 박람회에서 무료로 제공되는 사진 촬영권도 아이를 생각하는 부모의 마음을 이용한 업체의 꼼수입니다.

사진관 입장에서는 광고나 영업을 하는 데 한계가 있습니다. 지나가다가 구경을 이유로 들어가볼 수 있는 곳이 아니니 무료로 사진을 촬영해준다는 쿠폰을 마케팅 수단으로 사용하는 것이지요. 선택은 소비자의 몫이니 미리 잘 알아보고 현명한 선택을 하는 것이 중요합니다.

성장앨범 계약도 해지 가능해

만약 '출산 · 육아박람회' 등 사업자의 사무실 외 장소에서 아기 성장앨범을 계약한 경우에는 방문판매 등에 관한 법률에 따라 계약일로부터 14일 이내에 청약 철회가 가능합니다. 스튜디오에서 계약했더라도 아기 성장앨범은 한 달 이상 계속하여 상품이나 서비스를 공급하는 '계속 거래'에 해당하므로 청약 철회 기간이 지났더라도 방문판매 등에 관한 법률과 소비자분쟁해결기준에 따라 계약을 해지할 수 있습니다.

그러나 소비자의 변심으로 계약 해제 및 해지를 요구할 경우에는 소비자분쟁해결기준에 따라 사진 촬영 개시 이전에 총 요금의 10%를 부담해야 합니다. 촬영이 시작된 후에는 '무료 촬영권'이었다 할지라도 이미 촬영된 단계비용과 더불어 잔여대금의 10%를 부담해야 합니다.

성장앨범은 계약 기간이 길고 액수가 큰 만큼 앨범 대금을 한꺼번에 선불로 결제하지 않도록 합니다. 앨범 대금을 선불을 받은 사진관이 '먹튀'하는 사례가 심심찮게 발생하기 때문입니다. 2014년 일산의 한 스튜디오 대표는 56억 원에 이르는 앨범 대금을 받고 잠적했는데, 피해자만, 2200여 명에 이르렀습니다. 2019년에도 600여 명에게 앨범 금액을 받아 잠적한 스튜디오 대표가 구속되기도 했고요. 돈도 돈이지만 그동안 촬영한 원본 사진을 받을 수 없는 것이 가장 큰 문제입니다.

성장앨범을 계약할 때는 앨범 대금을 사진 촬영 단계별로 나눠서 지급하고, 될 수 있으면 신용카드 할부로 결제하도록 합니다. 한 꺼번에 앨범 대금을 지급한 후 결제기간이 남아 있는 상태에서 사업 자의 폐업이나 계약 불이행 등의 문제 발생 시 신용카드사에 항변권 행사를 하면 남은 할부금액의 지급을 거절할 수 있기 때문입니다.

 요약

넘쳐나는 무료 사진 촬영권에 혹하지 마라. 막상 사진관에 촬영하러 가면 추가 비용과 조건이 덧붙여져 일반 촬영과 비용 차이가 크게 나지 않는다. 성장앨범 같은 경우는 신용카드 할부로 결제하여 만약의 경우에 대비하는 것이 좋다.

야금야금
돈 먹는 하마

생활용품 렌탈비

인천에 사는 강희수(32) 씨는 임신 7개월에 접어들자 정수기 렌탈을 계약했습니다. 곧 태어날 아기에게 수돗물이나 생수를 먹이는 게 찝찝했기 때문입니다. 강 씨는 월 렌탈비 1만 9,900원을 36개월 동안 사용하는 것으로 계약했습니다. 계약 만료까지 낼 돈을 계산해보니 71만 6,000원에 이르렀습니다. 정수기와 함께 비데도 월 렌탈비 1만 5,000원을 3년 동안 사용하는 것으로 계약했는데, 총액을 계산해보니 54만 원에 이르렀습니다. 비데를 일시불로 구입할 경우 저가형은 10만 원대면 구입할 수 있습니다. 물론 렌탈비에는 관리비가 포함돼 있었지만, 강 씨는 괜한 짓을 한 것 같아 마음이 무거워졌습니다.

렌탈비, 따져보면 제품 판매가보다 비싸

렌탈은 월 사용료를 지불하고 제품을 대여해서 사용하는 방법입니다. 약정기간이 지나면 소비자에게 소유권이 이전되는, 일명 소유권 이전형 렌탈이 대부분입니다. 리스는 월 사용료를 지불하고 제품을 대여한다는 점은 렌탈과 같지만, 약정기간이 지나면 소비자가 제품을 구매할지 말지를 결정한다는 점이 다릅니다. 소비자 입장에서는 한꺼번에 목돈이 나가는 것보다 매달 조금씩 비용을 지불하는 렌탈이 부담이 없어서 선호하는 편입니다. 국내 렌탈 시장이 수조 원을 형성하고 있는 이유입니다.

국내 대표 렌탈 업체인 코웨이, 청호나이스, SK매직 등의 렌탈 판매량은 매년 증가하고 있습니다. 2019년 8월 현재 웅진코웨이의 총 렌탈 계정 수는 한국 609만, 해외 129만입니다. 후발업체인 SK매직은 6월 말 기준 168만 계정을 돌파했습니다.

렌탈의 인기 요인으로는 경기 침체, 렌탈에 대한 소비자의 인식 변화, 제품 다양화 등을 꼽을 수 있는데, 무엇보다 제품에 대한 관리가 가장 큰 몫을 차지합니다. 웅진코웨이는 렌탈 업계 최초로 코디 시스템을 도입했습니다. 현재 약 1만 3,000여 명의 코디가 가전제품이 설치된 기업이나 가정을 직접 방문해 관리를 해주고 있습니다.

요즘 인기 있는 렌탈 용품으로 빼놓을 수 없는 것이 바로 안마의자입니다. 안마의자 시장은 2007년 약 200억 원에서 2014년 2,400억 원, 2018년 7,500억 원 규모로 확대되고 있는 추세입니다. 12년 만에 30배 가까운 성장을 기록한 셈입니다.

전국 직영 전시장 124호점을 돌파한 바디프랜드는 안마의자 시장의 중심이라 할 수 있습니다. 바디프랜드 매출액은 2017년 4,130억 원에서 2018년 4,505억 원으로 9%가량 증가했습니다. 같은 기간 영업이익은 884억 원에서 509억 원으로 42% 감소했지만, 업계에선 드물게 두 자릿수 영업이익률(11%)을 이어가는 기염을 토하기도 했지요. 예전보다 안마의자의 필요성이 높아졌고, 경제적으로 생활 수준이 높아진 것이 안마의자 시장이 성장하게 된 요인이라고 할 수 있습니다. 바디프랜드 같은 경우에는 안마의장 시장에서 최초로 렌탈 방식을 도입했다는 점이 중요한 성장 요인이라 할 수 있습니다. 일시불로 구입하면 가격이 부담되는 안마의자를 저렴하게 이용할 수 있게 되니 소비자들이 몰린 겁니다.

바디프랜드는 2010년 TV홈쇼핑에 진출해 렌탈 방송을 시작했습니다. 39개월 동안 월 4~5만 원의 렌탈비만 내면 기간 내 무상 AS 서비스를 받을 수 있고, 기간이 만료된 후에는 고객에게 소유권을 이전하는 시스템으로 시작했습니다. 이쯤 되면 전체 매출에서 렌탈이 차지하는 비중을 무시할 수 없는데, 바디프랜드의 경우 렌탈과 일시불 판매의 비중이 7:3 정도입니다. 바디프랜드가 인기를 끌자 쿠쿠전자, 코웨이, SK매직 역시 안마의자 렌탈 시장에 뛰어들었습니다.

렌탈 업체들은 안마의자뿐만 아니라 생활용품 전반에 침투하고 있습니다. 렌탈 시장이 급격히 성장하다보니 소비자들도 혼동스럽죠. 렌탈 업체들이 많다보니 어떤 제품을 얼마에 이용할지를 늘 따져보고 고민합니다. 한번 결정하면 1~3년을 사용해야 하기 때문인데요. 사용 기간이 짧은 소모품이 아닌 정수기, 공기청정기, 에어컨, 음식물처리기 등의 제품을 집에 들이기 위해서는 여러 가지 조건을 따져볼 수밖에 없는 겁니다. 그런데 아무리 따져 봐도 제품을 구매하는 비용보다 렌탈비가 곱절은 더 비쌉니다. 예를 들면 84제곱미터(34평)를 커버하는 60만 원대 LG 공기청정기를 렌트할 경우 한 달에 4만 원 정도가 듭니다. 카드 할인을 이용하면 더 저렴하지만 카드를 일정 금액 이상 사용해야 하는 번거로움이 있죠. 소비자들은 비용을 지불함으로써 직접 관리해야 하는 불편함을 덜 수는 있지만, 자세히 따져보면 상당히 비싼 거죠. 1년 동안 지불한 렌탈비용은 제품을 구매하고도 남을 정도니까요. 소비자들의 불편함을 산 렌탈업체들의 성장 이유입니다.

의무 사용기간과 위약금 등 계약사항 확인하기

이렇게 생활 곳곳에 침투한 렌탈은 인기가 높은 만큼 부작용도 있습니다. 한국소비자원에 따르면 2015년 1월부터 2019년 6월까지 접수된 정수기 관련 소비자 피해구제 신청 건수는 총 2,490건이었습니다. 2015년 337건에서 2018년 683건으로 2배 이상 증가했고, 2018년에는 전년 대비 14% 증가했습니다. 안마의자 관련 소비자 상담은 총 2만 2,993건으로 증가했습니다. 이중 중도해지 위약금 과다 부과, 청약 철회 거부 등 '계약 해지 관련 불만'이 37.1%(8,530건)로 가장 많았고, '품질 및 A/S 불만' 20.6%(4,730건), '부당 채권추심' 17.4%(4,002건), '계약 조건과 다르게 이행' 12.1%(2,805건) 등의 순으로 나타났습니다.

불만의 중심은 렌탈비였습니다. 앞서 언급했듯 제품 렌탈 계약 후 총액을 따져봤더니 렌탈비가 일시불로 구입할 때보다 결코 저렴하지 않다는 사실을 깨달은 것이지요.

소비자들은 매달 나가는 금액이 적다는 이유로 렌탈을 선택하면서 렌탈과 일시불의 금액 차이가 클 것이라고 생각하지 못합니다. 따져보면 렌탈비보다 훨씬 저렴한 가격으로 제품을 살 수 있는데 말입니다. 안마의자의 경우 비데나 정수기에 비해 별다른 관리가 필요하지 않은데도 불구하고 렌탈비가 구입비보다 104~306% 비쌉니다. 렌탈비를 장기 할부 방식으로 39개월 이상 나누어 내다보면, 할부이자나 구입하는 비용이나 별반 차이가 없습니다. 일반매장이나 TV홈쇼핑, 인터넷 쇼핑몰 등에서 렌탈비와 의무 사용기간만 알려주니 소비자는 제품의 일시불 구입가와 총 렌탈비를 비교할 수가 없습니다. 약관 및 계약서에도 해당 내용이 없고요. 그래서 부담이 적은 렌탈을 더 선호하는 겁니다.

2018년 소비자원에서 교원웰스, 청호나이스, 코웨이, 쿠쿠홈시스, LG전자, SK매직 등의 정수기 렌탈 서비스를 이용한 경험이 있는 소비자 1,200명을 대상으로 설문조사를 했습니다. 그 결과 렌탈비·부가혜택 만족도가 가장 낮은 것으로 나타나기도 했습니다.

중도 해지 시 내게 되는 위약금도 조심해야 합니다. 렌탈의 대부분은 약정기간이 지나면 소비자에게 소유권이 이전되는 일명 소유권 이전형 렌탈로, 사용 후 물건을 반납하는 것을 뜻하는 진짜 렌탈과는 의미가 다릅니다. 소유권 이전형 렌탈 서비스의 경우 소비자가 중간에 계약을 해지하면 위약금을 내야 합니다. 정수기를 제외한 안마의자 등 렌탈 업체들은 의무 사용기간을 36개월 이상으로 하고 있고, 중도 해지 위약금도 30~50%를 요구하기도 하니 계약 시 꼭 확인해야 합니다. 렌탈비가 일정 기간 이상 연체됐을 때는 개인의 신용등급에도 악영향을 미칠 수 있으니 조심해야 합니다.

이렇게 의무 사용기간도 길고, 또 중간 해약 시 위약금이 지나쳐도 소비자들이 구입보다 렌탈을 선호하는 가장 큰 이유는 초기 비용이 적게 들면서 무상 AS가 가능하다는 점 때문입니다. 하지만 렌탈 계약 후 사후 관리가 생각만큼 잘 이뤄지지 않습니다. 중소 렌탈 업체의 경우에는 외주업체 직원을 통해 관리하기 때문에 관리가 허술하고, 관리를 받았음에도 불구하고 안 받느니만 못한 경우도 있습니다.

인천에 사는 박희수 씨(44)는 정수기 렌탈을 계약했습니다. 직원이 정기적으로 찾아와서 관리해주어 편리했지요. 어느 날 박 씨가 정수기를 청소하기 위해 정수기를 뜯어 내부를 보니, 먼지투성이였습니다. 꼭 필요한 필터 역시 제대로 교환되지 않아 소비자상담센터에 불만을 접수했습니다.

이렇게 관리가 허술한 이유는 현재 렌탈 사업을 규제하는 법률이 마련되어 있지 않아서입니다. 렌탈과 비슷한 성격의 리스 업체는 여신전문금융업법 적용을 받아 금융감독원의 지휘와 통제를 받지만 렌탈 업체는 상법상 법인 설립 요건만 충족되면 누구든 설립할 수 있습니다. 별도의 법적 규제를 받지 않아도 되는 거죠.

결국 손해 보지 않으려면 계약 전에 꼼꼼하게 따져보는 수밖에 없습니다. 일단 총 렌탈비와 일시불 구입가를 비교해보세요. 그리고 총 계약기간 및 의무 사용기간, 위약금 산정 기준 등 중요사항을 확인한 후 계약하세요. 또 렌탈비를 자동이체로 납부한 경우 계약 종료 후에 추가 이체가 되지 않는지도 점검해야 합니다.

지금으로선 업체에서 총 렌탈비와 일시불 구입가격을 소비자에게 알리도록 법제화하는 것이 필요합니다. 아무래도 총 렌탈비, 일시불 구입가, 연체료 등이 정보 제공 항목에 포함돼 있다면 소비자들이 렌탈 여부를 결정하는 데 도움이 될 테니 말입니다.

 요약

렌탈비는 결코 저렴하지 않다. 매달 나누어서 내기 때문에 제품 판매가보다 싸다고 생각하지만, 총 렌탈비를 따져봤을 때 제품 판매가보다 비싼 경우가 대부분이다. 현재는 렌탈 관련 법규가 마련되어 있지 않으니 렌탈 계약 시 의무 사용기간 및 중도 해지 시 위약금 등을 꼼꼼하게 따져봐야 한다.

개봉만 해도 돈을 내야 하는
사기성 미끼 상품

무료 체험

> 어느 날 김강자(66) 할머니는 화장품을 공짜로 준다는 전화를 받았습니다. 화장품 회사에 주소를 알려주고 나서 며칠 후 화장품 샘플이 도착했습니다. 며칠 후 김 씨는 화장품값 30만 원을 입금하라는 화장품 회사의 전화를 받고 엉겁결에 30만 원을 입금했습니다. 저녁에 퇴근한 딸에게 사실을 알리자, 딸은 화장품 박스를 살펴보았습니다. 화장품 박스에는 '개봉한 후엔 반품이 불가하다'는 문구가 선명히 적혀 있었습니다. 김 씨의 딸은 어머니가 화장품 무료 체험 사기에 걸려든 것을 직감하고 해당 업체에 전화했지만, 개봉을 했으니 반품 불가라는 원칙만 들을 수밖에 없었습니다.

무료로 준다는 화장품, 알고 보니 판매용

주로 화장품이나 건강식품, 다이어트 판매원들이 하는 광고가 있습니다. 바로 무료 체험을 할 수 있게 해준다는 겁니다. 공짜니까 한번 써보라는 말을 그대로 믿었다간 큰코다칠 수 있습니다. 무료 체험의 이면에는 다단계부터 강매까지 다양한 형태의 덫이 놓여 있습니다. 타깃은 주로 50~60대입니다. 최근에는 보이스 피싱으로도 무료 체험을 광고하여 이를 사용하게 한 후 제품을 강매한 사례가 급증하고 있습니다.

한국소비자원에 접수된 피해사례에 따르면, 피해자들은 화장품 샘플을 사용해보고 설문조사에 응해달라는 전화를 받고 택배로 받은 화장품을 아무 의심 없이 개봉했습니다. 포장박스 안에는 브랜드나 제품명 대신 효과와 가격만 설명된 안내문이 들어 있습니다. 작은 글씨로 '정품을 개봉할 경우 반품할 수 없으며 반드시 구입해야 한다'는 문구도 적혀 있었다고 합니다. 문제는 이렇게 보내온 화장품들은 거의 다 제대로 인증받은 정품이 아니라는 것입니다. 용케 판매자와 연락이 닿아 "개봉은 했지만 사용은 안 했으니 화장품 반품을 신청할 수 없냐?"고 물으면 "개봉했으니 돈을 입금해야 한다"는 말만 되풀이했다고 합니다. 입금하지 않으면 법적 절차를 취하겠다고 협박하기도 했고요. 또 화장품을 개봉하지 않고 반품하려 해도 상황은 마찬가지였습니다. 안내원이 장황한 설명만 늘어놓거나 아예 전화를 받지 않는 경우도 있었습니다.

화장품 회사에서는 법정 소송까지 가기에는 모호한 금액을 청구해 피해자들이 자포자기식으로 구입하게 만들거나 청약 철회 기한인 14일을 버틴 뒤 청구서를 보내는 수법을 쓰기도 합니다. 불과 몇 년 전에도 이런 사기 수법이 유행했던 적이 있습니다. 당시 소비자보호 원 등을 통해 피해 사례와 대처 방법이 널리 알려지면서 잠잠해지는 듯했지만 최근에는 소비자보호법이나 인터넷에 둔감한 50~60대 여성들을 타깃으로 다시 활개를 치고 있는 것입니다. 아무래도 검색이나 정보에 밝은 젊은층보다 그렇지 않은 중장년층을 노린 것이죠.

또 다른 피해를 입은 김 씨(34)는 인터넷에 '화장품을 무료로 드립니다. 전화 받아보신 분'이라는 글을 올렸습니다. 김 씨는 며칠 전 어머니에게 "화장품 회사에서 고맙다면서 무료로 화장품을 보내준다고 했다. 설문지만 작성해주면 된다고 하니 네가 쓰라"는 얘기를 들었다고 합니다. 바로 다음날 화장품이 택배로 왔고 착불로 수령했습니다. 찜찜한 기분이 든 김 씨는 박스 안에 든 안내문을 보고 업체 측에 전화를 걸었습니다. 업체에서는 "화장품 체험분 평가서를 작성해 다시 포장해주면 직원이 연락 후 찾으러 간다"고 말했고, 상담원은 자기네들은 화장품 대부업체라고 했습니다. 금융 대부업도 아니고 화장품 대부업이라는 황당한 말을 들은 김 씨는 어머니 연락처를 어떻게 알아내 전화했냐고 따지자, 상담원은 무작위로 전화한 것이라고 해명했습니다.

또 김 씨는 판매용 화장품을 같이 보낸 이유에 대해서도 문의했지만 "전화 녹취 시에 고지했으며 보내도 된다고 동의를 얻었다"

는 동문서답의 답변밖에 들을 수 없었습니다. 더 황당했던 것은 제품 체험기간인 14일이 지나면 반품이 불가해 무조건 구매해야만 한다는 것이었는데요. 화장품 가격이 무려 29만 9,000원이었습니다. 김 씨가 계속해서 반품을 요구하자, 상담원은 반말은 기본이고 고성을 내지르며 욕까지 했습니다. 김 씨는 "업체 측에서 무료라는 단어를 굉장히 강조하고 오묘한 질문으로 동의를 얻어내며 전화상담 내용은 전부 녹취가 돼 추후 화장품 구매의사가 없을 시에도 녹취록을 앞세워 30만 원 상당의 화장품을 사실상 강제로 구매하게 만드는 처사"라고 억울함을 토로했습니다.

강제로 구입한 제품, 철회할 수 있다

무료 체험을 빙자한 피해를 막기 위해서는 무조건 무료라는 말에 혹해서 택배를 받는 것부터 하지 않아야 합니다. 혹시 받았을 경우라도 제품을 성급히 개봉하지 말고 포함된 안내문 등을 확인한 뒤 반품을 원할 경우 반품 의사를 확실히 밝혀야 합니다. 반품 요청에 상담원이 모르쇠로 일관하거나 통화가 안 될 경우엔 청약 철회서를 작성해 제품 발송 회사, 제품 수령 시 기재된 발송자의 주소에 내용증명으로 보내면 됩니다. 내용증명은 분쟁 발생 시 청약 철회 의사표시에 대한 가장 확실한 근거가 되기 때문이지요.

청약 철회가 가능한 기간도 잘 알고 있어야 합니다. 전화 권유 판매의 경우 14일 이내 청약 철회가 가능하며 이를 거부하는 행위는 방문판매 등에 관한 법률 위반이며 형사처벌 대상입니다. 또 화장품을 개봉했더라도 이는 샘플을 보낸다고 한 뒤 정품을 보냈기 때문에 '정보제공의무 소홀'에 해당, 계약 자체가 성립하지 않는 것으로 볼 수 있습니다. 제품 개봉 역시 판매자의 불법행위로 기인한 것이기 때문에 청약 철회가 가능합니다. 1372(소비자상담센터)에 전화하면 더 자세한 상담을 받을 수 있습니다.

필수 생활용품처럼 사용하는 화장품이기에 무료 체험의 기회라면 뿌리치기 힘든 것이 사실입니다. 특히 연예인이 사용하거나 피부과에서 사용하는 화장품이라면 사용해보고 싶은 생각이 들지요. 이런 심리를 이용한 사기 수법도 있습니다. 쇼핑을 하는 여성에게 화장품 설문지를 작성하게 한 후 설문지를 해준 답례로 테스트를 해준다며 근처의 승합차로 데려가는 것인데요. 아마 경험해본 분들이 있을 겁니다. 승합차에서 80만 원 상당의 고가 화장품을 테스트해주며 피부과에도 들어가는 믿을 만한 물건이라고 홍보하죠. 또 원래 가격이 80만 원이지만 50만 원에 판매하고 결제는 한 달에 5만 원씩만 내면 되니 경제적으로도 부담이 없다고 유혹합니다. 또 지금 구입하지 않으면 다시는 이런 기회가 없다는 등의 말로 현혹하기도 하죠. 고가 화장품을 거의 반값에, 그것도 무이자 할부로 구입할 수 있다고 하니 웬만한 여성들은 이 수법에 당하기 일쑤입니다. 당장 유혹에 넘어가 결제를 했지만 상술임을 알고 환불을 요청해도 때는 이미 늦은 겁니다. 사기업체들은 단순 변심에 의한 환불은 불가능하다고 말합니다. 결국 울며 겨자 먹기 식으로 소비자들은 그 화장품을 쓰며 매달 돈을 납부할 수밖에 없는 거고요. 화장품 판매 상술 및 사기성 판매, 강매 형태는 다양하게 변화하고 있는데요. 업체들의 사기 수법이 전화를 통해서나 직접 만나서 강매하는 것으로 끝나지 않기 때문입니다.

무료 체험을 이용한 사기 수법뿐만 아니라 인터넷 공동구매 사기 신고가 하루에도 수십 건씩 접수되고 있는 만큼 각별한 주의가 요구됩니다. 소비자보호법에 따르면 화장품을 방문판매 또는 길에서 구입한 경우 14일 이내에, 통신전자상거래로 구입한 경우에는 7일 이내에 청약 철회 의사를 통지할 수 있습니다. 구입 당시 미성년자가 보호자 동의 없이 구입한 경우에는 미성년자 본인 또는 법정대리인이 계약 취소 의사를 통지하라고 명시돼 있고요. 무엇보다 이러한 법적 규제보다 중요한 건 사기업체를 상대하는 소비자들의 대처입니다. 소비자가 먼저 판매자의 상술에 현혹된 것이 아닌지 확인하고 구입하도록 하고 만약 부당하게 강매를 당한 경우에는 적극적으로 의사를 표시하여 피해를 막아야겠습니다.

 요약 ────────────────────────

화장품 무료 체험은 강매를 위한 미끼일 뿐이다. 혹시 무료 화장품을 받았다면 뜯지 말고 반품 의사를 확실히 밝혀야 한다. 법적으로 구입 후 7~14일 이내에 청약 철회 의사를 밝히고 계약을 취소할 수 있다.

──

만기일에 말 바꾸는
건설업자들의 사탕발림

전세형 분양

박성호(35) 씨는 2년 전 경기도 용인시 수지구의 아파트를 스마트 리빙제로 계약했습니다. 2년 동안 전세로 살고 나면 집을 살 수 있는 조건이었습니다. 박 씨가 계약 기간이 끝나 집을 사려고 하니 건설사는 말을 바꾸었습니다. 계약 당시 분양대행사는 "전세로 살다가 집을 사려면 1억 7,200만 원을 더 내야 하지만, 이는 원 분양자들의 민원을 줄이기 위해 형식적으로 만든 것이고 실제로 더 내는 돈은 없을 것"이라고 했는데 막상 만기일이 다가오니 건설사가 1억 1,400만 원을 더 내야 한다고 했습니다.

이처럼 스마트 리빙제, 애프터 리빙제, 프리 리빙제, 리스크 프리제 등 환매조건부 매매제(전세형 분양제)의 만기 시점이 돌아오면 입주자와 건설사의 갈등이 시작됩니다.

몇 년 전부터 전세형 분양이 떠오르고 있습니다. 경기도 지역에 아파트 미분양이 속출하면서, 건설사들이 일단 살아보고 분양 여부를 결정하라고 만든 제도입니다. 전세형 분양은 아파트 구매가격의 20% 정도를 보증금으로 내고 2년간 살아본 후 구매를 결정하는 방식입니다. 일명 '애프터리빙 제도'라고 하는데, 2012년에 GS건설이 도입한 것이 시초입니다.

민간 아파트 미분양 시장에는 아파트 시세가 떨어져도 산 가격 그대로 되팔 수 있다는 '원금 보장제 분양(환매조건부 분양)', 현금이 없어도 기존 소유 주택이나 전세 보증금을 담보로 새 집을 살 수 있는 '하우스 바이 하우스(House by House)'까지 등장했습니다. 부동산 경기 침체 현상이 만들어낸 풍경이지요. 하지만 문제점이 속출하고 있습니다. 일단 살아보고 결정하라고 했지만 나중에 건설사와 시행사들이 책임을 떠넘겨 결국 세입자들만 피해를 보게 됩니다. 일각에서 전세 분양을 '사기'라고까지 표현하는데, 틀린 말은 아닌 듯싶습니다.

'전용면적 84제곱미터에 실입주금 2,000만 원.' 이런 식의 광고는 건설업자들의 꼼수입니다. 하지만 전세는 구하기 어렵고, 덜컥 매매하기는 겁나는 때에 직접 살아보고 결정하라는 건 달콤한 유혹이 아닐 수 없습니다. 문제는 계약 내용입니다. 분명 전세형이라는 단어를 사용하면서 임대 계약이 아닌 매매 계약을 체결합니다. 세입자들이 계약서를 꼼꼼히 체크하지 않아서 나중에 분쟁도 생기는 겁니다.

임대 계약이 아닌 매매 계약을 한다는 건, 결국 전세가 아니라는 겁니다. 엄밀히 말하면 '조건부 매매'지요. 입주민이 주변 시세보다 낮은 전세 보증금 수준으로 새 아파트에 입주한다는 기대에 부풀어 있을 때 건설사들은 그 매매 계약서를 들고 은행에 가서 입주자 명의로 중도금 대출을 받습니다. 미분양으로 인해 자금 압박에 시달리는 건설사들이 부족한 자금을 융통하는 수단으로 전세형 분양 방식을 활용하는 셈이지요. 그 과정에서 발생하는 문제는 한두 가지가 아닙니다.

일단 전세형 분양을 전세로 착각하는 사람들이 많습니다. 임대로 생각하고 계약했는데 졸지에 본인 소유의 주택이 생기게 되는 것입니다. 그렇게 되면 생애최초 주택구입 대상자의 지위를 잃어버리기 때문에 다음에 진짜 집을 매입하려 할 때 대출이자 감면, 취득세 면제 등 각종 혜택을 받지 못하게 됩니다. 세금은 세금대로 다 내고, 받을 수 있는 혜택의 기회조차 잃게 되는 것이지요.

계약이 끝난 후에도 문제입니다. 더 살지 않고 나가겠다고 했을 경우 업체가 계약상의 조건을 들어 분양대금을 돌려주지 않는 경우가 빈번합니다. 그래서 소송을 하는 경우도 많습니다. 중간에 시공사나 시행사가 부도를 내면 계약자는 주택임대차보호법으로 보호받지 못해 돈을 돌려받지 못하는 상황도 생길 수 있습니다. 돈만 날리는 게 아니라 본인 명의로 받은 거액의 대출금까지 떠안게 돼서 이중고를 겪기도 합니다.

'몇 년 살아보고 결정하라'는 전세형 분양 아파트 광고.
'전세'처럼 살라고 하지만 엄연히 매매 계약을 통해 입주하는 것이고,
2~3년 후에 원치 않아도 집을 떠안아야 할 수도 있으므로
신중하게 결정해야 한다.

계약금을 못 받거나 대출이자를 감당하거나

전세 분양 후 2년이 지나 집값이 분양가보다 떨어질 경우에는 어떻게 될까요? 반도건설과 입주자 간 소송이 진행된 서울 영등포구 당산동의 반도유보라팰리스 사례를 통해 살펴보겠습니다.

반도건설과 전세형 분양 계약을 맺은 입주민들은 2년이 지나 구입 여부를 결정해야 했는데요. 문제는 분양가보다 이미 4억~5억 원가량 떨어진 집값이었습니다. 이런 상황에서 입주민들의 선택권은 나가는 것밖에 없었겠죠. 하지만 집은 팔리지 않았고, 입주민들은 이사를 가고 싶어도 갈 수가 없었습니다. 대형 평형대라 찾는 사람

도 없었고, 있다 해도 건설사에서 인정해주지 않았기 때문입니다. 건설사는 분양가보다 터무니없이 낮은 가격에 매매가 되면 분양가와 매매가의 차액을 부담할 수 없다는 주장을 내세웠거든요.

예를 들어, 입주민 한 명이 분양가 13억 원짜리 집에 3억 3,000만 원을 내고 들어갔습니다. 건설사는 그의 명의로 차액인 9억 7,000만 원을 대출받아 그동안 이자를 내왔습니다. 그가 낸 돈은 3억 3,000만 원이지만 13억 원을 모두 지불한 것이나 마찬가지인 셈입니다. 하지만 2년 후 시세는 9억 원이 안 되었습니다. 입주 시 낸 금액을 돌려받기는커녕 대출금도 갚지 못할 상황이 된 것이죠. 건설사는 계약 시 이런 사태가 생기면 입주민이 손해를 보지 않도록 차액을 보전해주기로 했었습니다. 다시 말해, 입주민이 9억 원에 집을 팔면 13억 원과 9억 원의 차액인 4억 원을 건설사가 입주민에게 지급한다는 조건이었습니다. 그런데 건설사는 입주민들이 그 조건을 이용해 시세보다 가격을 낮춰 내놓았다고 항변합니다. 반대로 입주민들은 그 가격 이상에 팔 수 있다면 회사가 직접 팔아야 되는 것이고, 그렇게 하지 않을 거라면 차액을 주는 게 맞다고 주장하고요. 집도 팔리지 않고 이사를 갈 수도 없는, 정말 이러지도 저러지도 못하는 상황이 되어버린 것이지요. 이런 상황에서 건설사가 부도라도 난다면 입주민이 모든 빚을 떠안게 될 수도 있습니다.

계약금만 보전했다고 문제가 없는 건 아닙니다. 시공능력평가 순위가 높은 건설사들이 시공한 아파트의 경우 계약금을 떼일 가능성이 적지만 위약금을 물 수 있습니다. 입주민들이 살아보고 나서 구입 여부를 결정할 때 환매를 요청한다면, 그동안 건설사가 대납한 이자를 지불해야 하는 것입니다. 2~3년간의 이자를 한꺼번에 내야 하는 거죠. 결국, 살아보고 결정하라고 했던 건설사의 사탕발림 때문에 갑작스럽게 이자 폭탄을 맞을 수도 있다는 겁니다.

법의 테두리 안에서 보호를 받기도 쉽지 않습니다. 2014년 국정감사 때 전세형 분양 방식의 허점이 제기된 후 뒤늦게 정부와 금융당국이 소비자 보호 강화를 외쳤지만 실질적인 보호 수단이 마련되지 못하고 있습니다. 계약서의 모호한 조항에 대한 피해는 고스란히 소비자 몫으로 돌아가게 됩니다. 결국 반도유보라팰리스의 경우도 반도건설과 입주민 간 소송에서 법원은 건설사의 손을 들어줬지요. 할인 분양의 규정이나 기준이 없다는 것이 주요 판결의 이유였습니다.

전세형 분양은 부담되지 않는 보증금으로 새 집에서 살아보고 구입을 결정할 수 있다는 장점이 있지만, 건설사나 시행사가 부도가나 입주자가 구매를 원치 않아도 떠안아야 하는 경우도 있으니 꼼꼼하게 따져보고 결정해야 합니다.

우선 계약서에 매매 시점이 정확히 기재되어 있는지 확인해야 합니다. 계약금 등 계약자의 납입금액을 언제 받을 수 있는지 계약서에 명시되어 있어야 법적으로 계약자의 안전을 지킬 수 있기 때문입니다. 만약 매매 시점이 정확하게 표기되어 있지 않아 주택이 팔리지 않으면 법적으로 납입금액을 돌려받기 어려울 수 있습니다.

또 구매를 포기할 경우 위약금이 있는지 확인할 필요도 있습니다. 계약서에는 표기돼 있지만 상담 시에 언급하지 않는 예도 있기 때문입니다. 대출이자 부담도 놓치지 말고 확인해야 합니다. 계약자가 구매를 포기하게 되면 거주기간에 건설사가 대납한 이자를 갚아야 하는 조건이 계약서에 표시되어 있을 수 있습니다. 특히 보증 주체가 어디인지 꼭 따져봐야 합니다. 소규모 시행사나 분양을 빨리 끝마치려는 분양대행사가 보증하는 경우가 많기 때문입니다. 만약 보증 주체가 영세한 규모라면 부도 시 그 피해를 계약자가 볼 수 있으니 업체의 재무 건전성도 반드시 확인하는 것이 좋습니다.

 요약

살아보고 결정하라는 전세형 분양은 전세 계약이 아닌 매매 계약이다. 입주자가 2년 후 구매를 포기할 경우 계약금을 못 받거나 그동안의 대출이자를 감당해야 할 일이 생기기도 하는 등 분쟁이 끊이지 않는다. 전세분양을 계약할 때는 계약서를 꼼꼼하게 확인하고 문제가 될 부분들을 확실하게 짚어봐야 한다.

07

정찰제 의미 없는
천차만별 거품 가격

최저가 가구

'불편함을 팝니다.' 스웨덴 가구 브랜드 이케아가 우리나라에 진출하면서 내세운 전략입니다. 서비스를 최소화하는 대신 가격을 저렴하게 하겠다는 전략은 적중했습니다. 한국 진출 불과 1여 년 만에 3,000억 원이 넘는 매출을 올리며 승승장구했고, 1호점인 광명점에 이어 일산에 2호점을 내기까지 했으니까요. 이케아의 가격 정책은 국내 가구업계를 긴장하게 만들었고, 심각했던 가구값의 거품을 빠지게 하는 긍정적인 효과를 가져왔습니다. 하지만 가구값은 여전히 비쌉니다. 심지어 불편함을 팔기 때문에 저렴하다던 이케아도 유독 한국에서는 비싼 가격정책을 고수하고 있습니다. 굳이 다른 나라와 똑같이 가격을 고수할 필요가 없었던 겁니다. 우리나라의 가구값이 비싸다는 방증인 것이지요.

정찰제가 무색한 거품 가격

실제 가격보다 지나치게 높이 가격을 책정한 것을 '가격 거품'이라고 합니다. 예를 들어 부동산 거품론도 부동산 가격이 원가격보다 지나치게 높게 책정돼 있기 때문에 투자 가치가 없다는 것을 나타내는 것이지요.

부동산에만 가격 거품이 있는 것이 아닙니다. 집에 들여놓는 가구의 가격도 거품이 아주 심합니다. 수입 가구 역시 마찬가지입니다. '침대는 과학'이라는 명언을 남긴 국내 유명 가구업체인 에이스침대는 해외에서 직수입한 고급 소파를 반값에 할인하는 이벤트를 진행한 적이 있습니다. 소파의 수입 정가는 809만 4,000원으로, 50% 할인을 해도 400만 원이 넘었습니다. 할인도 할인이지만 판매하는 가구의 수량이 문제였습니다. 소파 수량은 '조'로 표시하는데, 에이스침대는 특가판매 이벤트에서 80조나 되는 수량을 선착순으로 한정 판매한다고 대대적으로 광고했습니다. 많다면 많고 적다면 적을 수 있겠지만, 반대로 생각하면 50%나 할인을 해도 밑지지 않는다는 것입니다. 장사꾼이 말하는 '밑지고 판다', '원가에 판다'는 것이 거짓말이라는 것은 어떤 소비자라도 알 수 있습니다. 약간이라도 이익을 남기는 것이 장사의 기본이니까요. 에이스침대의 50% 소파 할인이 거품이라는 이유입니다. 정말 밑지고 팔았다면 수량이 80조나 되지 않았겠지요.

결국 정찰제 없는 가구업계의 가격정책 때문에 소비자들은 아무리 발품을 팔아도 거품 낀 가구를 구매할 수밖에 없습니다. 이사와 결혼이 많은 봄에는 특히 심합니다. 대목 맞은 가구업계는 지금 못 팔면 끝장이라는 심정으로, 마케팅과 판촉에 열을 올리지요. 대목에 팔지 못하면 각종 물류비에 관리비까지 떠안을 수도 있기 때문에 어떻게 해서든 팔려고 합니다. 어느 업종이든 대목 장사만큼 필사적인 것도 없는데요. 가구업체의 대목 할인행사만 잘 살펴봐도 그간 가구업계에 가격 거품이 얼마나 컸는지 알 수 있습니다. 분명 정가가 정해져 있지만, 혼수시장에서는 주인이 부르는 게 값이 되는 겁니다.

결혼을 6개월 앞둔 한 커플은 침대를 사기 위해 여러 매장을 둘러보았습니다. 조금이라도 저렴하게 구입할 생각으로 발품을 팔았지만 헛수고였습니다. 엄연히 정가가 존재하지만 매장마다 가격이 달랐습니다. 백화점, 쇼핑몰, 온라인 구매가가 제각각이었지요. 하는데요. 대리점에서는 현금 구매를 하면 할인해주겠다, 다른 가구를 함께 구입하면 할인해주겠다며 가격을 계속 다르게 불렀습니다. 커플은 "도대체 가격 거품이 얼마나 크기에 이렇게 계속 깎아주는 건가" 하는 의문이 들 수밖에 없었습니다.

가구업계의 거품 사례는 다양합니다. 한 유명 가구업체의 5인용 소파의 경우, 정가는 439만 원이었지만 대리점에서는 400만 원에 팔고 있었습니다. 또 매장마다, 온라인몰마다 가격이 달랐습니다. 정가와의 차이를 따져보니 50만 원 이상 벌어졌고요. 정찰제가 의미 없는 것이지요. 직영점 위주인 대형 체험형 매장은 철저히 정찰제를 지키지만, 대리점들이 모여 있는 가구 거리에 가보면 사정은 전혀 다릅니다. 정찰제를 유지하는 직영점에 비해 대리점에서는 흥정만 잘하면 얼마든지 할인을 받을 수 있습니다. 그 때문에 대리점주들은 본사가 정찰가격을 높게 책정하는 것을 좋아합니다. 대리점 납품가와 정찰가의 차이가 클수록 점주들의 할인율이 올라가니, 거품이 크면 클수록 소비자들에게 생색내고 팔 수 있으니까요.

이 같은 가구의 거품 가격은 결국 소비자들의 신뢰를 좀먹게 합니다. 거품이 커질수록 소비자들의 신뢰는 낮아질 수밖에 없는 것이죠. 제품 가격이 판매처에 따라 제각각이라면, 소비자들은 그 가격을 믿고 살 수 없기 때문입니다. 소비자들 스스로 '호갱'이 된 것 같다는 생각이 들 수밖에 없게 되고요. 가구를 사면서도 불쾌함을 느끼게 됩니다.

'가구 공룡' 이케아가 다른 나라에 비해 한국에서 제품을 비싸게 팔았지만, 소비자들은 환호할 수밖에 없었습니다. 그 이유는 첫째, 정찰제 실행입니다. 소비자들은 투명한 가격에 열광했습니다. 이케아에는 흥정이 존재하지 않고, 철저하게 정찰제를 지킵니다. 가격을 속여 판매한다는 의심을 아예 차단한 것이죠. 둘째, 저렴합니다. 다른 나라보다는 비싸지만 국내 가구에 비하면 30% 이상 저렴합니다. 저렴하면서 디자인과 실용성을 두루 갖춘 것이 성공 비결이라고 할 수 있습니다.

현명한 가구 구입법

가구업계는 이케아에게 뺏긴 인기를 만회하려고 노력하지만 쉽지 않습니다. 소비자들의 발길을 돌리기 위해서는 가격을 낮추는 수밖에 없지만, 오랫동안 굳어진 거품을 일시에 걷어내긴 힘든 실정이지요. 오히려 가격을 낮추기보다 몸집을 부풀려 소비자와의 접점을 강화하고 있습니다.

가구업계 1위 한샘은 전체 매장을 대리점 체제로 구축하고 리모델링과 스마트홈 사업을 강화하기로 했습니다. 이를테면 본사가 임대한 대형 매장에 지역 대리점과 인테리어 제휴 점포 20~30여개가 입점비를 내고 들어와 리모델링 상담과 영업을 진행하는 방식입니다. 2012년 부천에 1호점을 열었고, 2019년에 22번째 점포인 경기도 안양점에는 31개 대리점과 제휴점이 들어섰습니다. 업계 2위 현대리바트도 2019년 말까지 주방가구 브랜드 '리바트 키친' 매장 13곳을 대리점 입점 방식으로 전환하기로 했습니다.

하지만 효과는 의문입니다. 국내 소비자들의 가구 구매 기준은 '가격'입니다. 한국소비자연맹이 2년간 가구를 직간접으로 구매한 경험이 있는 소비자 214명을 대상으로 설문 조사한 결과에 따르면, 가구 구입 시 고려사항으로 가격을 꼽은 비율이 30.8%로 가장 높았습니다. 그만큼 가격이 중요하죠. 그런데도 가구업계는 가격 거품은 해소하지 않은 채 몸집 부풀리기에만 신경 쓰고 있으니 한심할 따름입니다. 소비자들을 기만하는 행위가 아닐 수 없습니다.

이제는 소비자가 직접 행동해야 합니다. 일단 가급적 가구 단지에서 가구를 구입하지 마세요. 대리점 간 담합이 되어 있어서 발품을 팔아봤자 헛수고입니다. 혼수와 가정의 달, 이사철마다 연례행사처럼 진행하는 세일 이벤트에 '혹' 했다간 가구 대신 거품을 사게 될 수 있습니다. 온라인몰에서는 실제와 다른 상품을 판매할 수 있으니 주의해야 합니다.

그럼 가구를 어디에서 사는 것이 좋을까요? 바로 인천 남동공단입니다. 인천은 항만을 끼고 있는 항구 도시이고, 항구 사이로 제조업체들이 즐비합니다. 그중에는 가구 제조업체들도 많습니다. 대부분의 가구를 이곳에서 만들어 대리점에 유통합니다. 유통 전에 사게되면 중간 이윤을 줄이고 직거래를 할 수 있으니 아주 저렴하게 구매할 수 있습니다. 신제품도 불과 3~4개월만 지나도 원가 대비 약간의 재료비와 제작비만을 더해 시중에서 판매하는 제품보다 45%까지 저렴하게 살 수 있습니다. 이동설치비나 사다리차 비용 등 유통 대리점에서 갖가지 명목으로 붙이는 것들도 무료입니다. 오히려 더 친절한 배달 서비스를 받을 수 있습니다. 지방의 경우에는 인터넷에서 '인천남동공단가구단지'라고 검색해보면 여러 업체들이 나옵니다. 이 업체들이 올려놓은 상품이 온라인몰보다 더 저렴합니다. 이유는 온라인몰의 경우 유통과 도매 소매의 단계를 거칩니다. 직거래로 올라오는 제품은 드뭅니다. 아이러니한 것은 간혹 본사 직거래 제품이 오히려 더 비싼 경우도 있다는 것입니다. 소비자들은 여러 사이트를 비교해보다 지칠 수밖에 없지요.

가구 가격을 사전에 알아보고 싶다면 가까운 가구 단지에 가서 마음에 드는 가구의 제조업체와 일련번호를 알아온 다음, 해당 가구의 본사에 전화해서 가격을 물어보면 됩니다. 실제로 필자는 이미 구입한 80만 원 상당의 화장대가 35만 원이라는 말을 듣고 기절초풍했던 경험이 있습니다. 구매했던 대리점에 항의해도 이미 결제가 끝났으니 '배째라'는 식으로 나오더군요. 가구 하나를 사더라도 소비자가 현명하게 행동해야 돈을 아낄 수 있다는 사실을 명심해야 합니다.

 스크래치 가구 판매점

스크래치 가구란 제조 시 혹은 운반, 유통과정에서 깨지거나 긁힌 제품을 말합니다. 완제품이지만 흠집이 있어 일반 제품에 비해 40~80% 할인이 되지요. 가구 가격이 부담스럽다면 스크래치 가구를 구입하는 것도 방법입니다. 가구판매점에서도 스크래치 가구를 할인가로 판매하고 있고, 이케아의 경우에도 스크래치 제품만 모아서 판매하기도 합니다. 검색 사이트에서 '스크래치 가구 판매점'을 검색하면 가까운 판매점을 찾을 수 있습니다.

 요약

가구 매장마다 정찰제를 실시하지 않아 가구 가격이 천차만별이다. 50% 할인을 해도 마진이 남는 거품 가격이니 최저가라는 문구에 속지 말고 현명하게 소비하자.

08

가격 빼곤
마음에 드는 게 없다

해외 직구

평소 사고 싶었던 물건이 있지만 가격 때문에 망설였던 소비자들에게 해외 직구만 한 것도 없지요. 조금만 참고 기다리는 불편함만 감수하면 30% 이상은 저렴하게 살 수 있기 때문입니다. 특히 아기를 키우면 매일 먹고 입는 소모품에 적잖은 비용이 들어갑니다. 우리 아기가 입고 먹고 할 것인데, 자주 사더라도 더 좋은 것, 안전한 것을 구매하기 마련이죠. 그런데 아기용품이 좀 비싼가요? 저렴하더라도 자주 써야 하는 물건이라면 부담이 클 수밖에 없습니다. 아기를 키우는 가정이 이러한데, 하물며 한참 소비를 할 20~30대 젊은층에선 오죽하겠습니까? 해외 직구가 한국에서 인기를 끄는 이유입니다.

안전성 검증 없이 팔려나가는 해외 분유

보통 '해외 직구'라고 하면 유명 브랜드 의류나 가방 등을 떠올리지만 먹거리를 구매하는 소비자들도 많습니다. 특히 아기를 키우는 가정의 경우 미국이나 유럽산 분유를 구매하기도 합니다. 품질이나 안전성 면에서 수입산 분유가 국산 분유보다 더 낫다고 생각한 것이지요. 하지만 무조건 좋다고, 싸다고 분유를 잘못 먹였다간 큰일 날 수 있습니다. 유독 아기에게 먹이는 분유만 관리 감독 규정이 없기 때문입니다. 그래서 성분 미달이나 허위, 과장광고 제품들이 검증 없이 팔려나가고 있는 게 현실입니다.

2017년 기준 조제분유 수입액은 2018년 6,951만 달러로 전년(6,116만 달러)보다 13.7% 증가했습니다. 주요 수입국은 독일(60.5%), 뉴질랜드(22.7%), 호주(7.4%) 등입니다. 특히 독일의 경우 '압타밀' 분유가 국내 수입 분유 시장의 90%를 차지할 정도로 인기를 끌었다고 농식품부와 aT(농수산물유통공사)는 분석했습니다. aT가 분유 구매 경험이 있는 기혼 여성 500명을 조사한 결과 26.6%가 수입 분유 등 프리미엄 분유를 구입해본 적이 있으며 지속적으로 구입할 의향이 있다고 대답했습니다.

엄마들이 프리미엄 분유 등 독일산 분유를 선호하는 이유는 간단합니다. 선진국에서 생산한 제품이니 국산보다 좋을 것이라는 생각 때문입니다. 특히 독일은 식품에 대한 규제가 엄격하기 때문에 영유아 제품의 품질이 좋고 가격 또한 비싸지 않다는 인식이 형성돼 있거든요. 내 아기에게 좀 더 좋은 것을 먹이고 싶은 엄마의 마음은 이해가 갑니다. 하지만 문제는 분유 수입물량이 늘어나면서 피해 사례도 늘고 있다는 점입니다.

일단 교환과 환불이 쉽지 않습니다. 실제로 맘카페에서는 주문 제품과 수령 제품이 다르거나 유통기한이 얼마 남지 않은 제품이 배송돼 불만을 토로하는 글이 올라오기도 합니다. 문제는 제대로 된 보상을 받을 수 없다는 것이죠. 아무래도 말이 안 통하니 소통이 어렵고 교환을 하려면 시간이 오래 걸리니, 소비자 입장에서는 답답할 수밖에 없습니다. 실제로 분유 캔이 찌그러지거나 터져서 와도 교환이 쉽지 않으니 울며 겨자 먹기로 그냥 아기에게 먹일 수밖에 없는 것이죠. 또 한국어로 성분 표시가 되어 있지 않아 일일이 해석해서 따져봐야 하는 불편함도 있습니다. 그래서 엄마들은 맘카페와 구매대행 사이트를 통해 의견을 나누는데, 이 과정에서 잘못된 사실을 받아들여 오히려 아기에게 안 좋은 영향을 줄 수도 있습니다.

배송 또한 문제가 있습니다. 분유뿐만 아니라 다른 품목의 배송 사고는 빈번합니다. 배송이 오래 걸리는 것은 물론 배송 예정일에 물건이 오지 않아 애를 태우기도 합니다. 약속한 날에 물건이 배송되지 않으면 엄마들은 웃돈을 주고서라도 분유를 구할 수밖에 없습니다. 분유를 갑자기 다른 것으로 바꿀 수 없으니까요.

또 해외 배송의 특성상 대량 구매했지만 정작 아이에게 맞지 않아 중고거래 사이트에 되파는 경우도 있습니다. 중고거래 사이트에는 독일산 분유를 판매한다는 글이 하루에도 수십 건씩 올라옵니다. 좋다는 말을 듣고 잔뜩 샀는데 아기가 안 먹거나 변이 안 좋아지는 등 몸에 맞지 않으니 어쩔 수 없이 파는 것입니다. 오래 기다려서 겨우 받았는데 제값도 못 받고 팔면 그보다 더 속상한 것도 없지요. 국내 업체들은 분유 샘플을 요청하면 단계에 맞춰 보내줍니다. 그러면 아기에게 분유를 먹여보고 구입할지 말지를 판단할 수 있지만 수입 분유는 그럴 수 없으니 문제가 생길 수밖에 없습니다.

과대광고도 넘쳐납니다. 일부 수입 분유에 표시되어 있는 '모유에 가깝다'는 문구는 현행법상 허위 과장 광고로 엄격하게 금지하고 있는 것이라서 국내 분유 업체들은 일절 사용하지 못하고 있는데요. 하지만 해외 분유를 판매하는 구매대행 사이트는 전혀 관리가 되지 않아 그런 광고 문구를 어디서든 찾아볼 수 있습니다. 또 통관을 거치지 않는 수입 분유는 법적인 통제가 불가능합니다. 보통 수입품은 관세청에서 통관이라는 절차를 거치지만 분유는 안전성이나 유효성 등 안전 검사 없이 무차별로 수입됩니다. 그래서 영유아의 안전과 직결되는 문제인 만큼 관련법을 개정해서라도 수입 분유에 대한 규제를 철저히 해야 한다는 목소리도 나오고 있는 겁니다.

우리 아기 먹을 건데, 안전성 검사도 없이 무조건 수입품이라고 좋아했다간 부작용에 시달릴 수 있습니다. 해외 직구 잘못했다가 금쪽같은 내 새끼에게 나쁜 부모가 되는 것도 한순간입니다.

해외 직구 이용자의 최대 불만은 '배송'

한국소비자원(2019년 8월)이 국제거래 소비자상담을 분석한 결과, 해외 직구 배송대행 서비스 관련 소비자 불만과 피해가 끊이지 않는 것으로 나타났습니다. 최근 2년 5개월 간(2017년 1월~2019년 5월) 해외 직구 배송대행 서비스 관련 소비자 불만은 2017년 680건, 2018년 679건, 2019년 5월 기준 205건으로 매년 지속적으로 접수됐습니다. 품목별로는 '의류 · 신발'이 21.8%(341건)로 가장 많았고, 'IT · 가전제품' 16.9%(264건), '취미용품' 9.3%(145건) 순이었습니다.

소비자 불만 내용을 분석한 결과, 배송과 관련된 불만이 50.7%(792건)로 가장 많았고, '수수료 등 가격 불만'이 16.4%(257건), '환급지연 · 거부' 10.8%(169건) 순이었습니다. '배송 관련' 불만 내용을 세부적으로 살펴보면, '미배송 · 배송지연'이 25.5%(398건), '파손' 10.3%(161건), '분실' 9.0%(140건) 등으로 분석됐습니다. 특히 해외 쇼핑몰에서 전자기기 등 고가의 물품을 주문한 후 해당 물품이 배송대행지에 도착하지 않거나 도착 후 분실되는 사례도 빈번했습니다.

해외 직구 관련 소비자 불만사항(2017년 1월~2019년 5월)

불만 유형		건수	비율(%)
배송 관련	미배송 · 배송지연	398	25.5
	파손	161	10.3
	분실	140	9.0
	오배송	93	5.9
	소계	792	50.7
수수료 부당 청구 등 가격 불만		257	16.4
환급 지연 및 거부		169	10.8
AS 불만		104	6.6
기타 · 단순 문의, 미상		242	15.5
계		1,564	100.0

자료 : 한국소비자원

물품 미배송 피해 발생 시 쇼핑몰에서는 물품인수증 등을 근거로 정상적으로 배송했다고 주장하고 배송 대행업체는 물품을 받지 못했다고 주장하면서 서로 책임을 회피하는 경우도 많습니다. 실제로 아이폰 신제품이 출시될 때마다 애플 홈페이지에서 구입한 아이폰이 배송대행지에 도착하지 않거나 빈 상자만 배송됐다는 피해가 다수 접수됐지만 업체들 간 책임 전가로 소비자들은 배상받지 못했습니다.

배송 대행업체별로 물품 분실·파손 시 적용되는 배상 한도가 다르므로 배송대행 의뢰 전에 이를 확인하고, 배상한도를 넘는 고가 물품을 배송 의뢰하는 경우에는 별도로 보험 가입을 고려할 필요가 있습니다. 주요 배송 대행업체의 분실·파손 배상한도를 살펴보면, '몰테일'과 '아이포터', '유니옥션'은 500달러, '오마이집'은 400달러, '뉴욕걸즈'는 한화 50만 원까지입니다.

배송대행 서비스 이용 과정에서의 피해를 줄이기 위해서는 ▲해외 쇼핑몰에 주문한 후 바로 배송대행지에 배송신청서를 작성하고, 물품명, 사이즈, 색상, 물품 사진 등을 상세히 기재할 것 ▲고가 물품 구입 시 가급적 배송대행지를 거치지 않고 국내로 직접 배송해주는 쇼핑몰을 이용할 것 ▲분실·파손 시 배송 대행업체의 배상 규정을 확인하고 배상한도를 초과하는 고가 물품은 보험 가입을 고려할 것 ▲분실·도난 피해 발생 시 온라인으로 현지 경찰에 물품 도난신고(폴리스 리포트 작성)를 하고 쇼핑몰 측에 적극적으로 배상을 요구할 것 등의 피해 예방책을 반드시 알고 있어야 합니다.

해외 직구 배송대행 관련 소비자 피해가 원만하게 해결되지 않을 경우 국내 사업자 관련 피해는 '1372 소비자상담센터(국번 없이 1372)'에, 해외 사업자 관련 피해는 '국제거래 소비자포털(corssborder.kca.go.kr)'에 도움을 요청할 수 있습니다.

 요약

해외 직구를 하면 배송이 좀 오래 걸려도 좋은 물건을 싸게 살 수 있다고 생각하기 쉽지만 먹거리는 조심해야 한다. 특히 안전성 검사 없이 들어오는 분유 같은 경우는 부작용도 많고 제품 교환이 어려워 중고로 되파는 사례가 많다.

Part 7

전화통신,

공짜는

없다

보험사만 배불리는
무늬만 보험

휴대전화 보험

신혜원 씨(40)는 딸의 휴대전화를 개통하면서 휴대전화 보험에도 가입했습니다. 개통 후 일주일 만에 단말기가 침수돼 유상 수리를 받은 신 씨는 바로 보험금을 청구했지만 거절당했습니다. 개통 후 단 1건의 발신 전화도 없었다는 이유 때문입니다. 발신 전화를 한 시점부터 보험 효력이 발휘한다는 조항에 걸린 것이지요.

직장인 정대철 씨(42)도 휴대전화 보험 가입 후 일 년 만에 액정이 파손됐습니다. 당장 사용하는 데 무리가 없어 수리를 미뤘는데, 얼마 후 휴대전화 보험 자동 종료 문자 메시지를 받았습니다. 억울하지만 가입 조항에 혜택 기간이 들어 있었으니 제대로 내용을 숙지하지 못한 잘못이라고 해도 항변할 수가 없습니다.

전액 보상이 되지 않는 무늬만 보험

휴대전화 이용자라면 누구나 전화기를 분실했던 경험이 있을 것입니다. 분실물 신고센터에 따르면, 2018년 휴대전화 분실 신고는 약 55만 건으로 전체의 46%에 달합니다. 이 가운데 되찾은 경우는 절반도 안 되고 나머지는 모두 분실 처리됐습니다. 2012년에는 분실 전화 회수율이 66%였습니다. 3대 중 2대는 다시 찾았다는 건데, 회수율이 갈수록 떨어지고 있지요. 이유는 간단합니다. 습득한 휴대전화를 되팔아 용돈 벌이를 하려는 것이지요.

매년 통신사에 분실 신고가 접수된 휴대전화는 100만 대가 넘습니다. 주인을 찾지 못한 휴대전화가 어디로 사라진 건지 경찰이 추적해봤더니, 다른 사람 손에서 계속 사용되는 경우가 많았습니다. 이렇게 훔치거나 주워서 자기 것처럼 써온 282명이 적발되기도 했습니다. 이중 휴대전화를 훔친 사람이 21명, 전화를 사들인 사람이 34명이었고, 잃어버린 휴대전화를 주워서 사용한 사람이 227명이었습니다. 이들에겐 점유이탈물 횡령 혐의가 적용됐는데, 중고등학생부터 회사원·의사·간호사·학원 강사까지 연령대와 직업도 다양했습니다. 100만 원에 육박할 정도로 가격이 비싸진 스마트폰을 분실해도 돌려받기가 힘든 것이죠. 이렇다 보니 최근 들어 휴대전화 보험 가입자가 늘고 있습니다.

휴대전화 보험에 가입하면 휴대전화 파손, 분실, 침수 시에 보상을 받을 수 있습니다. 문제는 전액 보상이 안 된다는 것입니다. 분실, 파손에 대비해 가입한 보험인데, 전액을 보상하지 않는다니 실효성 논란도 생깁니다. 그래서 소비자들은 휴대전화 보험을 가입하는 것이 좋을지 말지 고민하게 됩니다.

결론부터 말하자면, 휴대전화 보험은 가급적 들지 않는 게 좋습니다. 전액 보상을 받을 수 없다면 굳이 매달 5,000~7,000원의 보험료를 부담할 이유가 없는 거죠. 보험이 적용되지 않는 면책조항에 걸리면 보상을 받지 못하는 경우가 태반이고 어렵게 적용을 받아도 하위 모델의 단말기 교체로 제한돼 '무늬만 보험'이기 일쑤입니다.

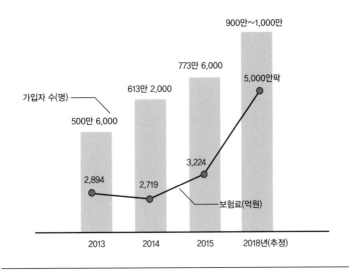

휴대전화 분실·파손 보험 가입자 수

가입자 수(명)
500만 6,000
613만 2,000
773만 6,000
900만~1,000만

2,894
2,719
3,224
5,000안팍

보험료(억원)

2013   2014   2015   2018년(추정)

자료 : 금융감독원

272

휴대전화 보험이 무용지물인 이유

이동통신사별로 휴대전화 보험 상품을 제공하는 보험사가 정해져 있습니다. 현재 LG유플러스 가입자의 휴대전화 보험은 KB손해보험이 독점하고 있습니다. SK텔레콤은 삼성화재와 메리츠화재, KT는 현대해상과 동부화재가 맡고 있지만 이마저도 보험 가입 절차상 이통사 시스템에서 강제 분류됩니다. 소비자에게는 선택권이 없는 것이지요. 소비자의 선택권을 제한한 상태에서 손해보험사들은 막대한 이익을 챙겼습니다. 금융감독원에 따르면 2015년 휴대전화 보험으로 보험사에서 얻은 수익은 1,110억 원에 달했습니다. 이 같은 내용은 국회 국정감사에서도 지적을 받았습니다. 그래서 보험제도 개선방안을 논의했지만 번번이 무산되면서 그 관행은 여전한 상황입니다. 공정거래위원회에서 이를 문제 삼아 조사에 들어갔지만 흐지부지되기도 했습니다.

보험 약관도 소비자에게 불리합니다. 휴대전화 보상은 대부분 출고가를 기준으로 합니다. 신상품이 나오면 기존 제품의 가치는 급격히 떨어지는데도 이동통신사는 무조건 출고가를 보상 기준으로 삼습니다. 이로 인해 보험 가입 시점에서 수개월만 지나면 이통사가 요구하는 수십만 원의 고객 분담금을 내고 구형 단말기를 보상받는 것보다 새 전화기를 사는 게 더 나은 경우가 비일비재합니다. 특히 휴대전화 분실이나 파손 등을 보장하는 휴대전화 보험은 소비자 입장에서 실익이 없다는 지적도 나옵니다. 자기부담금 비율이 지나치게 높다는 이유입니다.

2018년 한국금융연구원 금융브리프에 실린 '휴대전화 보험의 소비자보호 이슈'에 따르면 휴대전화 보험의 손해율은 2011년 131.8%에서 2018년 2월 말 기준 70~80% 수준으로 떨어졌습니다. 손해율은 보험회사가 고객에게 받은 보험료 대비 고객에게 지급한 보험금의 비율로 손해율이 낮을수록 보험사에 유리하고 피보험자는 불리합니다. 보고서에서는 보험 판매 시 약관 설명이 제대로 이루어지지 않고 있다는 점도 문제라고 봤습니다. 휴대전화를 임의 개조했을 경우 아예 파손 관련 보상을 받지 못하는데 이를 모르는 피보험자가 많았습니다. 보험 계약이 종료됐다는 것을 고지받지 못했다는 민원도 꾸준히 제기되고 있었습니다.

한 보험업계 관계자는 "휴대전화 보험은 이용자 수가 많고 특히 젊은 고객의 경우 처음 가입하는 보험인 경우가 많다"며 "보험업 전반에 대한 인식을 결정할 수 있는 중요한 상품인 만큼 상품 구조와 보상, 민원처리 등에서 적정성이 확보돼야 한다"고 말했습니다.

이처럼 휴대전화 가입 시 부가 서비스인 양 제대로 된 약관 설명 없이 파손이나 분실 시 무조건 보상을 받을 수 있는 것처럼 보험을 안내하는 것이 가장 큰 문제입니다. 손쉬운 가입과 달리 막상 문제가 생겨 보상을 요구하면 약관을 들이대며 보상 불가로 판정하기 일쑤입니다. 그래서 별다른 안내를 받지 않고 가입했더라도 이후 약관을 꼼꼼히 짚어봐야 합니다. 그렇지 않으면 이통사 혹은 보험사와 분쟁의 원인이 되기도 합니다.

일단 보험에 가입하면 약정기간 동안은 매달 1만 원 이하의 보험료를 납입해야 합니다. 약정기간에 분실, 파손으로 발생하는 비용에 대해 일정액의 보상금을 받을 수 있습니다. 보상 범위는 크게 분실, 도난, 화재, 파손, 침수로 나누어집니다. 가입한 보험 종류에 따라 보상 여부가 다르므로 꼭 확인해야 합니다. 대부분 100% 보상해주지 않고, 총비용의 30% 정도는 자기부담금으로 설정되어 있습니다. 또 예외 조항들이 너무 많아 실질적으로 보상을 받지 못하는 경우가 생기기도 합니다.

휴대전화 보험에 가입한 당일 휴대전화를 분실해도 보험 혜택을 받을 수 없습니다. 보험 가입 다음날부터 효력이 발생하기 때문입니다. 또 모든 통신사에서는 동일 단말기로 재가입하는 것이 불가능합니다. 그러면 기기 변경 후에 재가입을 해야 하지만, 재가입 시 혜택은 거의 없습니다. 보험 재가입 시 포인트 적립 등 혜택을 제공한다고 광고하지만 이마저도 중고 단말기는 제외됩니다. 통신사가 보유한 신규 단말기로만 가능합니다. 또 비싼 수리비 탓에 수리를 미뤘다가 단말기를 분실하게 되어도 보상받기가 쉽지 않습니다. 통신사에서는 상담 이력만 있고 수리를 받지 않은 고객의 분실 보험 보상을 제한하기 때문입니다. 수리비가 부담되어 그 시기를 미룬 것뿐인데, 필요할 때 보상을 해주지 않는다는 것은 통신사의 횡포로 비칠수 있습니다. 여기에도 이유가 있습니다. 고장이나 파손된 단말기를 교체받으려고 고의로 분실 처리하는 악성 소비자를 걸러내기 위한 조치라는 거죠. 하지만 그로 인해 다수의 선량한 소비자들이 불이익을 받고 있습니다.

따져보니, 휴대전화 보험에 가입해야 할 이유를 못 찾겠군요. 돈만 내고 혜택도 못 받는 보험에 가입할 이유가 없는 것이지요. 참고로 휴대전화 보험은 보상이 결정된다고 해도 잡음이 안 날 수가 없습니다. 분명 '동급 혹은 유사종 단말기로 보상이 가능하다'는 조항이 있지만 실질적으로 이 조건이 지켜지지 않거든요. 동급 단말기가 단종 혹은 품절이라며 하위 기종으로 교체할 것을 권유하는 경우가 태반이기 때문입니다.

 요약 ━━━━━━━━━━━━━━━━━━━━━━━━━━━━━━━━

휴대전화 보험은 굳이 가입할 필요가 없다. 파손, 분실 시 혜택은 적고 자기부담금이 많은 것은 물론 면책 조항이 많아 제대로 보상받기가 어렵다.

━━━━━━━━━━━━━━━━━━━━━━━━━━━━━━━━━━━━━━━

본의 동의 없는 결제라도
환불이 가능하다

＃ 소액결제

서울에 사는 한혜진 씨(40)는 최근 휴대전화 명세서를 확인하고 깜짝 놀랐습니다. 최근 10개월 동안 매달 1만 890원이 결제된 것을 알게 된 것이죠. 한 씨는 통신사를 통해 자신이 원하지도 않은 게임 부가서비스를 마치 동의하고 사용한 것처럼 꾸며 매달 돈을 청구한 사기업체에 환불을 요청했습니다. 하지만 업체는 서비스 이용기간이 지났으니 환불해줄 수 없다고 했습니다. 오기가 발동한 한 씨는 해당 업체를 고발하고 소비자중재센터와 국민신문고에 민원을 넣었습니다. 이런 적극적인 대처 덕분에 한 씨는 그동안 본인 동의 없이 결제된 돈을 환불받을 수 있었습니다.

소액결제, 무조건 환불된다

소액결제란 온라인에서 상품을 구입하거나 서비스를 이용할 때 생기는 비용을 휴대전화나 일반전화로 지불하는 것을 말합니다. 지불 비용은 50만 원 이내입니다. 휴대전화는 문자 메시지를 통해, ARS는 전화 명의자의 주민번호로 인증하고 결제한 금액은 전화요금과 함께 청구됩니다.

청구된 금액은 말 그대로 '푼돈' 입니다. 결제액이 푼돈이다 보니 사용자들이 결제 사실을 알게 되더라도 귀찮아서 신경을 안 쓰기도 합니다. 휴대전화 소액결제는 공인인증서나 별도의 프로그램 설치 없이 편리하게 이용할 수 있다는 장점이 있지만 돈이 엉뚱한 곳으로 새어 나갈 수 있어 사기 위험성도 큽니다.

소액결제 사기는 스마트폰 또는 인터넷상에서 게임이나 파일을 내려받기 위해 휴대전화 가입 인증, 무료 서비스 이용을 체결하도록 유도한 후 사업자가 소비자의 동의 없이 소액결제를 하거나 자동으로 이용 기간을 연장하여 피해를 주는 경우가 대표적입니다. 대다수의 피해 소비자들은 푼돈이기 때문에 별 신경을 쓰지 않는 경우가 많습니다. 그러나 '가랑비에 옷 젖는다'고 소액결제가 잦아지면, 월말에 결제해야 하는 비용이 눈덩이처럼 커질 수 있습니다.

많은 분들이 소액결제는 환불이 불가능할 것이라고 오해하는데, 소액결제도 환불받을 수 있습니다. 소액결제를 유도하는 업체가 소비자 동의 없이 소액결제를 하는 것은 범죄행위고요. 소비자들이 적극적으로 대처한다면 소액결제 피해를 막을 수 있습니다. 따져도 안 되면 국민신문고나 소비자분쟁해결센터 혹은 소비자정보센터에 민원을 넣고 해당 업체를 고발하면 됩니다. 악질 사기업체라면 경찰에 고발해서 법의 심판을 받게 하거나 민사 소송을 통해 피해에 대한 보상을 받을 수 있습니다.

소액결제 피해를 줄이기 위해선 본인 동의 없는 소액결제는 무조건 의심해야 합니다. 만약 자신이 동의하지 않았는데 소액결제가 됐다면, 그 즉시 업체에 사실을 알리고 환불을 받거나 결제 취소를 요청해야 합니다. 제때 대응만 하면 무조건 환불받을 수 있습니다. 본인 동의 없이 이루어진 모든 소액결제는 무조건 환불됩니다. 곧바로 환불받기 위해서는 결제 시점이 중요합니다. 소액이다 보니 미루는 경우가 생기는데, 이렇게 미루면 제대로 돌려받지 못해 소송까지 갈 수 있습니다. 그야말로 배보다 배꼽이 더 커지는 경우지요.

소액결제 피해, 막을 수 있다

경기도 용인시에 사는 이정희 씨(25)는 어쩌다가 인터넷 정보 사이트에 가입하게 됐습니다. 가입 시 간단한 개인정보와 휴대전화번호를 입력했는데, 그 후 매달 약 1만 원이 자동으로 청구되어 2년 동안 20여만 원이 넘는 돈이 해당 사이트에 지급되었습니다. 나중에 이 사실을 알게 된 이 씨가 해당 업체에 전화하니 직원은 "고객님이 동의해서 자동 결제가 된 것이다. 그간 계속 결제가 된 것만 봐도 고객님의 동의가 있었던 것"이라며 이 씨에게 책임을 전가했습니다.

또 다른 사례로 주부 정유미 씨(33)는 문자 메시지로 온 링크를 눌렀다가 곤욕을 치렀습니다. 마침 택배 받을 것이 있던 차에 '우체국 택배 배송 조회'란 문자 메시지가 왔기에 배송 현황을 확인하려고 웹사이트 주소를 누른 겁니다. 이렇게 어이없게 소액결제가 된 내역은 한 달 뒤 휴대전화 명세서에 그대로 나타났습니다.

앞으로 이런 방식의 피해 사례는 더 늘어날 겁니다. 그렇다면 소비자들은 어떻게 대처해야 할까요? 소액결제로 인한 피해금액을 환불받는 방법은 의외로 간단합니다. 일단 소액결제 사기를 당했다면 바로 통신사에 연락해야 합니다. 그러면 통신사가 결제업체에 연락하고 결제업체가 환불 여부를 결정하게 됩니다. 다행히 사기 소액결제를 바로 알아채고 대응에 나서면 환불받을 수 있는 가능성이 커집니다.

앞서 말한 것처럼 오랜 기간 금액이 빠져나가는 것을 몰랐을 경우도 있을 텐데요. 이런 경우는 환불 요청이 힘들지만, 방법은 있습니다. 사례에서 본 것처럼 중재센터와 국민신문고에 민원을 넣으면 됩니다. 특히 중재센터는 사업자와 문제 해결을 시도했지만 원만하게 해결이 되지 않았을 경우에 중재를 신청할 수 있는 곳으로, 휴대전화와 ARS 결제 관련 문제가 발생했을 때 이용하면 좋습니다. 중재센터 홈페이지에서 중재 내용을 작성하고, 온라인이나 이메일을 통해 접수하면 됩니다. 그러면 전문 상담원이 중재 신청 내용을 토대로 이메일, 전화, 우편 등을 통해 사실 조사를 실시한 후 원만하게 분쟁이 해결될 수 있도록 합의안이나 중재안을 마련하여 권고합니다. 최근 소액결제 사기가 워낙 많아 해결에 시간이 걸리는 점은 감안해야 합니다. 만약 이용자나 사업자가 중재안을 받아들이지 않는다면 중재센터를 통한 중재는 종료됩니다. 이렇게 되면 수사기관에 의뢰하는 수밖에 없습니다.

소액결제 피해액을 환불받는 것보다 중요한 것은 피해가 생기지 않도록 예방하는 것입니다. 가장 좋은 방법은 소액결제 기능을 아예 사용하지 않는 것입니다. 편리해서 썼는데 계속 문제가 발생하면 아예 안 쓰는 게 속 편하겠죠. 통신사 콜센터에 전화해 소액결제 기능을 차단하면 일차적 피해를 80%는 막을 수 있습니다. 소액결제 기능을 차단하지 않았다면 휴대전화 요금 명세서에서 월 자동 결제 내역을 꼼꼼히 살펴야 합니다. 월 자동 결제는 특정 사이트가 제공하는 서비스 이용 내용이 많은데, 한번 결제 신청을 해두면 취소하기 전까지는 계속해서 결제가 연장되니 꼼꼼하게 확인해야 합니다.

또 특정 사이트 접속이나 앱 설치를 요구하는 문자 메시지가 오면 의심해봐야 합니다. 휴대전화 환경 설정 화면의 '보안'에서 '앱 설치 전 확인' 기능을 체크해두면 마음대로 앱이 설치되는 것을 막을 수 있습니다. 클릭만으로 결제가 되거나 해킹을 통해 소액결제를 유도하는 악성 프로그램이 설치될 수 있으니 조심해야 합니다. 한국인터넷진흥원이 제공하는 '폰키퍼' 앱을 사용하면 휴대전화가 악성코드에 감염되는 것을 어느 정도 막을 수 있습니다. 앱은 공식 스토어에서 내려받아야 안전합니다. 지속적으로 보안 백신을 통해 스마트폰을 정기적으로 점검하는 것도 소액결제 사기로부터 피해를 막는 길입니다.

요약

본인 동의 없이 이루어진 소액결제는 시기만 놓치지 않았다면 환불받을 수 있다. 소액결제 피해를 당하지 않으려면 소액결제 기능을 아예 차단하거나 휴대전화 명세서의 자동이체 내역을 꼼꼼하게 살펴보자.

공짜로 착각하게 만드는
기업 대표번호

ARS 전화요금

알뜰폰 35요금제를 사용하는 직장인 김영민 씨(35)는 최근 카드사 콜센터 때문에 분통을 터뜨렸습니다. 요금제에 포함된 무료 통화 60분을 카드사 콜센터와의 전화 연결에 몽땅 써버렸기 때문입니다. 카드 재발급 신청을 하려고 카드사 콜센터에 전화했지만 상담원과 통화하기가 '하늘의 별 따기'만큼이나 어려웠습니다. 상담원과 통화를 한 것도 아니고, 그저 통화 연결만 시도한 것이 통화시간으로 계산된 것이지요.

김 씨는 황당함을 금치 못했습니다. 통화라도 됐으면 억울하지나 않지 연결도 안 됐는데 통화시간으로 계산되다니, 생각할수록 화가 났습니다.

대기시간에도 계산되는 통화요금

1544나 1588로 시작하는 사업자 대표번호로 전화를 걸어본 적이 있을 겁니다. 당연히 무료겠거니 생각하고 장시간 통화한 경험도 있을 거예요. 안타깝게도 당신은 속았습니다. 수신자 부담인 줄 알았던 그 전화는 발신자인 소비자에게 요금을 청구합니다. 이런 꼼수는 카드사의 행태에서 더 치졸하게 드러납니다.

대부분의 카드사 콜센터에서는 회원들에게 통화요금을 부담시키고 있습니다. KB국민카드(1588-1688)와 NH농협카드(1644-4000), 롯데카드(1588-8100)는 번호 하나로 콜센터를 운영하고 있고, 통화요금은 회원들이 내야 하는 구조입니다. 상담원과 통화하는 것도 쉽지 않은데, 대기시간의 전화요금까지 소비자에게 부담시키는 것은 그야말로 소비자를 '봉'으로 생각하는 업체의 못된 행태라 할 수 있습니다.

콜센터 대표번호로 전화를 걸면 먼저 ARS 안내가 나옵니다. 그리고 상담원과 연결되기까지 짧게는 몇 초, 길게는 몇십 분이 걸립니다. 이렇게 기다리는 시간에도 통화요금은 부과됩니다. ARS 음성만 수차례 반복해서 듣다가 끊어도 사정은 마찬가지입니다. 이용자 입장에서는 필요한 서비스를 받는 것도 아닌데 통화료가 나가니 억울할 수밖에 없습니다. 상식적으로 생각해도 상담원과 연결되기까지는 통화요금이 부과되면 안 되는 것 아닌가요?

기업들은 대부분 1544나 1588로 시작하는 대표번호를 사용합니다. 대표번호 뒤에는 수십 개의 일반 전화번호가 묶여서 컴퓨터가 순차적으로 배분해줍니다. 예를 들어 상담원이 40명 있는 상담실이라면, 1544나 1588 뒤에 40개의 전화번호가 달려 있는 형태지요. 대표전화를 사용하는 비용은 전화 대수 당 약 1만 원 정도입니다. 하지만 통신사, 신청 대수, 전화 종류 등에 따라서 할인율은 달라집니다. 번호를 하나로 묶어준다는 면에서 대표번호는 기업에 아주 좋은 조건을 제공합니다. 반대로 소비자는 대표번호에 전화를 걸면 전화요금을 내야 하는 부당한 구조입니다. 수신자 부담 번호인 080으로 전화하지 않는 이상 통화료는 무조건 발신자 부담입니다.

대표번호를 사용하는 대표적인 곳이 은행이나 보험사 같은 금융사들입니다. 수신자 부담 전화도 거의 없고, 그나마 있는 번호도 적극적으로 알리지 않아 소비자들이 이용하기 어려운 실정입니다. 주요 은행, 카드사, 증권사, 보험사 등 50개 금융사를 대상으로 조사한 결과에 따르면, 50곳 중 무려 43곳이 수신자 부담 서비스를 제공하지 않는 것으로 나타나기도 했습니다.

특히 카드사는 다른 곳보다 상담 전화가 많은데도 불구하고 무료 서비스를 제공하지 않아 더 문제입니다. 신한카드를 비롯해 삼성카드, KB국민카드, 현대카드, 롯데카드 등 카드사 8곳 모두 080 서비스를 운영하지 않습니다. 증권사 역시 NH투자증권, KDB대우증권, 삼성증권, 한국투자증권, 현대증권, 미래에셋증권 등 상위 10위 기업 모두 080 서비스가 없습니다. 그나마 080 서비스를 운영 중인 7곳 중에서 삼성생명, 신한생명, 홍국화재 등 3곳은 상품 상담에 한해서만 수신자 부담 전화를 운영하고 있어요. 설사 수신자 부담 전화를 운영하더라도 고객들에게 알리는 데 소극적입니다. 수신자 부담이 아닌 유료 전화는 시내지역 3분당 요금이 39~45원입니다. 시외지역 요금은 261~281원가량 되고요.

　보통 카드사와 상담하기 위해 ARS를 이용하게 되면 한 단계로 통화가 끝나는 것이 아니라 카드 신청과 해지 상담 시 메뉴에 따라 5~8단계를 거치기도 합니다. 상담원 연결까지 4~5분여의 시간이 소요되지요. 결국, 실제 상담원 통화시간까지 포함할 경우 5분 이상의 통화요금을 부담해야 한다는 의미입니다. 따지고 보면 기업들이 통화료로 가져가는 돈만 해도 어마어마합니다. 주요 금융사의 하루 평균 콜 횟수는 3만 통가량입니다. 1회에 6분가량 통화한다고 할 경우 하루에 234만 원이고, 1년이면 약 9억 원가량이 됩니다. 휴대전화나 시외지역 통화요금으로 환산하면 금액은 더욱 커지지요.

대표전화에 농락당하는 소비자

　통신사 고객센터 외에도 공공기관이나 기업, 심지어 배달음식점도 1544 같은 대표번호를 사용합니다. 또 인터넷 뱅킹을 이용할 때 전화 승인 서비스를 받게 되는데, 이 또한 사용자에게 요금이 부과되는 것입니다. 전화 승인 서비스를 사용하면 은행이 직접 고객에게 확인할 수 있으므로 금융 사고를 막을 수 있다는 장점이 있지만, 왜 고객이 그 비용을 부담하는 걸까요? 자금 이체를 할 때마다 이체 수수료를 내야 하는데, 추가로 수신자 부담 전화요금까지 내야 하는 꼴이지요. 만약 수신자 부담이 싫어서 승인 전화를 거절하면 인터넷 뱅킹 이용이 불가능하니 어쩔 수 없이 승인해야 합니다.

이런 꼼수로 소비자들의 지갑을 털어온 기업들은 서비스 가입 시 이 같은 내용을 고객에게 알렸기 때문에 문제가 없다는 입장입니다. 인터넷 뱅킹 수수료를 없다면서 수신자 부담 전화요금을 고객이 내면, 결국 수수료를 받는 것이나 다름없는 것 아닐까요? 전화가 오면 받아서 이체 내용을 확인하고 번호만 누르면 되기 때문에 금액이야 얼마 안 되지만 그래도 기분이 좋진 않지요. 그나마 이런 사실을 아는 소비자들이나 불만을 제기하지, 대다수의 소비자들은 그조차 잘 몰라 마냥 당하고만 있습니다.

요즘에는 데이터 선택 요금제를 많이 사용합니다. 음성통화는 거의 무제한이어서 당연히 모든 음성통화가 무제한일 것이라고 생각하겠지만, 모든 음성통화가 해당되는 건 아닙니다. 영상통화와 부가통화는 무제한으로 제공되지 않습니다. 흔히 이용하는 서비스센터나 고객센터의 대표번호인 1588이나 070으로 시작하는 번호들이 부가통화에 해당됩니다.

대표번호보다 직통번호로 거는 게 더 빠르고 통화료도 절감할 수 있지만, 기업에서는 굳이 직통번호를 가르쳐주지 않습니다. 전화요금을 소비자에게 전가하면서 요금 부과에 대해 제대로 안내하지도 않습니다. 소비자가 대표번호로 전화를 걸어 전화 연결이 될 때까지 기다려도 불편한 건 그들이 아니니까요. 소비자들은 이런 부분을 충분히 고려해서 기업 대표번호에 농락당하지 않도록 주의를 기울여야 합니다.

요약

1544, 1588 같은 대표번호는 무료가 아니다. 발신자가 전화요금을 내는 것은 물론 ARS 전화 연결이 되지 않고 대기만 하더라도 요금이 부과된다. 무제한 음성통화 요금제를 이용하고 있더라도 이들 번호는 부가항목으로 분류되어 요금이 따로 청구된다. 요금이 청구되는 것이 싫다면 가급적 직통 번호로 연결을 시도하라.

유료 결제로 유도하는
게임업체의 미끼

♯ 무료 게임

정대희(33) 씨는 출퇴근 시간의 무료함을 달래기 위해 휴대전화에
무료 게임을 내려받았습니다. 처음에는 지하철과 버스에서 게임
으로 무료함을 달랠 수 있었습니다. 문제는 그다음부터였습니다.
게임에 재미가 붙으면서 소액결제를 시작한 겁니다. 무료로 게임
을 즐길 때는 이어서 할 수 없습니다. 다음 단계로 넘어가려면 충
전 등을 이유로 일정 시간을 기다려야 한다거나 꼭 필요한 아이템
이 있어야 단계를 마칠 수 있습니다. 무료 게임을 설치한 사용자
들이 결제를 하게 되는 이유입니다.

무료 게임, 설치만 무료다

스마트폰 시장의 성장으로 이제는 언제, 어디서나 게임을 할 수 있습니다. 게임업체들이 게임을 무료로 배포하면서 누구나 쉽게 게임에 접근할 수 있습니다. 무료로 설치해서 게임을 마음껏 즐기라고 하지만 사실 무료로 사용할 수 있는 것은 데모 버전에 불과합니다. 게임업체들은 어떻게 해서든지 소비자들을 유혹한 후 무료로 이용한 만큼의 금액을 유료 버전에서 만회하게 만듭니다.

국내 모바일 게임 시장에서는 무료 게임 대비 유료 게임이 평균 8대 2 정도로 출시되고 있습니다. 사용자들은 유료보다 무료 게임을 선호합니다. 앱 다운로드 순위를 봐도 무료 게임이 높은 순위를 차지하고 있는 것을 알 수 있습니다. 문제는 대부분의 모바일 게임들이 게임 중에 아이템을 구매하도록 만들었다는 겁니다. 이처럼 무료로 설치한 앱 사용 중 게임도구, 유료 아이템, 콘텐츠 등을 구매하는 것을 '인앱 결제'라고 합니다. 최근에는 무료 게임에서 인앱 결제로 올리는 매출이 전체 매출의 90% 이상을 차지합니다. 그런데 유료 결제 부분에서 여러 가지 문제가 빈번하게 발생하고 있습니다.

게임은 중독성이 강합니다. 중간에 끊기면 아쉽고 짜증도 나니 게임을 계속하기 위해 결제를 하게 됩니다. 결제 금액도 그다지 크지 않으니까 부담도 없지요. 하지만 나중에 휴대전화 요금이나 신용카드 대금으로 청구된 금액은 생각보다 커서 당황하게 됩니다. 이는 온라인상에서 결제가 이루어지기 때문에 생기는 문제입니다. 게임 아이템 결제는 현금과 다르게, 쓸 때 실감이 잘 나지 않습니다. 소액이라고 생각하고 결제한 건데, 여러 번 반복되니 금액이 커지게 되는 것이지요.

또 다른 문제는 모바일 게임은 기존 온라인 게임과 달리 이용약관상 게임이나 아이템 모두 자신의 소유가 아니라는 것입니다. 게임 회사로부터 이용할 권리를 확보했을 뿐이고, 서비스가 종료되면 그 권리도 함께 사라지게 됩니다. 일반적으로 모바일 게임의 평균 수명은 3~4개월에 불과합니다. 인기가 지속되면 그 서비스가 오래 가지만 인기가 식으면 관리가 소홀해지거나 아예 서비스가 끝나기도 합니다. 결제를 하면서까지 아이템을 사서 즐겼는데 어느 날 갑자기 게임 서비스가 종료되는 황당한 일이 발생하기도 합니다. 많은 소비자가 무료 게임에 돈을 썼다가 허탈해하는 이유입니다.

인앱 결제의 피해를 줄이는 법

모바일 게임과 관련한 불만은 갈수록 늘고 있습니다. 한국콘텐츠진흥원 콘텐츠분쟁조정위원회에 따르면 2017년 콘텐츠 분쟁 관련 이용자 상담은 총 5,688건으로 전년보다 21% 증가했습니다. 상담 유형별로는 '결제취소'와 '정보제공 요청'이 19%로 가장 높은 비중을 차지했고 '미성년자 결제'가 12%로 뒤를 이었습니다. 이렇게 민원이 접수되고 있지만, 민원은 말 그대로 민원일 뿐 실제로 보상을 받기가 쉽지 않습니다.

문제는 앱 결제방법에서 소비자들의 선택권이 제한되었다는 것입니다. 2019년 기준 소비자원이 유료 콘텐츠를 판매하는 모바일 앱의 결제방법을 살펴본 결과, 구글 앱마켓 등록 앱(45개)의 경우 '인앱 결제'만 가능 24개, '일반 결제(신용카드, 휴대전화 결제 등)'만 가능 12개, '인앱 결제 · 일반 결제 모두 가능'이 9개였고, 애플 앱마켓 등록 앱(40개)은 모두 '인앱 결제'만 가능해 결제방법을 제한하고 있었습니다.

유료 콘텐츠에 대한 청약 철회 가능 여부를 조사한 결과, 조사대상 모바일 앱 45개 중 39개(86.7%) 앱은 청약 철회가 가능했으나, 콘텐츠를 일부 사용한 경우에는 청약 철회기간(7일 이내)에도 45개 앱 모두 청약 철회가 불가능했습니다.

청약 철회는 소비자가 일정기간 내 위약금이나 손해배상 없이 계약을 취소할 수 있는 제도, 미사용 시 결제금액 전액 환급, 일부 사용 시 사용분 비용 공제 후 환급하도록 되어 있습니다.

또 일부 사용 후 잔여분에 대한 중도해지 · 환급 여부를 조사한 결과, 구글 앱마켓 등록 13개(28.9%) 앱, 애플 앱마켓 등록 11개(27.5%) 앱만 가능한 것으로 나타났습니다. 인앱 결제를 한 경우 신용카드, 휴대전화 등을 이용한 일반 결제보다 중도해지 및 환급이 어려웠습니다.

동종 서비스를 온라인 PC에서 제공하는 경우(게임 5개, 음악 3개)와 비교 분석한 결과, PC는 8개 업체 모두 중도해지 · 환급이 가능한 반면, 모바일 앱은 3개만 가능하도록 되어 있어 모바일 이용자들이 불리한 측면이 컸습니다.

모바일 앱의 경우 미성년자의 접근성이 높아 법정대리인의 동의 없이 결제될 우려가 커 '콘텐츠이용자보호지침'에서는 미성년자가 법정대리인의 동의 없이 결제한 경우 이를 취소할 수 있다는 내용을 명시하도록 정하고 있지만 조사 대상 45개 중 23개(51.1%) 앱에서만 이를 명시하고 있었습니다. 약관에서 소비자들이 중요한 내용을 쉽게 알아볼 수 있도록 부호, 색채, 굵고 큰 문자, 밑줄 등으로 명확하게 표시한 앱은 45개 중 11개(24.4%) 앱에 불과해 4가지 항목 중 가장 미흡했습니다.

가장 큰 문제는 이 같은 문제를 해결할 수 있는 법적인 방안이라든지 규정이 없다는 겁니다. 다만, 어린 자녀들이 스마트폰으로 게임을 하다가 비싼 아이템을 결제했다면 민법 제5조에 따라 부모 동의 없는 미성년자의 계약을 취소할 수 있습니다. 여기서 중요한 것은 누가 결제했는지를 증명할 수 없다는 겁니다. 미성년 결제에 대한 증명이 불가능해 환불이 어려운 경우가 더 많죠. 그래서 오히려 영유아가 아닌 청소년이 자신의 명의로 된 휴대전화에서 결제했을 때, 문제를 좀 더 쉽게 해결할 수 있습니다.

모바일 게임 아이템을 구입했다 하더라도 사용하지 않았다면, 환불이 가능하다는 점도 꼭 알고 있어야 합니다. 구입 후 7일 이내의 미사용 아이템은 청약 철회가 가능하므로 사업자에게 통보하면 됩니다. 혹시 결제를 했더라도 마음이 바뀌거나 문제가 생기면 환불받을 수 있습니다. 다만 사례별로 환불 가능 여부, 금액 규모가 달라 반드시 콘텐츠분쟁조정위 등 분쟁해결기관에 문의해야 합니다.

휴대전화 무료 게임 인앱 결제는 무엇에 홀린 듯이 결제해버려서 소액이든 고액이든 피해를 볼 수밖에 없는데요. 이런 피해를 막으려

앱스토어의 앱 소개 화면에서 해당 앱이 무료인지 유료인지 알 수 있다. 완전 무료 앱이라도 광고가 나타나기 때문에 '광고 포함'이라고 표시되어 있고, 다운로드는 무료지만 결제가 필요한 앱에는 '인앱 결제'라는 표시가 나타난다.

면 일단 휴대전화를 게임기 정도로 가볍게 생각해서는 안 됩니다. 신용카드의 개념으로 봐야 하죠. 그래서 원치 않는 결제를 차단하는 비밀번호를 설정해놓는 것이 좋습니다. 비밀번호를 설정해두면 결제 전에 한 번 더 생각할 수 있고, 또 다른 사람이 결제하는 것을 막을 수도 있습니다.

방송통신위원회에서는 인앱 결제로 생긴 피해를 막기 위해 모바일 애플리케이션의 무료 표기방식을 개선하기도 했습니다. 완전 무료 앱은 '무료'로, 다운로드는 무료지만 인앱 결제가 필요한 앱은 '무료. 인앱 구매'라고 표기합니다. 해외사업자인 구글 플레이스토어도 유럽, 호주 지역에서만 제한적으로 시행하던 것을 우리나라에도 동일하게 적용하여 인앱 결제가 포함된 앱에서 '무료'라는 표기를 삭제하는 방식으로 개선했습니다. '무료'라는 미끼에 걸려 쓸데없는 돈 낭비를 하고 싶지 않다면 다운로드 전에 해당 게임이 '무료'인지 '인앱 결제'인지를 확인하는 태도가 필요합니다.

 요약 ────────────────────────────────

무료 게임을 마음껏 즐기라는 광고를 믿지 마라. 다운로드만 무료일 뿐 각종 결제를 해야만 계속해서 게임을 할 수 있는 시스템이다. 게임을 다운로드하기 전에 해당 게임이 '무료'인지 '인앱 결제'인지 확인하라.

────────────────────────────────

공짜인가, 공짜를 가장한 꼼수인가

공짜폰

주부 이미리 씨(39)는 장을 보기 위해 대형 할인마트에 갔습니다. 장을 다 보고 나가려는 찰나에 휴대전화 대리점에서 "공짜폰 드려요"라고 외치는 영업사원의 목소리가 들렸습니다. 안 그래도 휴대전화 액정이 깨져 전화기를 바꾸어야 하던 참이라 이 씨는 부담 없이 휴대전화를 바꾸었습니다. 이 씨가 정말 공짜폰이냐고 묻자 영업사원은 "휴대전화 단말기 값을 36개월 할부로 내긴 하지만 그만큼 통신요금을 깎아주기 때문에 공짜"라고 설명했습니다. 이 씨는 그 비싼 휴대전화를 공짜로 받았다는 생각에 맘이 뿌듯해졌습니다.

휴대전화, 공짜는 없지만 최대한 저렴하게 사는 법

'오늘은 0원!' 휴대전화 판매점에서 흔히 볼 수 있는 문구지요. 구형 휴대전화는 정부 보조금만 잘 이용하면 얼마든지 싸게 구입할 수 있습니다. 그런데 휴대전화 판매점에서는 자기들이 인심을 써서 휴대전화를 공짜로 준다는 식으로 광고합니다. 이게 다 꼼수입니다.

휴대전화를 구입할 때 2~3년 약정을 선택하면 매달 1~2만 원 이상의 요금 할인을 받습니다. 할인받는 요금은 기기 값으로 나가기 때문에 공짜처럼 판매가 가능한 것이죠. 특히 신제품을 공짜로 받으려면 비싼 요금제를 써야 하는데, 공짜라고 좋아했다간 매달 10만 원 이상의 요금을 내야 할 수도 있습니다.

통신사의 이런 꼼수에 속아 넘어가는 이들이 많습니다. 약정기간과 요금제에 따라 내야 하는 비용이 달라지니, 정신줄을 놓고 있다가는 영업사원들의 말발과 '공짜'라는 달콤한 유혹에 저도 모르게 넘어가게 됩니다. 젊은 사람들도 속아 넘어가는 마당에 노인들은 더 말할 필요가 없습니다. 휴대전화 매장에서는 '어르신들도 간편하게 사용할 수 있는 스마트폰을 공짜로 준다'며 공짜 마케팅을 펼치고, 열이면 열 대부분이 공짜 마케팅에 당하는 것이 현실입니다.

진짜 휴대전화 할인을 받는 방법은 따로 있습니다. 결론부터 말하자면, 휴대전화 개통 시 소비자들이 할인정보에 대해 최대한 알아보고 활용할 줄 알아야 한다는 겁니다. 아는 만큼 아낄 수 있습니다. 단통법이나 공시지원금, 선택약정할인 등을 모른다면 대리점 직원들에게 휘둘릴 수밖에 없습니다.

먼저 단통법에 대해 알아보겠습니다. 단통법(이동통신 단말장치 유통구조 개선에 관한 법률)은 보조금으로 불리는 단말기 지원금이 차별적이고 불투명하게 지급되면서 혼탁해진 통신시장 유통구조를 개선하기 위해 생긴 법안입니다. 다시 말하면 불법 보조금을 잡기 위해 마련된 법입니다. 2014년 10월 1일부터 시행된 단통법으로 인해 보조금 상한선(30만 원)이란 게 생겼습니다. 이 법으로 소비자는 새 단말기 구입 시 최대 34만 5,000원의 보조금 혜택을 받을 수 있게 됐습니다. 이를테면 휴대전화 값이 100만 원이라면 제품 값에서 34만 5,000원을 할인받을 수 있는 것이죠. 단통법이 시행되기 전보단 할인율이 줄어 단기간 휴대전화 시장이 얼어붙기도 했어요. 하지만 제조사들의 휴대전화 출고가 인하로 단통법 효과를 톡톡히 봤지요. 소비자들이 휴대전화 구매를 꺼리자 통신사 주도로 출고가를 낮추기 시작한 겁니다. 당시 이동통신사 모두 LG전자 G3 출고가를 10만 원가량 인하했습니다. 출시 1년이 안 된 전략 스마트폰 출고가 인하는 매우 이례적인 일이었죠.

그렇다면 공시지원금과 선택약정할인 중에서는 어떤 것을 선택해야 할까요? 공시지원금은 앞서 언급한 대로 불법 지원금을 없애기 위해 법으로 상한액을 만들어놓은 제도인데, 최고 30만 원까지 받을 수 있습니다. 선택약정할인은 일정기간 동안 요금제 할인(25%)을 받는 제도입니다. 안타깝게도 2가지 혜택을 동시에 받을 순 없습니다.

예를 들어 출고가 100만 원짜리 휴대전화를 구입할 경우를 살펴

봅시다. 공시지원금 30만 원을 받아 휴대전화를 70만 원에 구입할 수 있습니다. 기기 할인 시 지급되는 보조금은 유통사(통신사)와 제조사(가전제품회사)가 복합해서 지불합니다. 약정기간인 24개월 동안 그 휴대전화를 사용하지 않으면 위약금을 내야 하고, 요금할인도 못 받으니 꼭 기억하세요.

공시지원금을 받지 않겠다면 선택약정에 가입할 수 있습니다. 흔히 '번호이동'을 할 때 요구하는 69요금제를 24개월 동안 쓴다고 가정할 때, 선택약정할인을 적용하면(69,000원*25%*24개월) 총 41만 4,000원을 할인받을 수 있습니다. 부가가치세까지 고려했을 경우(69,000원*1.1*25%*24개월)에는 총 45만 5,400원의 할인 혜택을 볼 수 있죠(계산한 금액은 이해를 돕기 위한 수치로 실제 요금과는 차이가 있을 수 있습니다).

할인제도를 선택할 때 반드시 고려해야 할 3가지 사항이 있습니다. 첫 번째는 휴대전화의 종류(안드로이드, 아이폰)에 따라 혜택이 달라진다는 것입니다. 아이폰은 공시지원금이 낮은 편이라 구입 시 선택약정할인을 받는 것이 유리합니다. 두 번째는 요금제를 체크해 보는 것입니다. 평소 사용하는 휴대전화 사용 패턴, 즉 통화시간, 문자, 데이터를 얼마나 쓰는지를 충분히 고려하여 요금제를 선택해야 합니다. 비싼 요금제일수록 선택약정 25% 할인이 더 유리합니다. 그러니 사고 싶은 휴대전화와 사용 요금제에 지급되는 공시지원금을 알아보고, 그 요금제를 *VAT 포함 27.5%*24개월로 계산한 선택약정 25%와 비교해보고 선택하세요.

약정기간에 따라서도 혜택이 달라집니다. 12개월과 24개월 약정이 있지만, 24개월 약정을 할 경우 혜택이 더 많으니 참고하세요. 다만 휴대전화를 교체한 지 1년밖에 안 된 소비자라면 12개월 약정이 유리하겠죠? 할인 반환금(위약금)을 최소화할 수 있잖아요.

이렇듯 공시지원금과 선택약정할인, 약정기간, 요금제만 잘 이해해도 휴대전화 구입 시 손해 보지 않는다는 점을 잘 기억하세요. 물론 다 안다고 해도 영업사원들의 사탕발림에 넘어가 덤터기를 쓰기도 합니다.

유통구조가 짧은 온라인에서 구입하는 것이 저렴하다

마지막으로 하나 더, 휴대전화를 어디서 사야 덤터기 쓰지 않을까요? 매장마다 정책이 달라서 휴대전화 가격도 차이가 많이 납니다. 거기다 신규가입, 기기변경, 번호이동에 따라서 또 가격이 달라지죠. 심지어 같은 매장의 정책이 날마다 바뀌기도 합니다. 그래서 휴대전화를 저렴하게 사기 위해 발품을 파는 것은 기본입니다. 여러 매장에서 상담을 받아보고 가격을 비교해봐야 합니다.

인터넷에서 검색하면 판매 정보가 너무 많이 나와 오히려 혼란스럽습니다. 다들 싸다고 광고하는 통에 진짜 싼 곳을 놓치기 일쑤죠. 실제로 업체에 전화해서 올라온 가격에 파냐고 물어보면 물량이 다 빠졌다거나 직원 실수로 가격이 잘못 올라간 제품이라고 둘러댑니다. 이 말은 호객을 위한 미끼 작업이라는 것으로 이해하면 됩니다. 이런

휴대전화 가격은 수시로 달라져 심지어 같은 매장의 가격이 날마다 바뀌기도 한다. 그래서 휴대전화를 저렴하게 사려면 발품은 기본이다. 여러 매장에서 상담을 받아보고 가격을 비교해봐야 한다. 일반적으로 오프라인보다는 온라인 매장이 훨씬 저렴하다.

단점에도 불구하고 휴대전화를 저렴하게 구입하고 싶다면 유통구조가 짧은 온라인 업체를 추천합니다. 휴대전화 가격비교 사이트 등을 활용한다며 최신 전화기를 그야말로 저렴한 가격에 구입할 수 있습니다. 물론 발품은 기본입니다. 최대한 많이 검색하고 메모해서 구입하고자 하는 기종의 가격이 가장 낮은 곳을 찾아 계약하면 됩니다.

온라인 매장은 오프라인 매장에 비해 유지비와 관리비가 적게 듭니다. 그래서 오프라인 매장보다 저렴합니다. 쇼핑몰 휴대전화 코너에는 다양한 최신 제품들이 즐비하지만 쇼핑몰도 수수료를 떼어가기 때문에 제품 값에 수수료가 포함됩니다. 일반 매장에 비해 저렴하지만 결코 많이 저렴하진 않습니다. 운 좋게 온라인에서 유통구조가 짧은 직거래 업체를 만난다면 매장이나 온라인 가격보다 훨씬 더 저렴하게 휴대전화를 구입할 수 있습니다. 직거래 업체들은 판매 수량이 한정돼 있기 때문에 주로 온라인 커뮤니티나 SNS를 통해 광고합니다. 이 또한 눈치작전이 심해 판매수량은 금방 동나기 일쑤입니다. 그러니 휴대전화를 바꿔야 할 시기가 오기 전에 미리 관련 온라인 커뮤니티를 기웃거려 보는 것도 최신 전화기를 저렴하게 살 수 있는 방법입니다.

 요약

공짜폰은 없다. 휴대전화 대리점의 꼼수로 인해 공짜처럼 느껴지는 것일 뿐. 약정기간 동안 꼬박꼬박 내는 요금제에는 휴대전화 가격이 포함된다.

애국심에 호소하고,
해외보다 비싸게 받는다

국산 제품 가격

'역직구'라는 말이 있습니다. 우리나라에서 외국에 수출한 제품을 해외 직구로 구입하는 것입니다. 왜 그럴까요? 시간과 물류비를 들여 해외에서 국산 제품을 사오는 것일까요? 바로 가격 때문입니다. 현대자동차는 미국보다 한국에서 더 비싸고, 휴대전화 역시 해외가 더 저렴합니다. 특히 TV 등 가전제품의 경우 가격차는 더 심합니다. 가격비교 사이트 '다나와'의 전체 TV 판매량을 보면, 해외 직구 비중이 2017년 1분기에 3%에 불과했지만, 2018년 1분기에 두 자릿수를 돌파하더니 2019년 1분기에는 17%까지 늘어났습니다.

국산 TV, 해외 직구로 사면 더 저렴하다

해외 직구는 번거롭습니다. 관세를 계산해야 하고, 배송이 한 달 이상 걸리기도 합니다. 주문이 취소되는 경우는 물론 '배송 사고'로 물품이 사라지는 일도 종종 있습니다. 상품에 하자가 있을 땐 반품도 쉽지 않습니다. 그래도 계속해서 해외 직구가 늘어나는 이유는 저렴한 가격 때문입니다. 특히 TV 분야에서 세계 1·2위를 다투는 삼성전자와 LG전자의 TV 제품은 해외에서 더 저렴한 경우가 많습니다. 이 때문에 국내 소비자들은 "국내 기업들이 자국 소비자를 호구로 본다"며 불만을 쏟아냅니다.

정말 그럴까요? '다나와' 사이트에서 국산 TV의 국내·해외 직구 가격을 비교해봤습니다. 해외 제품은 관세와 배송비를 포함한 가격을 기준으로 했습니다. 같은 '스펙'의 제품도 지역에 따라 모델명이 다르기 때문에 같은 인치·등급·연식을 비교했습니다.

LG전자의 대표 프리미엄 제품인 OLED(유기발광다이오드) 제품을 비교해봤습니다. 55인치 OLED 국내판(OLED55C9GNA) 가격은 263만 원인 반면 비슷한 북미판(OLED55C9PUA)은 234만 원이었습니다. 65인치는 2018년에 나온 국내판(OLED65C8FNA)이 301만 원, 동일 등급 북미판(OLED65C8AUA)은 240만 원입니다. 2019년식 65인치 국내판(OLED65E9KNA)이 480만 원, 북미판(OLED65E9PUA)은 380만 원이고요. 모델에 따라 다르지만 해외 직구 가격이 12~26%가량 저렴하다는 것을 알 수 있습니다.

삼성전자는 어떨까요? 2019년형 시리즈Q 55인치 국내판

(QN55Q60RAF)은 136만 원, 북미판(QN55Q60R)은 127만 원입니다. 65인치 국내판(QN65Q60RAF)은 263만 원, 북미판(QN65Q60R)은 171만 원입니다. 75인치 내수 제품(QN75Q60RAF)은 401만 원, 북미판(QN75Q60R)은 273만 원입니다. 삼성전자의 프리미엄 제품군인 8K QLED 2018년형 65인치 국내판(QN65Q900RAF)은 496만 원, 북미판(QN65Q900R)은 444만 원입니다. 역시 해외 직구 가격이 7~46% 저렴했습니다.

기업들도 해외 가격이 더 저렴한 경우가 많다는 것을 인정하면서도 "국내에서 폭리를 취한다"는 지적에는 억울하다는 입장입니다. TV 제조사들은 가격 차이의 원인으로 인건비·시장규모·세금·유통구조 등 시장 환경이 다른 점을 꼽습니다. 한국과 외국의 물가, 인건비, 서비스에 따라 가격 차이가 날 수밖에 없다는 겁니다.

해외보다 비싼 스마트폰, 소비자의 선택 제한해

다음의 경우를 보면 기업들의 해명은 변명에 불과하다는 것을 알 수 있습니다.

삼성전자는 2017년 4월 갤럭시S8 출시 당시 미국 현지 온라인몰에서 갤럭시S8을 사면 하나를 더 주는 1+1 행사를 진행했습니다. 사실상 반값 행사인 셈이지요. 또 사용하던 중고 전화기를 반납하면 신규 단말기에 대해 최대 300달러의 할인 혜택을 제공했습니다. 국내에서는 한 번도 볼 수 없었던 혜택이지요. LG전자의 단말기 역시 국내 평균 판매가(361달러)가 해외(176달러)보다 2.1배 높았습니다.

국산 제조사들은 가격 정책은 영업 자율권에 해당한다면서 구체적인 가격 책정·프로모션 배경에 대해 함구합니다. 업계는 국내보다 미진한 해외 시장의 지배력을 높이기 위해 국내 제조사들이 해외에서 대규모 할인행사를 여는 것이라고 해석합니다. 하지만 결과적으로는 해외 시장을 공략하기 위해 국내 소비자의 부담을 늘리고 있는 형국입니다.

삼성·LG 등 휴대전화 제조사들은 해외보다 국내에서 스마트폰 가격을 높게 책정해 가계 통신비 부담을 늘이고 있습니다. 이 때문에 한국 소비자들만 '봉'이라는 역차별 논란이 불거졌지요. 글로벌 IT 시장조사업체 가트너가 최근 발표한 시장 보고서에 따르면, 2015년부터 2016년 2분기까지의 국내 단말기 평균 판매가격은 514달러로 해외 평균 판매가격인 197달러보다 약 2.6배 비쌌습니다. 고가 정책으로 논란을 빚고 있는 애플보다 더 심합니다.

차별적인 할인 혜택뿐 아니라 고가 프리미엄급 단말기 위주로 판매하는 제조사들의 행태도 해외와 한국 간 스마트폰 판매가격 격차를 늘리는 원인입니다. 제조사들은 해외 시장 점유율을 올리기 위해 유틸리티폰 등 중저가폰을 판매하는 반면 국내에서는 프리미엄폰 위주로 단말기를 판매하고 있습니다. 국내 소비자를 '잡은 고기'로 판단하고 최대 이익을 거두기 위해 소비자의 선택을 제한한다고 볼 수 있지요.

2017년에 유승희 의원이 IT시장 조사업체인 '애틀러스 리서치앤컨설팅'의 보고서를 인용·발표한 자료를 보면 확연한 차이를 알 수 있습니다. 해당 자료에 따르면 2016년 10월 국내 단말기 시장에서 80만 원 미만 중저가 제품의 판매 비중은 37%에 불과했습니다. 유 의원은 "이동통신 시장이 출고가를 부풀린 고가 단말기 유치에만 집 중한다"고 말했습니다. 윤문용 녹색소비자연대 ICT소비자정책연구 원 정책국장은 "신규 휴대전화 모델의 출고가가 계속 높아지는 상황 에서 통신요금 할인으로는 가계통신비 부담 완화에 한계가 있다"고 지적했습니다. 일각에선 고가의 스마트폰 단말기 할부요금이 가계 통신비 부담의 주범이라고 지목하고 있습니다.

애국심에 호소하고, 가격은 후려친다

국내 제조사들은 경제 위기 때마다 소비자들에게 '국산 제품을 애용하자'며 애국 마케팅을 펼쳐왔습니다. 특히 삼성은 위기 국면마 다 '국민 기업'임을 강조해왔고요. 2015년 삼성물산과 제일모직 합병 주주 총회 당시 미국계 헤지펀드 엘리엇 매니지먼트의 반대에 직면 한 삼성은 우호 지분 확보를 위해 애국 마케팅을 들고 나왔습니다. 삼성물산은 합병이 무산되면 헤지펀드가 국내 굴지의 기업인 삼성 의 경영권을 좌지우지해 국익을 해친다고 호소하기도 했습니다. 당 시 엘리엇매니지먼트는 합병 비율이 옳지 않다며 소액 주주들을 대 변하고 나섰지만, 소액 주주들의 마음은 삼성으로 쏠렸습니다. 삼성 은 신문지면 광고를 총동원해 '지켜주십시오'라고 애원했었습니다.

정부가 외산 휴대전화 비중을 줄이자고 발 벗고 나선 적도 있습니다. 2010년 애플의 아이폰3S가 출시되어 돌풍을 일으키자 문화체육관광방송통신위원회(문방위) 소속 의원들이 국내 이동통신사가 출시하는 스마트폰이 외산이라 문제가 심각하다고 했습니다. 삼성은 당시 아이폰3S를 단독 출시한 KT에 타사보다 보조금을 적게 지급했다는 의혹을 받았고요. 당시 외산 스마트폰을 차별하는 방향으로 법제 개선까지 거론됐지만 소비자들의 반발로 성사되지는 않았습니다. 하지만 아이폰 사용자들에게 '국익을 배반하고 있다'는 부채감을 주기는 충분했지요.

한편 고가 단말기 가격 문제를 해결하기 위한 대안으로 분리 공시제와 단말기 완전자급제가 몇 년 전부터 논의되고 있습니다. 단말기 완전자급제는 이동통신사가 단말기를 통신서비스와 함께 판매할 수 없도록 하는 제도를 말합니다. 2019년 현재 국회에서 단통법 폐지를 전제로 한 완전자급제 도입법안이 계류 중에 있습니다. 분리 공시제는 고객에게 지급되는 단말기 지원금 중 제조사와 이동통신사 재원을 구분하는 것으로, 유통 구조를 투명하게 밝혀 제조사가 단말기 가격을 내리도록 하겠다는 취지입니다. 이동통신사들은 찬성하는 입장입니다. 분리 공시제 도입으로 제조사 지원금이 공개되면 출고가 인하 효과를 가져와 이동통신사로 쏠린 소비자 원망이 제조사로 분산될 것으로 기대하기 때문입니다. 하지만 관계자들의 견해가 첨예하게 대립하여 제도 정착이 쉽지 않아 보입니다. 당분간은 역차별 논란에 따른 개선의 여지가 진통을 겪을 전망입니다.

요약

삼성전자와 LG전자의 TV는 국내보다 해외 직구로 구입하는 것이 더 저렴하다. 국산 스마트폰도 해외보다 국내 판매가가 2배 더 비싸다. 해외시장 점유율을 높이기 위해 해외 판매가를 낮췄다지만 국내 소비자를 '봉'으로 여기는 엄연한 역차별이다.

내 돈을 지키는
생존지식 45

2020년 8월 5일 초판 1쇄 인쇄
2020년 8월 12일 초판 1쇄 발행

지은이 | 조규봉
펴낸이 | 이종춘
펴낸곳 | (주)첨단

주소 | 서울시 마포구 양화로 127 (서교동) 첨단빌딩 3층
전화 | 02-338-9151
팩스 | 02-338-9155
인터넷 홈페이지 | www.goldenowl.co.kr
출판등록 | 2000년 2월 15일 제 2000-000035호

본부장 | 홍종훈
편집 | 강현주, 신정원
본문 디자인 | 윤선미
전략마케팅 | 구본철, 차정욱, 나진호, 이동후, 강호묵
제작 | 김유석
경영지원 | 윤정희, 이금선, 이사라, 정유호

978-89-6030-560-1 13320

BM 황금부엉이는 (주)첨단의 단행본 출판 브랜드입니다.

황금부엉이에서 출간하고 싶은 원고가 있으신가요? 생각해보신 책의 제목(가제), 내용에
대한 소개, 간단한 자기소개, 연락처를 book@goldenowl.co.kr 메일로 보내주세요.
집필하신 원고가 있다면 원고의 일부 또는 전체를 함께 보내주시면 더욱 좋습니다.
책의 집필이 아닌 기획안을 제안해주셔도 좋습니다. 보내주신 분이 저 자신이라는 마음
으로 정성을 다해 검토하겠습니다.